Hildegard
Knef

Nichts als Neugier

Interviews zu Fragen der Parapsychologie

Originalausgabe

Wilhelm Goldmann Verlag

1. Auflage Mai 1978 · 1.–30. Tsd.

Made in Germany 1978
 Umschlagentwurf: Creativ Shop, A. + A. Bachmann, München. Gesamtherstellung: Mohndruck Reinhard Mohn OHG, Gütersloh. Verlagsnummer: 3690 · Göhler/Papenbrok.
ISBN 3-442-03690-9

Inhalt

Hildegard Knef

Vorwort

Ich bin neugierig. Wißbegierig. Meine Neugier macht vor nichts halt. Ich suche keine Antworten. Nur Fragen, die wiederum Fragen nach sich ziehen. Ich suche Denkanstöße. Nicht mehr. Alles andere wäre Vermessenheit. Denn just auf dem Gebiet der Parapsychologie bin ich ein Laie; ein Amateur, der zum Teil Amateure befragt. Ich gleiche jemandem, der aus verbotenen Töpfen nascht, jedoch nicht selber kochen kann. Unsere Sprache ist durchsetzt mit parapsychologischen Ausdrücken; zum Beispiel: »Jemand ist eine Persönlichkeit«; »jemand füllt den Raum«; »jemand strahlt etwas aus«. Wir benutzen schamlos eine vorgefertigte Sprache, ohne uns die Mühe zu machen, sie auszuloten. Da scheppern noch die Überbleibsel aus Hitlers Zeit der »Vorsehung«, dumm und jämmerlich.

Wir haben keinen Boden unter den Füßen.

Vergeblich sucht die Hand einen Halt. Und dennoch gelingt es uns zu treten, bis die Erde hart, glatt und karg geworden.

Die Parapsychologie ist, kaum daß man das Wort erlernt hat, bereits im Begriff, in Hohn und Spott abzusinken.

Einige Sensationsgeschichten haben ein übriges getan, um sie noch mehr in Verruf zu bringen. Wenn man etwas nicht versteht, nicht begreift oder nicht anerkennen möchte, bedeutet das keinesfalls, daß es nicht existiert. Ignoranz ist weder Beweis noch Argument.

Die Gefahr, daß die Forschungen auf parapsychologischem Gebiet in den USA und in der UdSSR eventuell kriegerischen Zwecken dienen könnten, macht uns unbegreiflicherweise keine Angst. Aber wir könnten ein Kollektivschicksal erleiden, dem wir hilflos, sprachlos, tatenlos ausgeliefert sind. Die Theologen sagen, der Mensch müsse Gott immer suchen, auch wenn er Ihn gefunden zu haben glaube. Und je fester man glaube, Ihn gefunden zu haben, desto dringender müsse man Ihn suchen.

C. G. Jung scheute nicht davor zurück, die Parapsychologie als Wegweiser zu benutzen. Als Fangnetz. Und Einstein sagte: »Das Schönste, was wir erleben können, ist das Geheimnisvolle.«

Ich befrage Prominente. Prominente, die einen Ruf zu verlieren haben. Sie werden vorsichtig sein und keinesfalls in kritiklosen Applaus ausbrechen. Was denken Menschen, die in der Öffentlichkeit ernst genommen werden, über die Parapsychologie? Ihr Wort zu jedem Thema hat Gewicht. Ob zu Recht oder Unrecht.

Lyall Watson schreibt: »Die Wissenschaft kennt keine absolute Wahrheit mehr. Selbst die Physik, deren Gesetze einst ohne Ausnahme galten, mußte sich einem Unsicherheitsprinzip beugen.« Unser Weltbild wird eingeengt durch unsere mit Sorglosigkeit hingenommene beschränkte Erfahrung. »Für alle Lebensvorgänge«, erklärt Lyall Watson, »gilt der zweite Hauptsatz der Thermodynamik, der besagt, daß der natürliche Zustand der Materie das Chaos ist und daß alle Dinge die Neigung haben, zu zerfallen, in Unordnung und Unregelmäßigkeit zu enden.«

Es ist das Schwerste,
Ordnung aus Unordnung zu gewinnen.

Auf unserem Planeten – durch den Weltraum jagend – sind wir ständig kosmischen Kräften ausgesetzt. Ebenso beständig ist die Sehnsucht nach dem Wunderbaren. Unsere Kultur trägt einen Januskopf. Die eine Hälfte heißt Ratio, die andere heißt Rausch.

Wie können wir das Phänomen Jean Dixon, die das Attentat auf John F. Kennedy voraussah, erklären? Wie können wir begreifen, daß ein Student 583 Todesopfer bei einem Zusammenstoß zweier Jumbojets voraussah? Seitenweise könnte ich Fakten und Namen aufzählen: Dyks Hoorn, ein Holländer, in New York ansässig, der Verbrechen aufklärte. Gabriele Hoffmann, die in Berlin lebt und mit der ich sprach. Henri Mangin in Frankreich. Croiset in Holland. Der Hellseher Professor Ten Haeff in Utrecht, Frau Landstorfer in München und die zum Teil streng geheimen Versuche mit Telepathie, die an den Universitäten in Moskau und Leningrad und von Professor Bender in Freiburg vorgenommen werden. Da gibt es die Geistheilung durch Harry Edwards in England und durch meinen verstorbenen Freund Gordon Turner, der für das Parapsychologisch-Spiritistische Institut in London gearbeitet hat.

Der ehrwürdige Brockhaus. Hatte er noch 1954 über das Hellsehen gesagt: »Die Erfolge sind fragwürdig«, so heißt es jetzt: »Die lang umstrittene Fragwürdigkeit des Hellsehens gilt als erwiesen. Ebenso die der Telepathie. Sowjetische Experimente mit Fernhypnose haben dies bestätigt.«

Françoise Sagan

Francoise Sagan

Als erste befragte ich zu meinem ungewöhnlichen Thema die französische Schriftstellerin Françoise Sagan.

Weder sieht man die Treppe noch die Tür, ihr Kleid oder Farben; selbst Geräusche scheinen zu verklingen und zuletzt zu entschwinden. Alles und jedes wird beherrscht durch braune Augen. Nicht der Schnitt der Lider ist es; es ist der Blick. Und ein schnelles, plötzliches, zuerst scheues, dann selbstsicher werdendes Lächeln. Komödie – im Grunde ist alles Komödie, sagt der Blick. Nur manchmal nicht. Ihr Gesicht trägt seine ersten Falten mit Würde. Mit grandioser Selbstverständlichkeit. Sie ist Gelassenheit und Nervosität in einem. Das Wunderkind der Literatur, das sie einst war, ist sie nicht mehr. Die Koketterie mit der Vergangenheit ist ihr zuwider.

Ein Riesenhund und ein kleiner, schwarz-weiß gefleckter, der aussieht, als wäre er aus Porzellan, stehen hinter ihr. Wachsam, unbeweglich. Doch nun scheint die Zeit weiterzusprinten. Alles läuft seinen normalen Gang. Von neuem bricht das hektische Hupen der Autos los, und als die Tür ins Schloß fällt, gleicht das einer Detonation. Es ist das erste Interview, das ich führen soll – und sie mein erstes Opfer. Wir umarmen uns rasch, beinahe verschämt. Zehn Jahre haben wir uns nicht gesehen. Eine Sekunde lang stehen wir Haar an Haar, Strähnen ineinander verwuschelt, trennen uns wieder. Sie geht mit ihrem schön-schlaksigen und hastigen Gang ins Wohnzimmer. Es ist langgestreckt. Am Ende liegt ein verrückter Garten mit einem winzig-putzigen Lilienbassin, das, wie sie sagt, nicht benutzt werden kann; das Wasser würde umgehend den Keller überschwemmen. Jener Garten gleicht einer Hinterglasmalerei. Auch einem aufstellbaren Spielzeug, das man jederzeit betreten kann.

Françoise Sagans Füße – schöne, schmale Füße – bewegen sich ohne Unterlaß; ob sie geht, steht, sitzt, lümmelt. Ein Fuß bewegt sich, dann der andere, angespannt, die Ferse fest auf den Boden gestemmt. Ihre Stimme ist hell. Überraschend hell. Ihr Englisch ist wie mein Französisch: schadhaft. Sie spricht rasch, die Worte strudeln. Doch immer lächelt sie, gerät nie in Panik. Wie so oft, empfinde ich eine große Zärtlichkeit für sie. Besonders wenn ich ihre Handgelenke anschaue: Jene schmalen, zerbrechlichen Gelenke, die bei einem Autounfall zerschmettert wurden. Wenn ich diese Gelenke betrachte, vergesse ich, daß Françoise wesentlich stärker ist, als ihr zarter Körper ahnen läßt.

Ihr Haus sieht nach Durchreise aus. Schöne Dinge, seltsam verstreut. Man sagt, sooft sie ein Buch beendet hätte, würde sie in eine neue Wohnung oder ein neues Haus umziehen. Man ist darauf gefaßt, daß umgehend Möbelträger erscheinen. Dennoch: keine Verwahrlosung; ein liebgewonnenes, wenn auch flüchtiges Zuhause. Neben supermodernen Radio- und Stereoanlagen schöne, kuschelige, weinrote Sofaecken, in denen man Umzug und Chaos vergißt. Anfänglich zögernd, beginnen wir miteinander zu reden.

Unser beider Leben scheint auf Willkür aufgebaut. Wir haben ein starkes Gefühl für Albernheiten, für Dinge, die sich nicht fassen, die sich nicht dirigieren lassen. Wir stellen fest, daß wir noch immer gerne laut lachen. Vielleicht nicht mehr ganz so laut wie früher. Wir sprechen über eine Bekannte, deren Mann gestorben ist und die seit einem Jahr um ihn trauert.

Françoise sagt: »Aus schlechten Frauen werden oft gute Witwen.«

Mitgefühl oder Mitleid ist ihr klebrig. Für den anderen erniedrigend. Dennoch hat sie für Feind und Freund und deren Fehler stets eine Entschuldigung parat. Für sich selbst auch.

Zuweilen verharrt sie mitten im Sprechen, als überrasche sie eine Erkenntnis, als sei der Gedanke soeben durch die Formulierung zum Leben erweckt worden. Dann lächelt sie, als begrüße sie einen neuen Freund. Ihre langen Finger halten eine Zigarette, sie schnippt die Asche achtlos über den Rand des Aschenbechers hinweg – zuweilen auf den Boden. Doch seltsamerweise ruft sie dabei nicht den Eindruck hervor, unordentlich zu sein. Sie ist mit ihren Gedanken derart beschäftigt, daß sie keine Zeit zu haben scheint, sich auf irgend etwas anderes zu konzentrieren – schon gar nicht auf eine Zigarette.

Schriftsteller trinken gerne nach ihrer Arbeit; vielleicht um den summenden Bienenschwarm ihrer Einfälle zu betäuben. Françoise trinkt nicht mehr. Sie darf nicht.

»Puh«, sagt sie und lächelt spitzbübisch. »Vielleicht finden sie irgendein Medikament, so daß ich eines Tages wieder trinken darf. Dann werde ich mich vollaufen lassen wie ein Faß. Bis dahin begnüge ich mich damit.« Sie wedelt mit ihrer Zigarette und verstreut, wie immer, die Asche.

Ihr Sohn kommt herein. Er ist hübsch, groß, mit überraschend harmonischen Bewegungen für einen pubertären Knaben. Wohlerzogen ist er. Dennoch meckert er – kaum verständlich – über die bevorstehende Mathematikarbeit. Der Fotograf kreist uns ein. Artig tun wir, worum gebeten, und gehen – während er noch fotografiert – mit unseren Gedanken spazieren. Endlich kramt er seine Tasche zusammen, verläßt uns in Eile.

Ich springe ins Unbekannte. »Françoise, wir beide sind Laien. Doch wir leben mit der Parapsychologie. Ich bin überzeugt, daß in nicht allzu ferner Zeit die Welt weder das Wort noch die Tatsache negieren kann.«

»Ist sie bereits eine Wissenschaft?« fragt sie.

»Sie könnte eine werden. Als Freud mit der Psychoanalyse begann, lachte man ihn aus. Bis die Psychoanalyse zur ernstgenommenen Wissenschaft wurde. Nun also ist sie akzeptiert, obgleich die meisten noch immer nicht wissen, worum es sich handelt.«

Ich erinnere mich plötzlich an unsere erste Begegnung. Ich hatte sie gefragt, unter welchem Sternzeichen sie geboren sei, und sie hatte gesagt: »Ich bin ein Zwilling. Ich bin sogar ein doppelter Zwilling. Denn mein Aszendent ist gleichfalls Zwilling. Sie sehen also vier Personen in einer vor sich.«

Françoise lacht und kratzt sich die Nase. »Ja, ja«, sagt sie, »ich habe es nicht vergessen.«

Ich hatte damals gefragt, wo die anderen drei Personen zu finden wären.

Die meisten Leute sagen: »Ich glaube nicht an Horoskope – ich glaube nicht an Astrologie.« Eine ungenügende Antwort. Es reicht nicht, daß man in der Zeitung das Horoskop liest und dann beteuert, man hätte es nicht getan.

»Hast du dir, Françoise, schon einmal ein Horoskop stellen lassen?«

»Nein«, sagt sie. Und noch einmal: »Nein.«

Ich bohre: »Bist du schon einmal zu jemandem gegangen, der dir aus der Hand gelesen hat?«

Françoise sieht mich an, sagt: »Aber natürlich. Schon oft.« Sie sagt es mit eben jener Sorglosigkeit, als hätte ich sie gefragt, ob sie regelmäßig ihre Haare wüsche. »Ich habe einen Freund«, sagt sie, »der ist Hellseher. Er liest aus der Hand. Das Phantastische daran ist, daß alles eintrifft, was er voraussagt.«

Ich weiß, daß sie sich einer schweren Operation unterziehen mußte. Also frage ich: »Hat er dir vorausgesagt, daß du operiert werden würdest?«

»Nein. Ich konnte doch sowieso nichts ändern. Doch was meine Arbeit angeht, so weiß ich nur zu gerne, ob ein Buch, das ich gerade schreibe, ein Erfolg wird oder nicht. Oder ob ich nette Leute treffen werde. Wir sind vom Zufall abhängig, gerade in unserem Beruf.«

»Ja«, sage ich. »Unser Beruf verleitet zum Aberglauben. Es kann nun einmal passieren, daß eine zweijährige Arbeit zum Teufel geht, nur weil am Erscheinungstag eines Buches gerade ein Streik ausbricht.«

Françoise wickelt sich eine ihrer geraden Haarsträhnen um den Finger, sagt: »Dieser Hellseher hat mir übrigens erzählt, daß ich sehr abnehmen würde und daß ich aufpassen sollte. Aber gerade diese Operation wäre nicht zu vermeiden.«

»Gewöhnlich sind Wahrsager oder Hellseher Frauen. Wenige sind Männer.«

»Im Hauptberuf ist er übrigens Schauspieler«, sagt sie. »Er betreibt das Hellsehen nebenbei.«

»Wirst du durch seine Voraussagen nicht allzusehr beeinflußt? Versuchst du nicht, sie – vielleicht unbewußt – wahrzumachen?«

»Die Operation bestimmt nicht«, sagt Françoise.

»Du brauchtest mich gar nicht mehr zu fragen, was Parapsychologie ist. Du betreibst sie praktisch oder setzt dich ihr aus – ohne Vorbehalte. Ich bin übrigens überzeugt, daß unsere Handlinien eine Art Wegweiser sind. Es gibt zahlreiche Verästelungen in der Handfläche, die nicht durch dauernde Bewegungen entstanden sein können.«

»Ja«, sagt Françoise. Sie betrachtet den Teller ihrer einen Hand, zeichnet mit der anderen die Linien nach.

Ich murmele: »Wir tendieren dazu – haben vielleicht auch den Wunsch –, Erkenntnisse zu verdrängen. Wir betrachten sie mit jenem wissenden Lächeln, das man aufsetzt, wenn man nichts oder wenig weiß. Du weißt vom ES. Faulkner, Klee und Feininger, Victor Hugo, Conan Doyle und Upton Sinclair haben sich zu ihrem ES bekannt. Sie gaben zu, daß das ES für sie schrieb oder malte.«

Beinahe hastig unterbricht sie mich: »Ich weiß, was du meinst. Ich bin sicher, es gibt eine Kraft, eine Stärke, oder was weiß ich, die uns während der Arbeit lenkt. Sie hat nichts mit dem zu tun, wonach man in Rußland oder den USA forscht – mit Telepathie, mit gedanklicher Beeinflussung von Menschen, die weit von uns leben.« Sie lächelt, als wolle sie sich entschuldigen. »Oft äußert sie sich in kleinen, nichtigen Dingen. Ich denke an jemanden, und im gleichen Augenblick ruft er mich an. Manchmal, wenn ich schreibe, kommt es mir so vor, als ob mir ein Satz diktiert würde – wahrscheinlich ist es das ES, wie du es nennst. Da sprudeln Sätze, oder ich wechsle über zu einem Thema, das ich gar nicht im Sinn hatte. Es ist, als spräche jemand zu mir. Ich merke plötzlich, daß ich gar nicht weiß, was ich diktiere. Wenn ich es später durchlese, bin ich erstaunt, um nicht zu sagen: fassungslos. Dennoch: Es ist mir nicht fremd. Ich erkenne das Geschriebene wieder.«

»Schreibst du nicht allein?« frage ich.

»Nein«, erwidert sie. »Höchstens manchmal. Einen kleinen Teil des Buches, an dem ich gerade arbeite. Und dann schlingere ich im unerwartetsten Moment in ein neues Thema. Wenn ich meine Arbeit durchlese, finde ich fast jedesmal etwas Überraschendes im Text; etwas, was tief in mir verborgen war, was ich kannte und was mir wahrscheinlich ›zurechtgelegt‹ wurde. Nur ahne ich nicht, wer für mich gesprochen hat. Verstehst du, was ich meine?« Sie lächelt mit jener selbstverständlichen Heiterkeit, die ich so sehr an ihr liebe.

»Ich verstehe, was du meinst«, sage ich. »Oftmals schreibe ich ein Gedicht, und hinterher weiß ich nicht, warum ich es geschrieben habe. Das gleiche gilt für ein Kapitel in einem Buch, eine Kurzgeschichte. Dann fragen mich Journalisten, warum ich es geschrieben hätte. Ich erfinde infame Erklärungen; schlichtweg, um mich verständlich zu machen und nicht gedankenlos zu erscheinen. Vielleicht basiert manches auf vergessenen Erfahrungen. Aber wir, du wie ich, glauben, daß sich mehr dahinter verbirgt. Kurz bevor Faulkner starb, sagte er: ›Ich weiß nicht, weshalb ich geschrieben habe, und ich weiß auch nicht, ‚was' ich geschrieben habe. Aber es war wohl nicht ich.‹«

»Natürlich«, sagt Françoise.

»Ein Medium?« frage ich.

»Ja. Wir sind wie Lautsprecher von irgend etwas, das wir nicht kennen«, sagt sie.

»Und trotzdem verbrauchen wir den größten Teil unserer Energie für das Schreiben. Energie und Konzentration, bis an den Rand der Leistungsfähigkeit. Schreiben verzehrt. Es schrumpft ein, als ob Wörter und Sätze Kilo vom Eigengewicht verschluckten. Es ist, als stünde man auf der Bühne und bekäme keine Antwort. Ausschließlich das stumme Blatt Papier, das dich anstarrt. Dein sprachloses, widerwilliges Publikum!«

»Ja«, sagt sie. »Wenn du malst, siehst du Farben. Sie antworten dir. Wenn du komponierst, hörst du Musik. Sie antwortet dir.«

»Kürzlich sagte jemand, neunundneunzig Prozent aller Menschen seien ausschließlich über das Gefühl ansprechbar. Nur ein Prozent über den Verstand.«

Sie nickt. »Wir haben den falschen Beruf«, gluckst sie und blinzelt in die stadtstaubige Nachmittagssonne.

»Ich war überhaupt nicht überrascht, daß du schlanker geworden bist«, sage ich. »Noch zierlicher, durchsichtiger. Schreiben frißt.«

»Ja«, sagt sie. »Aber es gibt auch Nahrung. Fürs Gehirn. Für den Körper hingegen weniger.«

»Schau dir alte Maler an«, sage ich. »Ihre Gesichter gehen auseinander, werden breit. Sogar fett. Schriftsteller werden im Alter zumeist astdürr.«

Ich komme mir vor wie ein Polizist, der zur Ordnung pfeift: »Du hast dir noch nie ein Horoskop stellen lassen? Woher weißt du dann, daß dein Sternzeichen Zwilling ist und dein Aszendent ebenfalls?«

»Weil es in Frankreich kleine Bücher gibt, die man an jedem Zeitungsstand kaufen kann«, sagt sie. »Ich habe gelesen, daß ich ein Zwilling bin und daß ich außerdem den Zwilling im Aszendenten habe. Aber das ist auch alles, was ich darüber sagen kann.«

»Man unterstellt den Zwillingen, daß sie nervös wären. Bist du's?«

»Nein«, erwidert sie zögernd. »Das hängt davon ab, ob Kastor oder Pollux im Spiel sind. Kastor ist ruhig, Pollux ist aufgeregt, zuweilen energisch.«

Sie nippt an ihrer Coca-Cola, fügt hinzu: »Es kommt darauf an, wer von den beiden mich gerade beeinflußt.«

Ich sage: »Mich hat immer fasziniert, daß manche Erfindungen von zuweilen zwei oder drei Menschen gleichzeitig in den verschiedensten Gegenden der Welt gemacht, manche Gedanken an mehreren Orten zugleich gedacht werden. Nachweislich haben jene nichts voneinander gewußt. Dennoch diese Duplizität oder gar Triplizität.«

Sie schlägt ihre Beine übereinander, fingert an ihren Stiefeln. »Das trifft auf mich nicht zu«, sagt sie. »Ich schreibe banale Geschichten. Zumeist schreibe ich, daß jemand jemanden liebt oder nicht liebt oder daß er nicht geliebt wird. Man kann eine Unzahl Bücher darüber verfassen. Das ist sehr einfach. Die einzige Originalität liegt im Charakter. In der Art und Weise, in der meine Menschen leben. Aber du hast recht mit der Triplizität. Selbst ein zufälliges Thema wie zum Beispiel *Der Hai.* Da gab es gleichzeitig drei Bücher.«

»Ich meine nicht nur Bücher«, sage ich. »Auch Erfindungen. Musikstile. Moralbegriffe. Wenn sie sich durchgesetzt haben, werden sie neuerdings ›Trends‹ genannt. Die Sprache kennt tausend Fallen. Die Sprache der Parapsychologie zehntausend. Täglich stolpern wir über sie. Jemand hat eine ›Vorahnung‹. Oder wir sind einen Tag lang blockiert. Manchmal auch wochenlang. Gleichzeitig reden wir uns ein: Das gibt es nicht. Im Grunde halten wir uns für ziemlich intelligent, wenn nicht gar für intellektuell. Dabei sind wir zumeist nichts als hochnäsig-verblasen.«

Françoise kaut an ihrem Daumen. »Vielleicht sollte man wissenschaftlich an die Sache herangehen. Es könnte gefahrbringend sein, wenn zu viele Leute dieses Gebiet erforschen wollten.«

Es ist an mir, aufgeregt zu sein. »Ich stimme dir zu. Sie spielen damit herum wie Kinder mit einem Jojo.«

»Ich glaube, sie sind wie Mondsüchtige. Es ist schrecklich und gefährlich.«

»Ja«, sage ich. »Gefährlich, wenn sie sich anheischig machen, einen durch nichts fundierten astrologischen oder hellseherischen Rat zu erteilen.«

»Menschen, die ihre Fähigkeiten mißbrauchen oder vorgeben, welche zu besitzen, brauchen einen Psychiater«, sagt Françoise bestimmt.

»Aber ein Psychiater bedeutet nicht unbedingt die Rettung. Marilyn Monroe brachte – soweit ich weiß – kaum einen Tag ohne Psychiater zu.«

»Wenn man Schriftsteller ist, kann man auf ihn verzichten. Man ist sein eigener Psychiater.«

»Ist dir in deinem Leben jemals etwas zugestoßen, was nicht mehr mit dem Wort ›Zufall‹ abgetan werden konnte?«

»Ja«, erwidert sie. Sie rutscht an den Rand des Sessels. »Das ist mir oft passiert. Ich traf jemanden, und ich konnte sehen, daß er sterben würde. Ich traf einen Menschen und sah das Skelett statt der Haut. Es war schrecklich. Ich hatte Angst. Und ich wußte nicht, was mit mir geschah. Dreimal stimmte, was ich gesehen hatte. Diese Menschen sind kurz darauf gestorben. Zwei durch einen Unfall. Sie waren jung. Und nichts hatte auf das Entsetzen hingedeutet, das mich befiel.«

»Bedurfte es einer Konzentration deinerseits?«

»Nein«, sagt sie und zieht die schmalen Schultern hoch. »Es ist genauso, als ob ich in ein Schaufenster sehen würde. Ich möchte darüber nicht mehr sprechen. Es greift mich schrecklich an.«

Ich frage sie: »Ist diese dir so schreckliche Fähigkeit ständig vorhanden? Oder tritt sie nur hin und wieder in Erscheinung?«

»Hin und wieder«, sagt sie. »Monatelang rührt sich gar nichts. Und urplötzlich werde ich zum Zuschauer fremder Ereignisse. Ich hatte, wie du weißt, einen schweren Autounfall. In der Nacht zuvor träumte ich, daß ich in einem Haus schlafen würde, in dem ich noch nie zuvor gewesen war. Auch träumte ich, daß ich sterben müsse. Zwei Wochen zuvor hatte ich einem Freund von dem bevorstehenden Unfall berichtet. Ich war sicher, daß ich ihm nicht entgehen konnte. Ein Gefühl, das mir bis dahin unbekannt war.«

Jeder, der Françoise Sagan kennt, weiß, daß sie schnelle Wagen liebt, die sie zum Verdruß der Polizei sehr schnell fährt. Sie fährt gut, sicher, zumeist barfuß. Dann geschah es. 1957. Ihr Sportwagen geriet aufs Bankett. Sie versuchte das Steuer herumzureißen. Ihr linkes Handgelenk brach. Der Wagen überschlug sich. Vierzig Minuten lag sie unter den Trümmern.

Sie steht auf und bittet, die Treppe hinunterrufend, um eine neue Coca-Cola. »Wenn es eine gute Vorahnung ist, glaube ich daran. Doch wenn sie schlecht ist . . .« Sie wischt mit einer Hand durch den Raum. »Immer wieder versuche ich, meiner eigenen Erinnerung auszuweichen. Es mißglückt.«

»Ich hatte eine Vorahnung«, sage ich, »als ich zum wiederholten Male in einem Krankenhaus landete. Es war 1973. Ich bin zuweilen überempfindlich, dennoch ein Kämpfer. Trotzdem brach ich völlig zusammen – in der Nacht vor der Operation. Ich wußte, daß es schlimm werden würde. Es wurde schlimm. Jahre folgten, die einem Bombardement glichen. In einem einzigen Augenblick sah ich, ohne daß mir jemand aus der Hand gelesen und ohne daß ich einen Astrologen befragt hätte, was mich erwartete. Ich wusch mein Gesicht, sah in den Spiegel über dem Waschbecken des Krankenhauszimmers. Und fing an zu weinen. Haltlos. Ich spürte, daß meine Ehe auseinandergehen würde – unvorstellbar zu jener Zeit. Ich redete mir zu wie einem durchgegangenen Pferd, das mit Schaum vor dem Maul, schweißnaß, blindlings in sein Unheil rennt. Ich sagte mir, daß es ausschließlich meine Nerven wären. Ich pfiff mich zurück: Nimm dich nicht so wichtig. Und fügte noch ein preußisches: Reiß dich zusammen! hinzu. Nichts half. Das Gefühl war derart stark, daß ich zehn Minuten lang weinte. Hemmungslos. Gleichzeitig fiel ich auf dem ordentlich bezogenen Bett zusammen, als hätte mir jemand in die Kniekehlen getreten. Ich wurde von einem mir bis dahin nicht bekannten Schmerz überfallen. Du weißt, was Schmerzen sind. Du selbst hast mir erzählt, daß du sehr oft starke Schmerzen hast. Sie machen hilflos und idiotisch.«

»Ja«, stimmt sie zu. »Idiotisch und wahrlos.«

»Es gibt einen Schmerz, den wir nicht mehr kontrollieren können. Weder durch Meditation noch durch sonst etwas. Ich versuchte seinerzeit verzweifelt, mich zu entspannen. Es mißlang.«

»Es ist der Aufschrei des Tieres in uns. Bei mir dauerte er ungefähr eine halbe Stunde. Ich habe die Ärzte sprechen hören. Ich dachte, das Leben würde sich von mir verabschieden. Dessen war ich sicher. Doch es ging vorbei. Ich blieb in meinem Bett und dachte unentwegt: Nun sterbe ich. Ich war zutiefst entsetzt.«

»Ich hätte dir zugetraut, daß du ärgerlich geworden wärest«, sage ich.

»Nein. Nicht ärgerlich. Nur entsetzt. Vielleicht ein wenig entrüstet. Als ich meinen Gedanken in seiner ganzen Tragweite zu begreifen begann, war ich verblüfft. Und dann begann ich ängstlich zu werden. Ich fühlte mich wie ein Huhn, das sterben muß. Am nächsten Morgen fand ich mich wieder. Ich sah in einen Taschenspiegel und war noch immer überzeugt: Du mußt sterben. Ich bat um meinen Lippenstift. Ich fand es lustig, einen roten Klecks in mein bleiches Gesicht zu malen. Sinnlos und lustig. Aber die Komödie war vorüber. Die Komödie, die ich so gerne spiele. Ich war allein. Ich schaute mich an. Ich sah eine dunkle Spur an den Wurzeln meines leicht gefärbten Haares, sah die kleinen Spuren meines Lebens und dachte: Mein Gott, Menschen haben diese Lippen geküßt, Menschen haben dieses Gesicht geküßt. Ein Gesicht, das ich nicht mehr erkannte. Es war mir fremd geworden. Ich fühlte mich abgesondert, abgetrennt. Aber ironischerweise lebte etwas stark in mir weiter.«

»Weißt du eigentlich, daß wir nach Eintritt des Todes fünfzig Gramm weniger wiegen als zuvor? Kein Wissenschaftler hat bisher eine Erklärung dafür gefunden.«

»Seltsam«, sagt sie und rollt eine Zigarette zwischen ihren langen Fingern, bis die Asche zu Boden trudelt.

Das fahl gewordene Licht fällt auf die rechte Seite ihres Kopfes. Wir sitzen ganz still, als müßten wir uns von einem Überfall erholen. Dann grinsen wir uns über die hastig erhobenen Gläser an wie zwei Verschwörer.

»Bist du einmal in einen Ort gekommen, den du nicht kanntest und doch wiederzuerkennen glaubtest?« frage ich sie.

»Ja«, sagt sie und atmet auf. »In Kaschmir. Ich war nie dort gewesen. Ich saß in einem Boot, sah auf den See und wußte, daß ich schon einmal dagewesen war. Doch das stimmte nicht. Es war meine erste Reise nach Kaschmir. Ein anderes Mal fuhr ich in einer Stadt, die ich nicht gut kannte, Taxi. Plötzlich bat ich den Fahrer anzuhalten. Ich wußte, daß das die Straße und das Haus waren, die ich aufsuchen wollte. Frag mich nicht warum.«

»Henry Miller hat darüber geschrieben«, sage ich. »Er kam in eine kleine französische Stadt. Er hat ihren Namen vergessen. Er war ganz sicher, daß er schon einmal dort gewesen war, obwohl er kurz zuvor, vom Hauptbahnhof kommend, den Ort zum erstenmal betreten hatte. Er blieb auf dem Marktplatz stehen. Ein, zwei Stunden lang. Das sind die Augenblicke, die wir nicht wahrhaben wollen. Und von denen wir später lachend berichten.«

Françoise streckt ihre Beine aus. Sie vergräbt die Absätze im Teppich, reibt ihre Handgelenke. Sie scheint mit ihren Gedanken weit weg zu sein. Plötzlich sagt sie: »Jene Momente im Leben, die wir in Krankenhäusern erfahren haben und die einem einzudreschen scheinen: Das ist das Ende der Komödie . . .«

Sie läßt die Worte auströpfeln. Gleichzeitig beginnen wir einen Satz. Er verkümmert. Sie rückt sich zurecht: »Solange man die Komödie weiterspielen kann, soll man es tun. Schließlich möchte man stolz und tapfer sein.«

Ich erinnere mich an einen Nachmittag in Saint-Tropez. Françoise lag in der Sonne, las ein Buch. Ihr Kichern ließ mich aufhorchen. Sie rollte über die Terrasse wie ein fröhlicher Hund und rief: »Ich lese gerade über die Französische Revolution. Über einen Mann, der auf seinen Tod durch die Guillotine wartet. Er steht bereits auf dem Gerüst, und kurz bevor er an die Reihe kommt, überreicht er seinem Diener den Band, in dem er bis dahin gelesen hat. Sorgfältig legt er ein Lesezeichen hinein und erklärt: ›Halten Sie es für mich.‹« Und während Françoise noch weiterrollte, prustete sie: »Vielleicht steht der Mann noch immer dort.«

»Solche Geschichten hatte ich damals gern«, sagt sie.

Sie steht auf, dreht eilig ein paar Kreise um ihren Stuhl, setzt sich wieder. »Ich muß dir noch sagen, daß ich es nicht mag, ein Medium zu sein. Die Vorstellung stößt mich ab.«

»Du hast keinen Einfluß darauf«, sage ich.

»Nein«, antwortet sie. »Doch bin ich nicht stolz darauf. Ich habe zu viele Sorgen mit der Wirklichkeit. Oder sagen wir: mit dem Bewußtsein. Denn mein Job ist es schließlich, über Bewußtsein und Gefühle zu sprechen. Dennoch gebe ich zu, daß vieles für mich auf unbegreifliche Weise vonstatten geht. Einmal ging ich zu einem Psychiater. Der demontierte sozusagen mein Ich. Danach war ich nicht mehr fähig zu schreiben.«

»*Ein* schlechter Psychiater gibt keinen Anlaß, das Kind mit dem Bade auszuschütten und die ganze Psychiatrie zu verurteilen. Ähnlich dem Scharlatan in Sachen Parapsychologie, der uns nicht davon zurückhalten sollte, weiterzuforschen. Wir fliegen auf den Mond und sind stolz darauf. Die Russen hingegen fotografieren zur gleichen Zeit die menschliche Aura. Ihre Farben zeigen Krankheiten an, sogar jene, die erst im Entstehen sind. Ich finde das mindestens ebenso wichtig, wenn nicht wichtiger, als mit ungeheurem Aufwand einen andern Planeten zu besuchen. Wußtest du übrigens, daß während der Raumflüge telepathisch geschulte Astronauten in jenen Minuten, in denen die Funkverbindung abreißt, den Kontakt zur Bodenstation aufrechterhalten können?«

Françoise sagt: »Ich habe davon gehört. Es soll eine Schule geben, in Houston und auch eine in Leningrad.«

Ich: »Wenn telepathische Kräfte negativ eingesetzt werden, könnte es zur Katastrophe führen. Das wahrhaft Wichtige ist, daß wir einander zu helfen suchen.

Es gibt eine von der Regierung unterstützte spiritistische

Vereinigung in London, deren Mitglieder – zum Teil wenigstens – fähig sind, für kurze und bisweilen auch für längere Zeit Krankheiten zu heilen. Da ich eine arge Allergie hatte, war ich vor Jahren einmal dort. Kein Arzt konnte mir helfen. Mein Gesicht war aufgeschwollen. So traf ich auf einen freundlichen Mann in weißem Kittel, der ohne großes Getu seine Hand auf meine Stirn legte und ungefähr zehn Minuten in dieser Stellung verharrte. Ich spürte, wie meine Haut brannte. Dann zog er seine Hand zurück, überreichte mir einen Spiegel, und siehe da: Die Allergie war weg.

Ich berichtete etlichen Ärzten von meiner Erfahrung, und sie schenkten mir nur ein müdes, wissendes Lächeln. Unsere medizinischen Methoden könnten sich entscheidend verbessern, sobald Ärzte und spiritistische Heiler zusammenarbeiteten. Aber dieses Gebiet scheint ein Irrgarten zu sein, der jeden Zutritt verwehrt.«

»Weißt du eigentlich, was auf den Philippinen passiert?« fragt Françoise plötzlich erregt.

»Nein.«

»Jeder in Frankreich lacht darüber. Ich hingegen kenne Leute, die dort gewesen sind und geheilt wurden. Sie tun nichts anderes, als daß sie die Hand auf deinen Körper legen. Selbst Geschwulste verschwinden. Eine Erklärung gibt es nicht.«

Abends sitzen wir zusammen. Ihr Bruder ist da, ein Tänzer und Marlon Brando. Wie gerne würde ich Brando über Erfahrungen auf seiner Südseeinsel ausfragen. Sein Gesicht ist hellwach. Seinen Augen scheint nichts zu entgehen, obgleich er sich gerne schläfrig gibt. Seine Stimme ist weich und schön. Er spricht in seinem etwas schwerfälligen Französisch über ein Funksprechgerät, mit dem er von seiner Insel aus alle Schiffe zwischen Alaska und Südamerika anpeilt. Er ist in die Einsamkeit geflohen, um ihr mit Hilfe seines Funkgerätes wiederum entfliehen zu können.

Als wir nach dem Essen aus dem Haus gehen, knallen uns die Blitzlichter ins Gesicht. Sie reißen uns aus der verträumten Stunde vor dem Puppengarten der Françoise Sagan.

Carroll Righter

Carroll Righter

Wie immer sitzt er kerzengerade, als müsse er einer Klasse Haltungsgeschädigter ein Beispiel geben, das nicht zu übersehen ist. Der Eindruck trügt: Eine Wirbelverletzung, die er sich als Kind zugezogen hat, zwingt ihn zu jener Denkmalsstarre. Wie immer spricht er leise, flüsternd, für Fremde zuweilen unverständlich. Seine Sätze leiden unter einer Art Fallsucht: Sie stürzen ineinander, wie lose Steine nach einem schweren Erdbeben. Obgleich alles an ihm gespannt und zuchtvoll zu sein scheint – von der Nachlässigkeit der Sprechweise abgesehen –, überstrahlt er seine Umgebung mit Güte, Anteilnahme und Milde. Er gleicht einem der drei Weisen aus dem Morgenland. Knittrig sein Gesicht, von tiefen Furchen durchzogen, drückt keine Falte eine Spur von Bösartigkeit aus, spiegelt keine Runzel einen häßlichen Gedanken wider. Ein Gesicht, das immer beherrscht war und dem die Beherrschung ihren unauslöschlichen Stempel aufgedrückt hat. Mehr Landschaft als Gesicht, erzählt es die Geschichte eines oftmals schwierigen und einsamen Lebens, das er mit Hilfe der Astrologie und eines tiefen, religiösen Glaubens gemeistert hat. Er ist weit über siebzig und jettet dennoch um die Welt, als wären Reisemüdigkeit, Erschöpfung und damit verbundene Niedergeschlagenheit ihm unbekannte Übel. Sein Interesse gilt – neben der Astrologie – der Oper. Sonst sind seine Bedürfnisse gering. Er lebt ausschließlich für seine Freunde; sie sind sein Rückhalt, wie er ihrer. Mag eine Situation noch so ausweglos scheinen, stets findet er eine Möglichkeit der Erleichterung oder Besserung heraus. Er wird den Regentag preisen, weil Regen notwendig ist, und wird hinter geschlossenen Fenstern den Sonnenschein bewundern. Da ihm frische Luft zuwider ist, wird er kaum je einen Raum verlassen, ohne sicher zu sein, daß in der Nähe ein Auto auf ihn wartet.

Er raucht nicht; er trinkt nicht. Er könnte nachts angerufen werden und, seiner Sinne nicht voll mächtig, einen falschen astrologischen Rat erteilen. Daß er in einer der besten Familien Philadelphias aufgewachsen ist, legte den Grund zu seiner Enthaltsamkeit. Keinesfalls erwartet er, daß man ihm bedingungslos gehorcht. Doch er macht keinen Hehl daraus, daß er seine Arbeit als vergeblich ansieht, sollte der Ratsuchende aus Trägheit und Mangel an Flexibilität nicht aufhören, Dingen nachzutrauern, die irreparabel sind. Mit leisem Unbehagen duldet er Weinerlichkeit. Beinahe hochmütig übersieht er Anwandlungen von Selbstmitleid. Stets fordert er, das Beste aus der gegebenen Situation zu kreieren. Er spornt an. Voraussetzung: Optimismus.

Kerzengerade also hat er in meinem Sessel Platz genommen und ringt, wie immer, darum, seine murmelnde Sprechweise, die so sehr im Gegensatz zu seinem kristallklaren Denken steht, deutlich zu artikulieren. Die Stimme flattert, gurgelt, entwirrt sich wieder. Seine Hände sind groß und weich. Er bewegt sie selten. Ohne Krawatte ist er undenkbar; stets ist sein Anzug korrekt und der Tageszeit entsprechend. Noch vor wenigen Jahren waren ihm Blue jeans tragende Frauen ein Greuel; nur mit äußerster Geduld vermochte er sich an das wirre Modebild der heutigen Zeit zu gewöhnen. Er liebt Schönheit, was ihn freilich nicht daran hindert, zuweilen mit einem ungebürsteten Anzug durch die Gegend zu laufen.

Unser Vorhaben ist für ihn Arbeit. Und Arbeit fordert seine höchste Konzentration. Seine Höflichkeit verbietet ihm jedoch, das zuzugeben. Obgleich wir seit Jahrzehnten befreundet sind, bedankt er sich, daß ich ihn zu diesem Gespräch gebeten habe. Obgleich ich die Dankende sein sollte.

Sein Freund Tom sitzt uns gegenüber. Er ist Helfer und Schüler in Sachen Astrologie. Freundlich. Jung. Herzlich. Groß. Zuweilen tapsig.

Carroll verströmt eine nicht endende Harmonie. Harmonie ist sein Thema, obgleich er oftmals von Disharmonie, Zweifeln, Trauer, Verzagtheit oder schlichtweg schnöder Neugier umgeben ist. Sein Leitspruch lautet: »Helfen durch Harmonie.«

Ich sage: »Lieber Carroll, wir kennen uns seit dreißig Jahren. Du bist der Pate meiner Tochter. Du bist mein Trauzeuge. Für dich ist Astrologie kein Beruf, sondern Lebensweise. Bis zur letzten Konsequenz bist du dir der Verantwortung bewußt. Zu jeder Zeit erreichbar, hast du selbst einem entspannenden Glas Wein abgeschworen. Denn du könntest jederzeit angerufen werden – sei es aus Tokio, Rio de Janeiro oder von wo auch immer. Eine Entgleisung würdest du dir ebensowenig verzeihen wie ein vorbildlicher Chirurg, der betrunken zur Operation geht.

Zahlreiche Menschen haben auf deinen Rat hin ihr Leben geändert. Ehe ich meine erste Frage stelle, möchte ich vorausschicken, was auf deinem Briefkopf zu lesen steht: *Die Sterne machen geneigt, aber sie zwingen nicht.* Und nun: Wann hast du begonnen, dich mit Astrologie zu beschäftigen? Ab wann warst du überzeugt, daß sie eine entscheidende Lebenshilfe sein kann?«

Carroll: »Das genaue Datum kann ich dir nicht nennen. Die meisten Angehörigen meiner Familie in Philadelphia waren Rechtsanwälte, und traditionsgemäß folgte ich ihren Spuren. Während meines Studiums lernte ich eine Frau namens Evangeline Adams kennen, die eine der bedeutendsten Astrologinnen unseres Jahrhunderts war. Glücklicherweise kannte sie auch unsere Familie. Zu mir sagte sie eines Tages: ›Sie haben den perfekten Überblick, den ein Astrologe braucht.‹ Zu jener Zeit war ich knapp zwanzig und studierte Jura, und ich dachte: Purer Schwachsinn. Trotzdem sahen wir uns häufig, und sie beharrte darauf, daß ich Astrologe werden müßte. Meine Erziehung hingegen ließ kein Ausbrechen aus der Familientradition zu. Als ich mich eines Tages durchrang und meiner Mutter gestand, daß ich mich der Astrologie verschreiben wolle, sah sie mich entsetzt an und schrie: ›Ich habe eine Ente ausgebrütet.‹ Lächerlich und kindisch war meine Antwort. Ich sprang auf, ließ ein lautes ›Quack! Quack!‹ ertönen. Als ich der ständigen Herabsetzungen und der Angriffe müde wurde, entschloß ich mich, die Belustigung, die mein Interesse hervorgerufen hatte, zu widerlegen. Ich erkannte, daß Astrologie genauso eine Wissenschaft ist wie zum Beispiel Jura. Daß sie Fakten zusammenträgt und Regeln aufstellt. Ohne Frage kann sie dazu beitragen, daß Menschen besser miteinander auskommen. Ich begann, bis zur Impertinenz jeden nach seinem Geburtstag zu befragen. Insgeheim versuchte ich vierzehn Jahre lang – und nun kommt das Absurde – die Astrologie zu widerlegen. Erst dann war ich überzeugt.«

Verblüfft frage ich: »Du hast vierzehn Jahre daran verschwendet, um die Astrologie zu widerlegen?«

»Ja«, sagt er gleichmütig. »Nach vierzehn Jahren waren Wiederholungen unübersehbar, die Gesetzmäßigkeit nicht zu leugnen. Fast alle Schauspieler, die Bahnbrecher waren, wurden unter dem Zeichen des Widder geboren: Joan Crawford, Mary Pickford, Gloria Swanson, Wallace Berry, Charlie Chaplin, Spencer Tracey. Und so könnte ich noch viele aufzählen. Das Wesentliche ist, daß die Widder-Geborenen das Neue und Ungewöhnliche suchen.

Die nächste Gruppe hingegen – die Stiere – ist zumeist erfolgreich. Stiere lieben die Sicherheit; sie begnügen sich damit, gut zu leben und möglichst jedem Ärger aus dem Weg zu gehen. Da waren zum Beispiel Gary Cooper, Jimmy Stewart, Henry Fonda, Bing Crosby, Glenn Ford und Perry Como. So ist es mit fast allen Sternzeichen. Ich entdeckte das Schema. Je nachdem, wann die Menschen geboren waren, hatten sie bestimmte Charaktermerkmale, Qualitäten, Eigenschaften.«

Er räuspert sich anhaltend, faltet seine großen Hände, sagt: »Als die Wirtschaftskrise ausbrach, konnte ich mich der Bitten kaum mehr erwehren. Menschen kamen zu mir, die obdachlos geworden waren. Selbst jene Hochburg des Konservatismus und des Reichtums, die Eisenbahngesellschaft von Pennsylvania, geriet ins Wanken und schüttete keine Dividenden mehr aus. Eine ständig größer werdende Anzahl von Arbeitern und Angestellten lag auf der Straße.

Fraglos: Hilfe war notwendig. Doch noch immer befand ich mich in jener unbefriedigenden Phase, in der ich mich weder zur Astrologie bekennen noch sie aufgeben mochte.

Ohne astrologische Hilfsmittel zu Rate zu ziehen, ging ich zu einigen Freunden, von denen ich wußte, daß sie Häuser besaßen, und bat sie um die Erlaubnis, einige dieser Häuser zu übernehmen. Ich brachte 2300 Menschen unter, die arbeits- und heimatlos geworden waren. 1700 konnten wir eine dauerhafte, wirtschaftlich sichere Existenz verschaffen. Ich war häufig für Monate ihr einziger Kontakt zur Außenwelt. Ich begann, ihre Horoskope auszuarbeiten. Dabei fand ich heraus, daß einige von ihnen in ganz bestimmter Richtung begabt waren und daß sie beinahe augenblicklich Erfolg hatten, sobald sie sich nach astrologischen Gesichtspunkten eine Arbeit suchten.

Manche Leute behaupten, man könnte von der Astrologie abhängig werden wie ein Süchtiger von seiner Droge. Aber mir geht es um nichts anderes, als die besonderen Charakterzüge und Qualitäten eines Menschen sichtbar zu machen und vorzuschlagen, wie der Betreffende sie am besten nutzen kann.

Während dieser Monate gewann ich ein immer größeres Zutrauen in die Möglichkeiten der Astrologie. Doch noch immer brach ich in jugendlichem Irrwisch aus und befaßte mich mit Albernheiten wie Eishockey und ähnlichem. Ein Unfall setzte der Leichtfertigkeit ein Ende. Ich landete im Krankenhaus. Fünf Monate lang. Die Ärzte gaben mir unmißverständlich zu verstehen, daß ich in einem halben Jahr sterben müsse. Das alles geschah in Philadelphia, einer Stadt, in der ein ungesundes Klima vorherrscht. Ich zog zwei Astrologen zu Rate, um mein eigenes Wissen bestätigt zu finden: daß ich im Südwesten der Vereinigten Staaten besser aufgehoben wäre. Ich zog den Schluß, daß ich es mir so angenehm wie möglich machen sollte, insbesondere, da ich nur noch sechs Monate zu leben hatte. Ich fuhr nach Kalifornien, obgleich ich unbeschreibliche Schmerzen im Rükken hatte. Nun geschah, was sich kaum erklären läßt: Nachdem ich an den astrologisch für mich günstigen Platz gereist war, konnte ich bereits nach einem Jahr wieder tanzen. Ich hatte meine Heilung, mein Leben der Astrologie zu verdanken, und ich begriff, daß sie ins Zentrum meines Daseins rücken mußte. Noch arbeitete ich bei einem Rechtsanwalt. Aber Recht und Gesetz waren für mich« – er zögert, lächelt entschuldigend, sagt endlich: »Eine fragwürdige Sache. Die Menschen probierten bloß aus, wieweit sie gehen oder wieviel sie aus ihren Mitmenschen herausholen konnten. Für mich war es nichts als ein böses Spiel, pendelnd an der Grenze von Ehrlichkeit und Ethik. Damit verglichen erschien mir die Astrologie klärend. Sie befaßt sich mit Grundproblemen des einzelnen. Ein jeder hat den Funken in sich, den er aufleuchten lassen möchte.«

»Du bist religiös«, sage ich. »Du bist optimistisch. Selbst in schwierigsten Zeiten spendest du Mut. Hat deine Gläubigkeit mit Astrologie zu tun?«

»Ich bin religiös erzogen worden«, sagt Carroll. »Drei meiner Onkel waren Pfarrer. Ich jedoch war nicht das, was sie ›religiös‹ nennen würden. Ich ging in die Kirche. Was mir gefiel, war die Musik. Doch erst durch die Astrologie bekam ich Kontakt zu vielen Menschen und ihren Problemen. Ich begriff, daß Gott viele Mittel hat und wiederum auch viele

Mittel offen läßt, um Menschen zu führen. Vielleicht wirst du mich fragen, wie es sein kann, daß ich, ein Astrologe, an Gott glaube. Darauf möchte ich antworten: Kann man Astrologe sein, ohne an Gott zu glauben? Allein die Tatsache, daß sich einer in Weihrauchwolken hüllt und ständig hinkniet, macht ihn noch nicht zum Christen. Christsein bedeutet Geisteshaltung. Dennoch glaube ich nicht, daß es verkehrt ist, eine Kirche aufzusuchen. Denn gerade dort werden oftmals die besten Gefühle eines Menschen wach. Wir schauen immer nach oben. Wir besitzen Phantasie und Vorstellungskraft, und im Grunde sehnen wir uns nach dem Ideal, das unserem Leben einen Sinn gibt.«

Er macht eine ausschweifende Bewegung mit seiner großen Hand. »Ich weiß, was Marx darüber gesagt hat. Dennoch: ›Der Mensch braucht irgend jemanden, der ihm mehr Freude und Licht in sein Leben bringt, als er es allein zu tun imstande ist.‹«

Mein Freund Carroll, den ich seit dreißig Jahren kenne, hat sich noch niemals derart offenbart. Er hat, auch seinen Freunden gegenüber, nur in Andeutungen seine Glaubensüberzeugungen geflüstert. Carroll, Tom und ich sitzen stumm. Starren in verschiedene Richtungen. Hängen verschiedenen Gedanken nach.

Unvermittelt das Thema wechselnd, sage ich: »Als deine Patentochter Christina geboren wurde, hattest du die Möglichkeit, ihr Leben zu überblicken – einschließlich ihrer Begabung, der Umgebung, in der sie leben, und der Menschen, unter deren Einfluß sie stehen würde.«

»Ja«, sagt er. Er zupft an seinem Kragen, als müsse er sich aus einer Schlinge befreien. »Im Augenblick der Geburt tritt der Mensch in den Einfluß des Universums. Tatsächlich hat er drei Geburtstage: den Tag der Zeugung, den Tag der Geburt, den Tag des Todes. So ist jedes Stadium nichts anderes als eine Vorbereitung auf das nächste. Wenn du das bedenkst, wird es dich nicht wundern, daß mich viele Menschen bitten, ihnen ein günstiges Datum für die Geburt eines Kindes zu berechnen. Was mir die größte Freude macht, ist, wenn ich am Lebenserfolg eines Menschen mitbauen darf. Wenn ich zu seiner Harmonie, seiner Geborgenheit beitragen darf. Das schließt die eigene Aktivität keineswegs aus. Aber sobald das Horoskop eines Kindes mit dem der Familie nicht harmoniert, kommt es unweigerlich zu Konflikten. Eine einträchtige Familie ist ein Geschenk. Ich bin mit einem Ehepaar befreundet, das seine Kinder alle unter astrologischen Gesichtspunkten gezeugt hat.«

»Und das funktioniert?« frage ich brav.

Carroll: »Es funktioniert wunderbar. Sie sind glücklich.«

Ich sage: »Wir ändern uns nicht nur physisch, sondern auch psychisch, und zwar in unregelmäßigen Zeitabständen. Glaubst du, daß jener Wandel oftmals unvermeidliche Änderungen im Verhältnis zu jenen Menschen nach sich zieht, mit denen wir einst eng verbunden waren? Daß sich Menschen, die untrennbar zusammengehörten, auseinanderleben – unaufhaltsam?«

»Zumeist tritt der Umbruch nach elf oder neunzehn Jahren ein. Es sind die kritischen Jahre. In deinem Horoskop sind mehrere Eheschließungen zu erkennen. Ich weiß, du wolltest eine Scheidung vermeiden. Dennoch konntest du nicht dagegen an. Nenn es Schicksal. Manchmal sind es nur

Phasen, die wieder vorübergehen. Doch jeder hat *sein* Leben zu leben. Das soll nicht bedeuten, daß ich Scheidungen gutheiße. Nur zuweilen ist die Scheidung der natürliche Schlußpunkt einer Folge von Ereignissen, die unaufhaltsam sind. Hinzufügen möchte ich, daß der Mensch durch derartige Ereignisse wachsen kann. Ebenso durch Leid, Unverstehen, Mißverständnisse, auch Hilflosigkeit. Partner werden in unterschiedlicher Weise von Planeten beeinflußt; sie bewegen sich auf Umlaufbahnen von 12, 19, 36 und mehr Jahren. Sobald die Phase eines bestimmten Planeten abläuft, ist die Krise überstanden.« Murmelnd und wiederum kaum verständlich fügt er hinzu: »Ich glaube, daß die meisten Menschen von Grund auf gut sind.«

»Ich bewundere deine Sicherheit«, sage ich. »Meine Generation hat wenig Anlaß für eine solche Überzeugung.«

»Ich möchte nicht behaupten, daß *alle* Menschen von Grund auf gut sind. Eher möchte ich sagen: Jeder geht seinen eigenen Weg, den Kreisbahnen seiner Planeten entsprechend. Wenn zum Beispiel dein Planet einen Umlauf in 29 Jahren und 5 Monaten vollendet, der deines Ex-Mannes hingegen in 7 oder 8 Jahren, so ist eure Verbindung bereits unterbrochen, ehe der eine oder andere es noch bemerkt.«

Carroll nippt von seinem Mineralwasser. »Die Anzahl der Scheidungen überschlägt sich. Wie wir Astrologen wissen, behalten die Planeten ihre Stellung manchmal drei, sechs oder sogar zwölf Monate lang bei. Jemand verliebt sich während einer günstigen Position von Venus und Mars. Kurz darauf ändert Mars seine Position, und die Liebe ist ein Epilog. Doch das Leben des Geistes ist wichtiger. Er ist es, der beflügelt, der wächst und wachsen läßt. Wieso weigern wir uns zu akzeptieren, daß der Geist eines Menschen von uns gegangen ist? Selbstverständlich fände ich es kostbar, wenn zwei Menschen für alle Zeiten zusammenbleiben dürften. Aber es existieren nur wenige Kreisbahnen, die einen Zustand für unbefristete Zeit garantieren. Ich glaube kaum, daß du von der amerikanischen Umfrage gehört hast, in der 81 Prozent aller Frauen ausgesagt haben, sie würden ihren Mann nicht zum zweitenmal heiraten. Dennoch krallen sich die Menschen in ihren gewohnten Verhältnissen fest, leben in der Erinnerung und verpassen die Zukunft.«

»Und was ist mit den Kindern?« frage ich.

»Sie wachsen auf«, sagt er. »Sie leben ihr eigenes Leben. Wesentlich früher, als manche Eltern es wahrhaben möchten. Kinder, die in einer unglücklichen, unharmonischen Umgebung aufwachsen, werden fast immer krank. Deshalb also verdamme ich niemanden, der sich scheiden läßt. Das Wort ›Toleranz‹ sollte aus unserer Sprache gestrichen werden. Denn sie bedeutet nichts anderes als Interesselosigkeit, Schwäche, seelische Impotenz. An ihre Stelle sollte ›Verstehen‹ treten.«

»Verstehen bedeutet Verbundenheit«, sage ich.

»Gewiß. Es bedeutet, daß wir in Gedanken einander verbunden sind. Wenn wir verstehen, dienen wir dem Geist.«

»Gibt es in deinem Leben Zeiten, in denen du an dir zweifelst? In denen du dich davor fürchtest, Rat zu erteilen?«

Carroll legt seine Hände auf die Knie, sagt: »Es ist viele Jahre her, seit ich meine astrologische Beratung aufgenommen habe. Sobald ich meiner sicher bin und meine Meinung auch objektiv begründen kann, habe ich keine Zweifel.

Astrologie ist eine Wissenschaft.«

»Oftmals gebrauchst du in deinen Briefen das Wort ›action‹ – Bewegung, Vorankommen, Dinge tun, nicht nachlassen. Und fast immer folgen deinem ›action‹ zahllose Ausrufezeichen.«

Carroll, ungerührt: »Zuerst kommt mein Vorschlag. Dann bitte ich, das Problem zu durchdenken und zu entscheiden. Nur diesem oft langwierigen Vorgang soll die Handlung folgen.«

»Du warst ständig von außerordentlicher Aktivität. Wie steht es mit der Untätigkeit, der Lethargie, dem Phlegma?«

Ein Hauch von Mißmut überzieht sein Gesicht, als hätte ich etwas Unanständiges gesagt. Deutlich sagt er: »Ich bemühe mich, ein Problem zu durchdenken, bevor ich rede. Ich wäre sehr gern ein Medium, aber ich bin keins. Meine Arbeit basiert ausschließlich auf intensiven Untersuchungen.«

»Offenbar bist du mathematisch begabt«, sage ich voll Hochachtung – ich, die ich noch immer im Kampf mit dem Einmaleins liege. »Doch diese Fähigkeit würde dich noch keineswegs zu einem hervorragenden Astrologen machen, hättest du nicht die Gabe, das mathematisch Errechnete zu deuten und zu übersetzen.«

»Zuerst einmal mußt du den Menschen lieben. Denn wenn du ihn liebst und dich in seine Situation hineindenkst, findest du auch einen Weg, ihm selbst das Schlimmste behutsam mitzuteilen. Du wirst dich bemühen, ihn nicht zu verletzen. Ich verabscheue jene plumpe Art, die Gefühle anderer mit Füßen tritt.«

»Wir wissen, daß nicht nur das Zeichen der Geburt entscheidend ist, sondern daß wir unter dem Einfluß unzähliger zusätzlicher Aspekte stehen«, sage ich. »Unsere Naturen sind unterschiedlich, unterschiedlich wie unsere astrologischen Tabellen. Dennoch gibt es, wie du sagst, einzelne Merkmale und Charakterzüge innerhalb der zwölf Sternzeichen, die auf Verwandtschaft schließen lassen.«

Aufrechter denn je setzt sich Carroll hin. Fast habe ich den Eindruck, er träte hinter ein nicht vorhandenes Pult.

»Beginnen wir mit dem Widder (vom 21. 3. bis 20. 4.). Die Widder sind im Grunde genommen Kämpfer. Sie lieben den Ortswechsel und sind unternehmungslustig. Oft sind sie freundlich, lustig, und sie schlagen gern über die Stränge. Solange sie Kinder sind, sollten sie dazu angehalten werden, zu Ende zu führen, was sie angefangen haben; denn sie können derart viele Interessen entwickeln, daß sie sich zuletzt selbst verlieren. Sie sehen häufig sehr gut aus, aber sie sind unbeständig.

Der Stier dagegen (vom 21. 4. bis 20. 5.) liebt die Dinge, liebt den materiellen Besitz. Wenn das Schlüsselwort für den Widder: ›Ich bin‹ heißt, so lautet das für den Stier: ›Ich habe, mir gehört, ich besitze, gib mir.‹«

Just in diesem Moment erinnere ich mich an unser erstes Zusammentreffen: Eine jener überlauten, überschäumenden Hollywood-Partys, auf denen keiner je zugeben würde, daß er im Grunde auf Arbeitssuche ist. Kaum hatte sich die Tür geöffnet, schossen sie wie Pfeile auf ihn zu. Der Chor jauchzte: »Wann werde ich meinen nächsten Film machen?« – »Soll ich meinen Agenten wechseln?« – »Soll ich ein Kind haben?« – »Wird diese Ehe zustande kommen?« – »Werde ich Erfolg haben?« Sprachlos stand ich in einer Ecke und verfolgte das peinigende Geplärr. Wie ein Wachtturm stand er da, bewegte seine Hände, als müßte er ein Meer beruhigen. Dann entdeckte er mich. Schnurstracks steuerte er auf mich zu und fragte: »Wann sind Sie geboren?« Ich sagte es ihm und fügte kleinlaut hinzu, daß ich nicht das Geld für ein Horoskop hätte. »Das interessiert mich nicht«, sagte er beinahe hochmütig und bat mich um ein Treffen drei Tage später. Es war der Beginn einer Freundschaft. Und alles, was er mir damals vorausgesagt hatte, traf ein. Nie erwähnte er Geld. Im Gegenteil. Er borgte mir so viel, daß ich imstande war, nach Europa zu fliegen, um einen, wie er behauptete, wichtigen Film zu drehen. Um mir die Reise möglich zu machen, übernahm er mein Haus, obgleich er selbst eines besaß, vierzehn Katzen und einen Hund.

Carroll Righter fährt fort: »Das nächste Zeichen sind die Zwillinge (vom 21. 5. bis 21. 6.). Ihre Wanderlust ist nicht zu bremsen, sie setzen sich selten fest. Sie sind nervös, lebhaft, ruhelos; aber sie sind imstande, geistige Klugheit und handwerkliche Geschicklichkeit miteinander zu verbinden.

Das nächste Zeichen ist der Krebs. Krebse sind zwischen dem 22. 6. und dem 22. 7. geboren. Sie sind die besten Köche der Welt«, sagt Carroll genießerisch, obgleich ich weiß, daß Essen ihm nicht viel bedeutet. »Die Krebse haben immer einen vollen Kühlschrank. Sie haben beständig Lust auf ein gutes Essen. Sie lieben Antiquitäten und gebrauchte Dinge. Deshalb sind beinahe alle Gebrauchtwagenhändler Krebse. Sie lieben es zu feilschen. Außerdem sind sie die besten Babysitter, die man finden kann, und herrliche Eltern dazu.

Danach kommen die Löwen (vom 23. 7. bis 23. 8.). Die

Königlichen. Stolz ist ihr wesentliches Charaktermerkmal. Sie erwarten Komplimente, und ihre Würde zu übersehen, kann fatale Folgen haben.

Dann haben wir die Jungfrau (vom 24. 8. bis 23. 9.). Jungfrauen sind leider ewig unzufriedene Menschen. Sie halten sehr viel auf ihre Kleidung, ihre Gesundheit, ihr Essen, ihre Diät. Sie sind außerordentlich pflichtbewußt. Bei ihnen muß alles seine Ordnung haben. Außerdem sind sie gewissenhaft, heikel und oftmals wählerisch.

Als nächstes kommt die Waage (vom 24. 9. bis 23. 10.).«

Die zwölf Sternzeichen sind ihm geläufig wie anderen ein Gedicht, das sie vor langer Zeit gelernt haben.

»Waagen sind Menschen, die abwägen, analysieren und ausbalancieren. Sie lieben es, für andere zu denken. Sie schätzen den Frieden. Sie suchen die innere und äußere Balance. Sie sind gefühlvoll. Sie lieben Blumen und Zärtlichkeiten. Sie freuen sich über kleine Zeichen der Verbundenheit, aber auch über waghalsig-teuren Schmuck.

Dann haben wir die Skorpione (vom 24. 10. bis 22. 11.). Sie sind überaus dynamisch. Solltest du je in Streitereien mit einem Skorpion geraten – nimm dir einen Rechtsanwalt. Seltsamerweise lieben sie heißes Essen. Und seltsamerweise vertragen sie es nicht. Wenn ich in Hotels Vorträge halte, kann ich sie fast immer herausfinden; denn stets leiden sie an Arthritis, Kreislaufschäden und Rheumatismus. Sie versteifen sich allzu oft darauf, was *sie* tun wollen, ohne Rücksicht auf andere zu nehmen, und neigen dazu, ihre Mitmenschen und deren Bedürfnisse zu negieren.

Dann kommen die Schützen (vom 23. 11. bis 21. 12.). Sie sind sehr direkt. Wenn sie etwas zu sagen haben, kommen sie auf dich zu und werfen es dir an den Kopf. Unverblümt. Sie sind ehrlich und leicht zu durchschauen.

Steinböcke (vom 22. 12. bis 20. 1.) – und damit wären wir bei dir. Stets sind sie darum bemüht, alles richtig zu machen. Sie sorgen sich um alles, was andere gelassen in Kauf nehmen. Über diesen Sorgen vergißt der Steinbock hin und wieder das Lächeln.«

Väterlich nickt er mir zu und kehrt eilig zu seinen Sternzeichen zurück.

»Der Wassermann (vom 21. 1. bis 20. 2.) ist das Zeichen, das unser Zeitalter beherrscht. Erfindungsreichtum, Eigenwilligkeit, Phantasie.« Damit sind seine Bemerkungen über den Wassermann erschöpft. Denn da er selbst einer ist, fürchtet er Lobhudeleien.

»Dann haben wir die Fische (vom 21. 2. bis 20. 3.). Sie sind ungewöhnlich sensibel. Sie betreten einen Raum und wissen sogleich, was sich ereignen wird. Sie tasten ab, horchen auf, schnüffeln. Einstein war Fisch. Er hatte die Gabe, sich die großen Geheimnisse des Universums vorzustellen und gleichzeitig in eine Formel zu bannen.

So«, endet Carroll, »das wäre eine Skizze der Sternzeichen. Leider allzu grob.«

»Glaubst du nicht auch«, sage ich, »daß es eine Art Gremium geben sollte, das darüber entscheidet, wer Astrologe werden darf und wer nicht?«

Carroll nickt begeistert. »Wenn es verwirklicht werden könnte, wäre es ein Segen. Du weißt seit langem, daß Astrologie jeder betreiben könnte. Denn Astrologie fußt auf der Mathematik. Entscheidend ist jedoch, daß der Astrologe seinen Klienten die unabdingbare Einfühlungsgabe entgegenbringt. Und dies wiederum läßt sich nicht objektiv messen. Ergo: Eine Prüfung nutzt wenig. Die Stiere werden die Skorpione und die Fische verstehen. Die Löwen wiederum werden mit den Waagen, den Zwillingen oder auch Schützen gut auskommen. ›An ihren Früchten sollt ihr sie erkennen‹, lautet ein Bibelspruch. Ich habe oftmals über diesen Satz nachgedacht. Woher willst du wissen, ob ein Arzt ein guter Arzt ist? Er kann sämtliche Prüfungen der Welt mit Auszeichnung bestanden haben und trotzdem nicht wissen, was dich krank macht.«

Ich beharre: »Es gibt allzu viele Astrologen, die herumstottern und sich mit den dürftigsten Voraussagen, an die sich ohnehin am Jahresende kaum jemand erinnert, einen Namen machen. Deshalb frage ich wiederholt: Besteht absolut keine Möglichkeit, zuverlässige Tests einzurichten?«

Carroll, der eine Astrologenschule in Kalifornien leitet, sagt: »Wir haben derartige Prüfungen bereits empfohlen. Aber wir kennen deren Grenzen. Manche haben sich zwei oder drei Vorträge über Astrologie angehört und sind begeistert. Alsbald glauben sie, als Astrologen tätig sein zu können. Im Grunde wissen sie nichts. Hier könnten Examen eine glänzende Einrichtung sein. Auf der Kehrseite verhält es sich mit der Astrologie wie mit der Schriftstellerei. Wer wollte darüber entscheiden, ob jemand schreiben darf oder nicht?«

»Wahrhaftig«, sage ich. »Dennoch ist der Einfluß eines Schriftstellers minimal im Vergleich zu dem eines Astrologen. Von Karl Marx, Lenin, Hitler und Mao einmal abgesehen. Ihre Worte waren imstande, die Welt zu verändern. – Zurück zur Astrologie, in der Amateure manchen Schaden anrichten. Du hast vierzehn Jahre benötigt, um jenes zu widerlegen, das letztlich dich überzeugte. Allzu viele stürzen sich mit fliegenden Fahnen auf das, was sie für Astrologie halten. Laß mich deine Worte wiederholen: ›Die Sterne machen geneigt, aber sie zwingen nicht.‹ Die günstige Phase kann dir eine erholsame Ruhezeit bescheren – oder auch eine wunderbare Arbeit, die über Jahre hinweg für dich und andere von großer Bedeutung ist. Ich finde es außerordentlich wichtig zu wissen, zu welchem Zeitpunkt man seine ganze Energie der Arbeit zuwenden und wann man sich besser ausruhen und neue Kräfte sammeln sollte. Wie du weißt, sind das nicht meine eigenen Gedanken; es sind Rekreationen dessen, was du mir oftmals gesagt hast.«

Komplimente machen ihn verlegen. Er streicht über den Tisch, rückt Nippes gerade, murmelt: »Als ich mich endlich der Astrologie zuwandte, war Marlene Dietrich meine erste Klientin. Ich war nach Kalifornien gegangen, um dort zu sterben. Dennoch lernte ich während dieser Zeit eine Menge Show-Leute kennen, die mir bis dahin fremd gewesen waren. Marlene und ich hatten ein langes Gespräch.« Er räuspert sich, fügt unsicher hinzu: »Ich würde diese Geschichte nie preisgeben, aber sie hat sie selbst einer Zeitschrift zukommen lassen. Diskretion ist in meinem Beruf das A und O und Z. Marlene sagte also: ›Ich habe eine lange Karriere hinter mir. Ich hätte gern gewußt, ob der Zeitpunkt günstig ist, mir eine Ranch zu kaufen und mich zurückzuziehen.‹ Ich schaute auf ihre Tabelle. ›Auf gar keinen Fall. Sie stehen am Anfang einer neuen Karriere. Zwei schlechte Jahre liegen hinter Ihnen. Ein neuer Morgen ist angebrochen. Es wird Zeit, ihn zu erkennen. Wollen Sie mit mir zusammenarbeiten?‹ Ich begann, ihr täglich das Horoskop zu deuten. Rastlos trieb sie mich vorwärts. Wir arbeiteten bis zu ihrem Film *Dustry Rides Again.* Dann konnte ich guten Gewissens sagen: ›Wir haben es geschafft.‹

Mitten in der Nacht rief sie mich an. Sie berichtete von einem neuen Film. Ich empfahl ihr, sich vor Unfällen zu hüten. Sie schnurrte nur: ›Ich kann weder dem Produzenten noch dem Regisseur mitteilen, daß mein Astrologe mir empfohlen habe, nicht zu drehen.‹ Mittags erhielt ich einen Anruf. ›Sie hatten recht‹, sagte sie. ›Ich bin im Krankenhaus. Ich habe mir den Knöchel gebrochen.‹ Kurz darauf riefen ihr Direktor und ihr Produzent an. Sie beschimpften mich zweistimmig. ›Hören Sie‹, brüllte es, ›das nächste Mal rufen Sie uns an, wenn der Hauptdarstellerin ein Unfall bevorsteht. Das Ganze hat uns 80000 Dollar gekostet.‹ So hat es angefangen. Und Evangeline Adams behielt recht.«

»Marlene hat mir vor Jahren die Geschichte bestätigt. Noch immer erscheint sie phantastisch.«

Carroll, gelassen: »Es gibt Wetterberichte, die voraussagen, ob es morgen regnet, schneit oder hagelt. Was ist so seltsam?«

»Im Grunde wenig«, sage ich. »Nennen wir es also Wetterberichte für Menschen. Darf ich dir einige persönliche Fragen stellen?«

Carroll sieht überrascht auf.

»Ich weiß aus eigener Erfahrung, daß du mich auf deine behutsame Art zuweilen vor schlechten Zeiten gewarnt hast. Und oftmals habe ich genau das getan, wovon du mir abgeraten hattest. Ich mußte meine eigenen Wege gehen, meine eigenen Fehler machen. Hast du – wie so vieles andere – die zahllosen Krankheiten vorausgesehen, die mich innerhalb weniger Jahre fast vernichteten? Oder sind deiner Ansicht nach jene Einbrüche auf seelische Komplikationen zurückzuführen?«

»Du hast ein Horoskop, das schwer zu deuten ist. Du gerätst zuweilen in Stimmungen und Situationen, denen du unter allen Umständen auf den Grund gehen möchtest. Dieser Wunsch, der einer Besessenheit gleicht, ist stärker als jede Überlegung. Und zumeist schiebst du alle Bedenken schlichtweg beiseite. Das ist eigentlich ein schöner, um nicht zu sagen: naiver Zug an dir. Du tendierst dazu, deine Erfahrungen zu erleiden, statt sie zu umgehen.«

»Somit laufe ich einer Krankheit direkt in die Arme?« frage ich.

»Ja«, sagt Carroll. »Deshalb glaube ich, du könntest deine Miseren – bis zu einem gewissen Maß jedenfalls – unter Kontrolle halten. Du bist ein außerordentlich lebhafter Mensch. Aber du solltest weder in deiner Lebhaftigkeit noch in deinen Gefühlen zu weit gehen. Das ist meine Ansicht. Ich möchte nicht richten, ich möchte ausschließlich versuchen, deine Frage zu beantworten. Sie beruht auf Beobachtungen, die ich über Jahre hinweg machen konnte.«

Einsichtig und demütig sage ich: »Gut. Ich werde mich bemühen, vorsichtiger zu sein. Du hast mir durch einige Vorhersagen geholfen zu überleben. Erinnerst du dich, als Christina, meine Tochter, geboren wurde? Es war schlimm, um nicht zu sagen hoffnungslos. Doch du sagtest mir am Telefon, daß in sieben Tagen noch schlimmere Dinge auf mich warteten und daß ich sie überstehen würde. Und tatsächlich: Sieben Tage später wurde ich abermals operiert.

Ich war ihm sehr nahe – dem Tod. Und wenige Jahre später folgten Wochen und Monate, die ebenfalls entsetzlich waren. Es überstieg meine Kräfte. Doch selbst nach den letzten Operationen hast du mir Hoffnung gemacht.«

Carroll, leise: »Ich konnte es dir erst mitteilen, als dein Horoskop die Wende zum Besseren anzeigte.«

»Wenn du in einem Horoskop ein absolut tragisches Ereignis kommen siehst«, sage ich, »empfiehlst du, sich fallenzulassen, sich vor der Außenwelt zu verstecken?«

»Ja, leider. ›Versucht es leichtzunehmen‹, sage ich dann. Ich bemühe mich, sanft eine Weiche zu stellen. Doch niemals würde ich es wagen, einen erwachsenen Menschen bei der Hand zu nehmen und ihm Befehle zu erteilen.«

»Dennoch sind wir geneigt, uns an Idole zu klammern, in dir den Lehrer, wenn nicht gar den Vaterersatz zu sehen.«

Carrolls Gesichtsausdruck wird streng. »Das Kind wird erwachsen, des Vaters Vorschlag verhallt ungehört.«

Seiner Zucht bin ich nicht gewachsen. Er weiß es. Ich weiß es. Wir wechseln das Thema. Ich weiche ab.

»Du hast eine astrologische Forschungsstätte errichtet, die sich mit Wetterberichten befaßt«, sage ich.

Carroll nickt. »Fortschrittliche Meteorologen beziehen den Mond in ihre Berechnungen mit ein. Darüber hinaus wissen wir, daß auch die anderen Planeten von Wichtigkeit sind. Unter dem starken Einfluß des Uranus herrschen Tornados, Schneestürme und Winde vor. Innerhalb eines Jahres hatten wir vom 5. September bis zum 3. Januar in den USA ausschließlich Nebel. Wetterpropheten behaupteten während der ganzen Zeit, Sonnenschein wäre bereits am nächsten Tag zu erwarten. Wir Astrologen jedoch wußten, daß die Sonne unsichtbar bleiben würde, da auf Venus Neptun folgte. Zweifellos: das Wetter wird von den Planeten mitbestimmt.«

»Kann deine meteorologisch-astrologisch fundierte Schule außer miserabler Wetterlage auch Erdbeben voraussagen?« frage ich.

»Ja. Letztes Jahr wußten wir zum Beispiel, daß wir einem sehr schlechten Winter entgegengehen würden. Zugegebenermaßen, er wurde nicht nur von den Astrologen prophezeit. Die Ursache lag in der Konstellation: Saturn, Löwe, Uranus und Skorpion. Eine Konstellation, die mit einer Schlacht zu vergleichen ist, die hauptsächlich zwischen Saturn und Uranus ausgetragen wurde. Saturn ist übrigens jener Planet, an den sich besonders die Steinböcke klammern.«

Er blinzelt mir zu.

»Ein anderes Beispiel«, sagt er. »Vor einiger Zeit wurde Afrika von einer Sonnenfinsternis verdeckt. Der gesamte Kontinent geriet in Aufruhr. Bereits vor mehreren Jahren haben meine Studenten vorausgesagt, daß Afrika eine eminente Umwälzung erfahren würde. Dennoch möchte ich nochmals zur Sonnenfinsternis zurückkehren: Wenn Sonne und Mond, und damit das Licht, entschwinden, dann werden die betroffenen Orte ungünstig beeinflußt. In diesem Falle waren das Zambia, Zaïre, Angola, Südafrika. Eine weitere Sonnenfinsternis zog sich von Boston über New York, Washington und New Orleans bis an die Westküste von Mexiko. Und was ist seither geschehen? Wir hatten einen Börsenkrach, hatten Watergate, und ein Präsident verließ das Weiße Haus, als eben jene Sonnenfinsternis ihren Höhepunkt erreichte. Zur gleichen Zeit hatten wir Erdbeben in Kanada, Alaska und Halifax.«

»Du sagtest mir einmal vor vielen Jahren, und zwar an dem Tag, an dem Kennedy sein Amt als Präsident antrat, daß er wahrscheinlich die vier Jahre seiner Präsidentschaft nicht überleben würde«, sage ich.

Carroll sagt: »Ein ungünstiger Einfluß von Jupiter und Saturn auf das Weiße Haus stand bevor. Das Unglück war kaum zu übersehen.«

»Wenn du derartige Katastrophen im voraus weißt, was hindert dich, deine Befürchtungen publik zu machen?«

»Washington ist nicht nur durch Zeitschriften und Astrologen gewarnt worden. Kennedy war ein tapferer junger Mann. Sein Auto hatte ein kugelfestes Dach. Er ließ es entfernen. Das war sein tragischer Fehler.«

Ich sage: »Wäre der Mord zu verhindern gewesen, wenn er auf dich gehört hätte?«

»Ja«, sagt Carroll überzeugt. »Was mich betrifft: Auch mir wurde mehrere Male gesagt, ich müßte sterben. Das eine Mal war ich gerade bei dir in Europa. Ich spürte die Geschwulst und flog nach Amerika zurück. Man brachte mich eilends in die Klinik – untersuchte mich und erklärte mir, ich hätte Dickdarmkrebs. Mein Horoskop sagte mir jedoch, daß ich sterben würde, wenn ich mich operieren ließe. Ich verbat mir jeden Eingriff. Erinnerst du dich daran, wie besorgt du damals warst? Schließlich ging ich zu einem anderen Arzt. Der wiederum bestätigte, daß ich es nicht überlebt hätte, wenn ich die vorgeschlagene Operation hätte vornehmen lassen. Das erinnert an die Geschichte, die ich dir zu

Anfang erzählte: Wäre ich in Philadelphia geblieben, hätten wir uns niemals kennengelernt. Dank der Astrologie suchte ich ein besseres Klima auf und wurde gesund.«

Ich frage: »Warum ist deiner Ansicht nach die Astrologie noch immer verfemt?«

»Meine Beurteilung ist konträr«, sagt er. »Ich bin unendlich beschäftigt – vom frühen Morgen bis spät in die Nacht.«

»Es erscheint mir unbegreiflich, daß viele ihre Mißachtung der Astrologie paradieren, selbst jene, die dich jeden Tag befragen.«

Carroll lächelt unüberrascht. »Ich will es zu erklären suchen. Wenn ich mit Menschen zusammen bin, sagt mir keiner, daß er *nicht* glaubt. Sie bitten ausschließlich: ›Berichten Sie mir etwas über mich.‹ Meine Erfahrungen mit Leuten, die von Astrologie nichts wissen wollen, sind gleich Null.«

»Trotzdem: Warum fürchtet man, seinen Glauben an die Astrologie zuzugeben?« frage ich.

»Man fürchtet sich, weil man nichts darüber weiß«, sagt Carroll. »Vergleichbar dem Kind, das von der Dunkelheit verschreckt ist. Steinböcke haben übrigens immer Angst.«

»Wäre es nicht eine deiner Hauptaufgaben, die Politik zu beeinflussen? Schrecken und Terror haben einen Punkt erreicht . . .«

Carroll unterbricht: »Das Wassermann-Zeitalter. Die Menschen sind verstört, weil vieles geschieht, das ihnen vorläufig unbegreiflich bleiben muß. Wir leben in der Periode des Übergangs, wechseln vom Fische- zum Wassermann-Zeitalter über. Das Fische-Zeitalter war das der hehren Gefühle, der großen Geschäfte, der Diktatoren, der

Idole. Nunmehr folgt der abrupte Umbruch. Der Tod ist leicht, die Geburt schwer. Wir verharren an der Schwelle, am Beginn der neuen Ära. Seit sie 1904 begann, sind wir vom Pferdewagen zur Elektronik vorgestoßen. Wir besitzen Autos, Radios, Fernsehen, Flugzeuge, der Mensch ist auf dem Mond gelandet. Atemberaubend, fragwürdig. Ein Zeitalter des Intellekts, der Wissenschaft, das täglich Anpassung erfordert. Die Kommunikation ist weltumspannend, und wenig bleibt der Öffentlichkeit verborgen. Das wiederum stiftet Verwirrung. Der Mensch klammert sich an die Vergangenheit wie das Kind an seine Puppe. Ich hingegen liebe das Neue. Ich erinnere mich noch zu gut daran, als man Schiffe und Züge benötigte, um von Kalifornien nach New York zu gelangen. Das wiedererwachte Interesse an der Astrologie ist Teil dieser Veränderungen. Der Mensch pocht auf schnelle Antworten. Er möchte seinen Tee schnell haben, seinen Kaffee, und er möchte schnell befördert werden. Er verlangt nach wissenschaftlichen Aussagen, die objektiv überprüft werden können. Er lebt in einer rasenden, außerordentlich bewegten Zeit. Doch das schließt nicht aus, daß wir unsere guten Fähigkeiten verbessern und die schlechten abbauen.«

»Du glaubst, daß wir dieses Ziel erreichen?« frage ich.

Carroll, mit Nachdruck: »O ja. Der Mensch wird imstande sein, wirklich das zu tun, für das er befähigt ist. Ist er ein Künstler: gut. Ist er ein Politiker: gut. Ein Bergarbeiter: gut. Doch vorläufig ist noch jeder Tag von Geburtsschmerzen gepeinigt.«

Carroll lehnt sich das erste Mal zurück. »Der Mensch versucht sich auszudrücken«, sagt er langsam, als spräche er mit sich selbst. »Nur weiß er nicht, wie er es beginnen soll. Zweifellos gehen wir einem Jahrtausend entgegen, das Unterdrücktem zum Licht hilft. Es wird keine Diktaturen mehr geben.«

Er richtet sich auf. Hoheitsvoll, majestätisch. Tom Pearson, sein Freund, hüllt sich noch immer in Schweigen. Zuweilen schlägt er seine langen Beine übereinander, kontrolliert den Sitz seiner Krawatte, die er gleich einem Schal trägt. Die kalifornische Bräune, das sonnengebleichte Haar erhalten ihm jugendliches Aussehen.

»Der Gedanke, daß es keine Diktaturen mehr geben wird, macht mich fassungslos«, sage ich.

Carroll: »Der Mensch braucht Hoffnung. Und die Astrologie, richtig angewendet, vermittelt sie. Stell dir vor, du hättest eine außerordentlich schwierige Zeitspanne vor dir, in der das Leben aus erlahmender Routine besteht, aus langweiligen, widerwärtigen Pflichten. Kein Weg führt daran vorüber. Dennoch: Irgendwann ist diese Zeit beendet. Du darfst sagen: Ich habe die Stagnation überwunden. Die Zwischenzeit jedoch erlaubt dir, womöglich in einem Tagebuch festzuhalten, was du tun möchtest, sobald diese Periode vorüber ist. Somit kannst du deinen Wandel vorbereiten. Die Astrologie kann dir dabei eine erlösende Hilfestellung geben. Alles hat einmal ein Ende«, wiederholt er.

»Welchen Zweck verfolgst du damit, daß du die Tabellen der zwölf Sternzeichen in Zeitschriften veröffentlichst?« frage ich. »Es gibt neben den Grundkonstellationen, wie wir wissen, wesentliche Aspekte, die jedes Leben anders gestalten und jeden Menschen unterschiedlich reagieren lassen.

Denn zweifellos stehen nicht alle unter dem gleichen Sternzeichen Geborenen unter denselben Einflüssen. Warum setzt du dich derart Fragwürdigem aus?«

Carroll, bestimmt und überdeutlich: »Wir müssen Verständnis, Interesse wecken. Das Kleine kann sich zum Großen ausweiten. Zugegebenermaßen: Zeitungshoroskope setzen Primitivität voraus. Sie berücksichtigen ausschließlich den Lauf der Sonne und des Mondes. Dennoch: Die Sonne übt den stärksten Einfluß aus, und ihre Kraft kann gar nicht zu hoch eingeschätzt werden.«

»Gibt das allgemeine Horoskop dem Leser nicht trotzdem das Gefühl, kein Individuum mehr zu sein, sondern ein willenloser Hammel in der Himmelsherde?« sage ich.

»Nein«, sagt Carroll. »Das Horoskop ist im wesentlichen Fingerzeig, Wegweiser, der zum Wissen führt.«

Ich sage: »Du weißt, daß ich während unserer dreißigjährigen Freundschaft fast vollkommen von dem überzeugt wurde, was du tust. Dennoch melde ich Bedenken an, was die in Tageszeitungen veröffentlichten Tabellen betrifft. Und wiederum eine sehr persönliche Frage: Du glaubst an das, was du mit universeller Harmonie bezeichnest. Ebenso bist du überzeugt, daß eben diese Harmonie unnennbare und für den Laien unfaßbare Geschehnisse bewirkt. Willst du dich dazu äußern?«

Er zögert, verharrt, als würde er fotografiert werden. Sagt schließlich: »Wir sind im Begriff, das Gebiet der Astrologie zu verlassen und zur Parapsychologie hinüberzuschlittern. Oder, wenn du willst, zur Religion. Astrologie ist eine Wissenschaft. Sie hat nichts mit Religion zu tun. Astrologie kann zur Harmonie verhelfen, und die trägt wiederum dazu bei, daß man sich besser erkennt, in Harmonie mit sich, seiner Umgebung, seiner Situation zu leben imstande ist.«

Ich sage: »Die Konzentration, mit der du dich durch Meditation in Harmonie vertiefst, hat mich zuweilen nicht nur inspiriert oder angestachelt, es dir gleichzutun, sondern mir ebenso oft meine Unfähigkeit bewiesen. Wir alle wissen, daß du keine zwanzig Jahre alt bist. Ich weiß jedoch, daß du deine immense Kraft, physische und psychische Probleme zu bewältigen, aus eben jener universellen Harmonie ziehst.«

»Ich würde es mein geistiges Leben nennen«, sagt Carroll.

»Wie gelangst du zu jenem Einklang?« frage ich. »Atemtechnik?«

»Nein«, sagt er. »Ich erreiche mein Ziel durch gedankliche Arbeit. Selbstverständlich kannst du deine Gesundheit unterstützen, indem du Atemübungen machst.«

Wir bleiben einige Minuten still. Mir sind jene sprachlosen, ruhestiftenden Pausen keinesfalls neu. Sie bedeuten weder Unempfindlichkeit noch Egoismus. Sie erwachsen aus jener Bedürfnislosigkeit, wie sie zuweilen zwischen Freunden besteht. Nachdem er eine zweite Tasse Tee abgelehnt hat, sage ich: »Du hast vierzehn Jahre damit zugebracht, die Astrologie zu widerlegen. Ich möchte dir keinesfalls zumuten, diesen langen Weg hier nachzuzeichnen. Doch mein Mißfallen wird wach, wo ein Mensch durch eine Vorhersage so weit beeinflußt wird, daß er unbewußt eben jene Prophezeiungen wahrmacht. Daß er die vorausgesagten Ereignisse herbeizwingt.«

Carroll verteidigt sich. Er sagt: »Was ich voraussage, sind

Tendenzen, Neigungen, Entwicklungen und Möglichkeiten.«

»Dennoch erwartest du, ohne es auszusprechen, von deinen Klienten eine übermäßige Selbstkontrolle. Liegt dieser Erwartung nicht oftmals die Überschätzung deines Gegenübers zugrunde?«

»Nein«, sagt er. Und nochmals: »Nein. Ich mache Vorschläge. Keinesfalls sage ich: Dies oder jenes müssen Sie tun. Seine Sterntabellen zeigen mir, was gut für den Suchenden wäre. Aber niemals trachte ich danach, ihn zu zwingen oder zu bedrängen.«

Tom räuspert sich, sagt mit seiner sonor-kehligen Stimme: »Oft sind die Menschen überrascht. Sie wollen nicht glauben, daß düstre Zeiten sich plötzlich zum Guten wenden. Nur allzu häufig geschieht es, daß neue Klienten in den Ruf ausbrechen: ›Das kann ich nicht glauben!‹ Und hin und wieder, nach einem Jahr oder später, erinnert sich jemand und bedankt sich für den Rat, der ihn eine Krise leichter hat ertragen lassen.«

Ich sage: »Vor zwei Wochen fand ich eine kleine Notiz, die ich vor über einem Jahr aufgezeichnet habe. Ich befand mich in einer schwierigen Situation, war physisch, geistig und psychisch am Ende. Es war zur Zeit meiner Scheidung. Und diese Notiz sagt kurz und bündig: Ich würde einen neuen Menschen kennenlernen und nochmals heiraten. Damals war ich überzeugt, du hättest mir diese Mitteilung ausschließlich zukommen lassen, um meine Apathie und Verletztheit zu mildern.«

Tom sagt: »Das würde Carroll niemals tun.«

»Während einer verzweifelten Situation«, sage ich, »gelingt es einem sogar, seinen Freunden zu mißtrauen. Dennoch: Alles traf ein. Es geschah absolut ohne mein Zutun. Eine Wiederheirat schien mir ausgeschlossen.«

»Eine notwendige Umstellung«, sagt Carroll, »so schmerzhaft sie sich auch anbahnte.«

»Für den Steinbock scheint sie besonders schwierig«, sage ich. »Wir neigen dazu, an unserer Lebenshaltung und unserer Meinung festzuhalten wie eine Ziege am Strick.«

»Es gibt viele Menschen, die sich in ihre Schwermut einspinnen wie die Raupe in ihren Kokon«, sagt Carroll. »Wenn sie nicht krank oder elend wären, hätten sie kein Gesprächsthema. Wenn sie keinen Ärger mit ihrem Nachbarn hätten, wäre ihr Leben armselig. In Wirklichkeit wollen sie weder ihre Krankheiten noch ihren Ärger aufgeben. Wenn sie jedoch in einer solchen Situation zur Astrologie fänden, würde vielleicht ihre Bereitschaft geweckt, aus den eingefahrenen Geleisen zu springen. Letztlich hat der Mensch Macht über sein Bewußtsein. Er hat Phantasie. Er kann sich von den Einflüssen, die sein Leben bestimmen, freimachen.«

»Wie kann ein Laie herausfinden, ob ein Astrologe einen Fehler macht?« posaune ich.

»Ärzte machen Fehler, Piloten machen Fehler, Politiker machen Fehler«, sagt Carroll.

»Sind dir Fehldeutungen unterlaufen, die du bedauerst?«

»Natürlich habe auch ich Fehler gemacht«, sagt er. »Und natürlich bedauere ich sie. Ich habe zahllose Klienten. Aber ich kann unmöglich ahnen, was sie in eben jenem Augenblick tun, in dem sie mein Bericht erreicht.«

Ich, zögernd: »Ich berühre wahrscheinlich einen Punkt, der dich verletzen muß. Nimm meine Entschuldigung im voraus entgegen. Einer deiner Brüder und seine Frau sind bei einem Flugzeugabsturz ums Leben gekommen. Wie stand es um die Möglichkeit, sie zu warnen? Oder lehnten sie es gar ab, sich nach deinem astrologischen Rat zu richten?«

»Was in Wirklichkeit geschah«, sagt Carroll, »war, daß sie im letzten Augenblick den Flughafen wechselten und eine andere Maschine nahmen. Es war mir unmöglich, sie noch zu erreichen.«

»Weist nicht bereits das Basishoroskop auf derartige Gefahren hin? Wenn ich zum Beispiel während einer für mich negativen Zeit ein Flugzeug besteige – ein Flugzeug mit 400 Menschen, die ebenfalls unter überwiegend negativen Einflüssen stehen –, mündet das nicht zwangsläufig in ein allgemeines Unglück?«

»Möglich«, sagt Carroll. »Dennoch geschieht zuweilen auch folgendes: Bei Rochester ist eine Maschine aus großer Höhe abgestürzt. Die meisten Passagiere fanden den Tod. Einige von ihnen kamen jedoch ohne die geringsten Verletzungen davon.«

Ich frage Tom nach seinen Erfahrungen.

»Ich habe nicht viele«, sagt er. »Bis jetzt habe ich auf diesem Gebiet noch keinen Fehler gemacht.«

»Du bist einer der Direktoren der Los-Angeles-Oper«, sage ich. »Wann begannst du dich für Astrologie zu interessieren?«

Tom, der so überaus jung aussieht: »Vor 25 Jahren. Damals traf ich Carroll. Und schon damals war ich von der

Astrologie fasziniert. Gleichzeitig aber auch vom Theater. Ich blieb auf dem Weg, den ich eingeschlagen hatte. Wahrscheinlich war ich noch zu jung für die Astrologie. Nach einiger Zeit traf ich einen Psychologen, der außerdem ein anerkannter Astrologe war. Er lebte in Los Angeles. Als ich gerade Manager der Los-Angeles-Oper wurde, waren die politischen Aussichten alles andere als positiv. Der Psychologe beeindruckte mich mit einer seltsamen Voraussage, die weniger auf Astrologie als auf medialen Fähigkeiten basierte. Er beschrieb mir, wie ich in mein Büro gehen, den Schlüssel in die Tür stecken und das Schloß nicht funktionieren würde. Mit anderen Worten: Er sah mich vor meinem verschlossenen Büro. Also: Man würde mich hinauswerfen. Er riet mir, sämtliche Besetzungslisten, Unterlagen und Papiere fortzuschaffen. Es geschah genau, wie er es vorausgesagt hatte. Die Ursache war politischer Wechsel. Weiterhin riet er mir, ich solle nicht zu niedergeschlagen sein; denn wiederum würde ich eine Opernintendanz übernehmen, im musikalischen Leben von Los Angeles eine bedeutende Rolle spielen. Auch das trat ein. Rudolf Nurejew tanzte bei mir. Ich bin mir im unklaren, wie jener Psychologe seine verschiedenartigen Anlagen – Psychologie plus mediale Fähigkeiten – miteinander vereinbaren konnte.

Doch du befragtest mich nach meinen astrologischen Interessen. Als ich heiratete, zog ich jenen Psychologen abermals zu Rate. Ich vertraute ihm meine Besorgnisse an. Obgleich ich ihm die Daten meiner zukünftigen Frau nannte, bestand er darauf, sie kennenzulernen. Wir trafen uns flüchtig im Foyer des Theaters, und zu meinem maßlosen Erstaunen berichtete er mir Ungeahntes über sie; zusätzlich schilderte er mir meine künftigen Beziehungen zu ihrem Vater, Mutter, Brüdern und Schwestern. Die Voraussagen waren keinesfalls erheiternd. Dennoch riet er zur Eheschließung. Ich tat, wie empfohlen, und es traf genau ein, was er prophezeit hatte. Nicht im Traum hätte ich daran gedacht, daß ich mit dem im Löwe-Zeichen geborenen Vater Probleme haben könnte. Im Gegenteil: Vieles ließ darauf schließen, daß er mich mochte. Dennoch: Binnen kurzer Zeit glich unsere Beziehung einem Kriegszustand. Seine Machtgier und Herrschsucht waren horrend. Als ich mich endlich scheiden ließ, kam mir zum Bewußtsein, daß ich mich weniger von meiner Frau als von ihrem autoritären Vater getrennt hatte. Im Zustand der Zerrissenheit und Verzweiflung nahm ich nochmals den Kontakt zu jenem Psychologen auf. Er wies mich auf die Astrologie hin. Das neuerweckte Interesse führte mich an die Carroll-Righter-Stiftung, und alsbald schwelgte ich in Berechnungen.«

»Bist du fähig, ein Horoskop zu stellen?« frage ich.

»Ja«, sagt Tom. »Ein rein mathematischer Vorgang. Die Interpretation ist das Entscheidende. Während der ersten Jahre fühlte ich mich unfähig, auch nur den banalsten Rat zu erteilen. Jederzeit kann ich den mathematischen Teil dieser Arbeit übernehmen, die Deutung hingegen ist eine schwer zu erlernende Kunst. Man benötigt die Sensibilität eines guten Arztes.«

»Es gibt genug Menschen«, sage ich, »die in der Astrologie herumpfuschen, ohne das geringste davon zu verstehen. Sie gefallen sich darin, schwarz in schwarz zu malen.«

Tom: »Carroll hat unzählige Jahre, Monate, Tage und Stunden Arbeit in seine Astrologie investiert. Selbstverständlich vermag man mit zunehmender Erfahrung ein Horoskop furchtloser und sicherer zu interpretieren. Ich hingegen muß mich vorläufig noch auf die auffälligsten Aspekte beschränken, wie zum Beispiel: Wenn du Mars in einem bestimmten Zeichen hast, dann sagt mir das sofort ...«

Er stockt einen Augenblick, grinst.

»Was?« frage ich.

Carroll, wie aus der Pistole geschossen: »Sexuelle Aktivität.«

»So ist es«, bestätigt Tom. »Natürlich hängt das von der jeweiligen Gesamttabelle ab. Wenn ich jedoch Mars im Skorpion sehe, weiß ich, daß die Sexualität außerordentlich ausgeprägt ist und fast alles dominiert.«

Ich, zu Carroll gewandt: »Kannst du in einem Horoskop den Tod sehen? Keinen Unfalltod, sondern den Tod durch Krankheit oder Alter? Jenen, den wir mit ›natürlicher Tod‹ bezeichnen?«

Carroll: »Du kannst Zeiten erkennen, in denen eine Person sterben *könnte*. Dennoch bleibe ich dabei: Die Sterne *emp*fehlen, sie *be*fehlen nicht. Ein Leben scheint sich dem Ende zuzuneigen. Dennoch gibt es Möglichkeiten, durch eigene intelligente Handlungen dem Tod zu entgehen.«

»Bei unserem ersten Zusammentreffen sagtest du mir, ich hätte unter besonders negativen Einflüssen gestanden. Ausschließlich *ein* Aspekt hätte mich vor dem Tod gerettet. Es war Juni 1945. Der Krieg in Europa war vorüber. Doch was du nicht wissen konntest: Ich war in einem Gefangenenlager. Meine einzige Überlebenschance lag in der Flucht. Soweit ich informiert bin, ist ausschließlich mir die Flucht gelungen. Deine seinerzeitigen Angaben hatten mich über die

Maßen beeindruckt. Wenig wußte ich von dir, ausgenommen die Bemerkungen, die Marlene Dietrich sporadisch ausstreute. Außerdem war mir ein Vorfall zu Ohren gekommen, den ich als überaus geschmacklos empfand. Nachts hatte man dich angerufen. Etliche Betrunkene hatten dir Datum, Geburtsminute und selbst den Geburtsort einer Person angegeben und dringlichst um Auslegung des Horoskops für die kommenden Monate nachgesucht. Sie hatten es unterlassen, dich darüber zu informieren, ob es sich um Mann oder Frau handelte. Du erklärtest, daß für eine Auslegung etliche Stunden Arbeit vonnöten seien, und batest sie, am folgenden Morgen wieder Kontakt aufzunehmen. Du verbrachtest den Rest der Nacht mit Berechnungen. Als sie wie versprochen anriefen, warst du erbost, um nicht zu sagen fuchsteufelswild. Du gabst ihnen Bescheid, daß es sich um eine Frau gehandelt haben müsse, die vermutlich bei einem Flugzeugunglück ums Leben gekommen sei. Tatsächlich waren es die Daten der ausnehmend schönen Schauspielerin Carol Lombard, die zu jenem Zeitpunkt bereits tot war. Nie hab' ich dich gefragt, ob diese Geschichte erfunden war oder ob sie sich in dieser Form zugetragen hat.«

»Sie stimmt«, sagt er.

Ich frage: »Was würdest du jemandem raten, der in die Netze eines Kollektivschicksals gerät? In eine sich weit ausbreitende Katastrophe, die den Geltungsbereich eines individuellen Horoskops überschreitet, wenn nicht gar durchkreuzt?«

»Letztlich geht alles auf persönliche Daten zurück«, sagt Carroll. »Wenn ich eine Zeit der Dunkelheit erspähe, bin ich gezwungen, es mitzuteilen. Ich würde versuchen, die günstigste Zeit zu errechnen, um das jeweils betroffene Land zu verlassen. Sobald eine Tabelle jedoch positive Aspekte erkennen läßt, müßte ich daraus schließen, daß der Betreffende nicht unmittelbar gefährdet ist. So hängt alles vom Individualhoroskop ab. Ich habe noch niemals erfahren müssen, daß Menschen, die ein gutes Horoskop hatten, durch ihre Umgebung Schaden erlitten hätten.«

»Ist es dir gegeben vorauszusehen, ob eine weltweite Krankheit unter Kontrolle gebracht werden kann?« frage ich.

»Ja«, sagt er bestimmt. »Ich persönlich glaube fest daran, daß man zum Beispiel in den nächsten Jahren das Problem Krebs lösen wird.«

Tom fragt: »Obgleich es die unterschiedlichsten Arten gibt?«

Carroll bleibt gelassen. »Dennoch steht eine Lösung bevor. Angst ist ein Teil des menschlichen Bewußtseins, und Angst hat der Krankheit Vorschub geleistet.«

»Willst du damit sagen, daß Krebs zu jenen Krankheiten gehört, die psychosomatisch bedingt sind?« frage ich.

»Ja«, sagt Carroll. »Furcht gleicht einer Lava. Sie verbreitet sich, quillt über, und wenn es so weitergeht wie bisher, wird bald jedermann an Krebs leiden.«

»Deine Ansicht wurde mir von einem Arzt bestätigt«, sage ich. »Einem Österreicher, der in Amerika studiert hat. Er berichtete, er hätte bei fast allen Krebspatienten feststellen müssen, daß sie zuvor in außerordentlich bedrückenden Verhältnissen gelebt hätten.«

Tom sagt: »Etwas Ähnliches hat Salinger in seiner Kurzgeschichte *Teddy* geschildert. Er behauptet, daß wir unseren

Körper kennen, solange wir wachsen. Sobald wir uns ihm jedoch negativ gegenüberstellen, sind wir imstande, ihn zu zerstören. Ein Weg, dessen sich die meisten Menschen kaum bewußt sind.« Und nach einer Pause: »Wünschen wir nicht zuweilen beides? Weiterzuleben und gleichzeitig einer elenden Lage zu entwischen? Oftmals sind wir müde. Doch wenn sich keine Gelegenheit ergibt, dem Körper und seiner Müdigkeit nachzugeben, forcieren wir ihn, jenes zu tun, was er im Grunde ablehnt. Wir hoffen, ihn zu überlisten.«

Ich sage: »In meinem Beruf oder vielmehr meinen Berufen mangelt es an Ruhe. Ständig neigen wir dazu, unsere Kraft zu überfordern. Schnellebigkeit peitscht uns vorwärts. Wir haben den natürlichen Rhythmus verloren.«

Carroll und Tom nicken synchron. Tom sagt: »Wir essen eine Nahrung, die zuvor chemischen Prozessen ausgesetzt wurde, die keineswegs enthält, was unser Körper benötigt. Das Ergebnis ist offensichtlich.«

»Siehst du einen Krieg voraus, Carroll?« frage ich.

Er zögert, öffnet die Lippen, verschließt sie wieder, sagt fast unverständlich: »Das müßte ich erst durchdenken.«

»Siehst du eine Eskalation von Aufständen und Unruhen? Eventuell sogar die endgültige Vernichtung?« frage ich.

»Ich denke, es wird Frieden geben«, sagt Carroll. »Ich glaube, daß sich im kommenden Jahr vieles bessert.«

»Beschränkt sich dein Optimismus auf die Vereinigten Staaten?«

»Nein. Ich bearbeite die Tabellen für sämtliche Länder und habe bereits das USA-Horoskop im Vergleich mit der Welttabelle erstellt.«

»Du lebst in Hollywood«, sage ich. »Viele kommen nach Kalifornien, um berühmt zu werden, und fast ebenso viele suchen deinen Rat. Hältst du es für wichtig, daß jemand in deinem Metier prominent wird? Geschieht es nicht allzu oft, daß plötzlicher Erfolg letztlich schadet?«

Carroll sagt: »Ich richte nicht. Wenn jemand etwas tun will, dann soll er es tun. Ich bin nicht dazu da, jemandem die Hoffnung zu nehmen oder seinen Willen zu brechen.«

Tom sagt: »Du zum Beispiel wolltest ausschließlich Schauspielerin werden. Kein anderer Beruf sagte dir zu. Es war das Gebiet, in dem deine Kreativität sich verwirklichen wollte. Doch siehe da: Es war nur der Schritt zu einer neuen Ebene. Gegen Wachstum und Entwicklung sollte man sich nicht sperren.«

Carroll sagt: »Ich las vor kurzem eine Geschichte. Sie berichtete von drei weisen Männern, die sich der Astrologie bedienten. Der eine kam aus Persien, der zweite aus China, der dritte aus Ägypten. Grund ihrer Reise war eine Art ›Supernova‹ – ein Stern, der immens hell aufleuchtete. Jene drei nahmen das Licht neun Monate vor Christi Geburt wahr. Sie wußten, daß etwas außerordentlich Entscheidendes geschehen würde, und machten sich auf den Weg. Sie erreichten den angestrebten Ort zu der Zeit, in der Christus im Mai geboren wurde. Inzwischen wissen Historiker, was Astrologen seit langer Zeit verteidigen: Daß Christus sieben Jahre älter als angenommen war und mithin 40 und nicht 33, als er starb.«

Tom trommelt uns in die Gegenwart zurück. »Carroll hat die Horoskope des Kabinetts ausgearbeitet. Er hat herausgefunden, daß Cyrus Vance ein bedeutender Mann der Vereinigten Staaten sein wird. Das wiederum wird sich auf andere Länder auswirken.« Mit einem sonnigen Lächeln fügt er hinzu: »Sollten wir nicht dafür plädieren, daß Carroll eine Stelle im Weißen Haus einnimmt?«

»Früher gab es an den Höfen der Kaiser und Könige meist einen Astrologen«, sage ich. »Obgleich sich das Weiße Haus zu keinem Hofastrologen durchgerungen zu haben scheint, findet die Astrologie dort mehr Beachtung als bei uns. Ich habe den Eindruck, sie wird mit weniger Verachtung und Sarkasmus behandelt, als es hierzulande gang und gäbe ist.«

»Wir haben in Hamburg Erfahrungen gesammelt«, sagt Tom. »Unter anderem betreffen sie einen Arzt. In China hatte er Akupunktur studiert und führte eine erfolgreiche Klinik. Eines Tages wurde ihm mitgeteilt, daß seine Frau sterben müßte. Und zwar innerhalb weniger Wochen. Jene Prophezeiung wurde von einem Astrologen aufgestellt. Wir hingegen konnten in ihrer Tabelle keinerlei Gefahr entdekken. Es ist ein leichtes, sich vorzustellen, wie beglückt sie war. Später plauderte dieser Astrologe seine Arbeitsmethoden aus. Er hackte mit geradezu sadistischem Vergnügen auf negativen Aspekten herum, übertrieb sie und mißachtete jedwede Proportion.«

Carroll sagt beinahe streng: »Es gibt zu viele Astrologen, die der Ansicht sind, daß die Sterne befehlen. Indem sie das Negative übergewichten, verunsichern sie den Menschen. Das ist tödlich. Auf der einen Seite machen sie ihn abhängig; auf der anderen verwirren sie ihn, treiben ihn in die Wehleidig- und Gleichgültigkeit.«

Tom: »Nur sehr wenige, die uns aufsuchen, kommen mit

der Einstellung, daß Astrologie eine wissenschaftliche Arbeit sei. Sie erwarten schlechte Nachrichten, und zumeist liegt die Angst gleich einem Schleier über ihnen. Wenn ich zum Beispiel einen Astrologen aufsuchte, würde ich hoffen, gute Nachrichten zu hören.« Und nach einer Pause: »Die Informationen über Astrologie sind in Europa reichlich mangelhaft.«

»Ich lehne Menschen ab«, sage ich, »die sich mit einem Viertelwissen begnügen oder die sich wehren, dem Neuen, Nichtalltäglichen zu begegnen. Sie gleichen Kindern, die sich weigern, ihnen Unbekanntes zu essen.«

»Ja«, sagt Carroll. »Kinder hassen Spinat, ohne ihn je probiert zu haben. Ich spreche aus eigener Erfahrung.«

Reinhold Messner

Reinhold Messner

Das letzte, worauf ich in einem Beruferatespiel verfallen würde, wäre »Bergsteiger«. Reinhold Messner ist schlank, schön, lang, beinahe schlaksig. Nichts gemahnt an die muskulöse Gedrungenheit mancher seiner Kollegen. Jazzmusiker könnte er sein. Maler. Auch Lehrer an einer anthroposophischen Schule, der seine Freizeit mit Sport verbringt; Tennis vielleicht. Doch Reinhold Messner ist Bergsteiger. Er erklimmt die höchsten, unwirtlichsten und schreckenvollsten Gipfel.

Auf Anhieb fühle ich mich ihm verbunden, zugehörig, unfremd, brüderlich nahe. Verlegenheit, Scheu, ein wenig Verlorenheit liegt über seinem ebenmäßigen Gesicht. Keineswegs Trotz – keineswegs: »Hoppla, jetzt komm ich, ihr 4000- oder 5000-Meter-Monstren, mit euren Gletscherspalten und Schneestürmen, euren Lawinen und Unberechenbarkeiten.«

Er sitzt auf meinem unbequemsten Sofa, leicht zusammengekauert, und nippt an einem Weißwein. Entspannt sitzt er, ausschließlich die Schultern bleiben hochgezogen, als fürchteten sie Steinschlag.

Ich sage, beinahe stotternd und nach jedem einzelnen Wort suchend: »Ich freue mich außerordentlich, daß Sie aus unfaßlicher Höhe ins schnöde Flachland gekommen sind. Zu Anfang eine blödsinnige Frage. Wie alt sind Sie?«

Meine Frage erscheint mir unweiblich, geschmacklos, um nicht zu sagen: rüde.

»Ich bin zweiunddreißig«, sagt er und lächelt unbefangen.

Zweiunddreißig, denke ich und sage: »Sie sehen aus wie dreiundzwanzig. Offenbar ist die Höhenluft bekömmlich.« Er verschränkt seine langen Finger ineinander und sieht mich freundlich, wenn auch etwas abwesend an.

»Sie sind ein Mann, dessen Name so berühmt ist, daß man den Grund seines Ruhmes nicht mehr zu nennen braucht. Wie sind Sie zu dem Höhenflug zu Fuß gekommen?«

Er spricht klar und flüssig. »Ich habe das Bergsteigen absolut unbefangen als Kind begonnen, wie andere Kinder spielen, spazierengehen oder Rollschuh laufen. Ich stamme aus einem Südtiroler Bergtal. Später, als Achtzehn-, Zwanzigjähriger, habe ich durch Bücher von Bergen erfahren, die so gewaltig sind, daß ich noch heute dorthin gehe. Sie haben seitdem nichts an Faszination für mich verloren.«

»Sie sind einer der Gladiatoren unserer Zeit. Andere ziehen es vor, ihr Leben nicht aufs Spiel zu setzen, und fliegen über die Berge hinweg.«

Verwundert sieht er auf. »Das möchte ich nicht sagen. Ich bin ein ängstlicher Mensch. Ich bin sogar überzeugt davon, daß ich überaus furchtsam bin. Ich setze mein Leben keinesfalls aufs Spiel.«

»Sie sind ängstlich?« frage ich verblüfft.

»Ja, sicher. Ganz sicher«, sagt er, sich wiederholend.

»Wie viele Menschen haben auch Sie die Flucht nach vorn angetreten«, sage ich.

Er verschränkt seine langen, schmalen Finger. Sie erwekken auf keinen Fall den Eindruck, das Gewicht seines Körpers halten zu können. Schon gar nicht, als wären sie imstande, sich in einer verkanteten, rissigen Felswand zu verkrallen.

»Vielleicht«, sagt er nachdenklich. »Ich weiß nur, daß ich ein ängstlicher Mensch bin.«

Ich werde zum bergfürchtigen Zuhörer.

»Wie fangen Sie eine Expedition an? Ich habe keine Ahnung. Ich habe zwar im Gebirge gelebt. In der Schweiz – in Graubünden. Meine Beziehung zu den Bergen war jedoch stets zwiespältig. Ich habe sie sozusagen aus der Froschperspektive oder von der Seilbahn aus erlebt. Es ist mir unbegreiflich, wie man den Mut haben kann, es mit diesen bösartig aussehenden Berserkern aufzunehmen.«

Der Gegenstand seiner Sehnsucht ist mir fremd, die Sehnsucht hingegen nicht. Er verteidigt seine Berserker. »Das muß ich gleich vorweg sagen: Die Berge schauen nicht bösartig aus. Sie sind einfach da. Sie sind weder bös- noch gutartig. Ich sehe zum Beispiel irgendeine Bergwand, auf einem Bild oder in Wirklichkeit. Sie fasziniert mich. Der Gipfel weniger. Doch muß es eine schöne Wand sein. Eine Wand, die Möglichkeiten erahnen läßt.«

Je länger er spricht, um so gereifter wirkt er, älter, einsamer und auf traurige Weise erwachsen.

»Diese Wand also trage ich in meinem Hirn mit mir herum. Ich verkleinere sie. Mache sie greifbar. Sie bleibt bei mir, taschenformatig, in allen Einzelheiten. Und dann beginnt mich die Idee zu beschäftigen: bezwingbar oder nicht? Doch noch ist sie Phantasiegebilde und unberührt.«

Es erscheint mir fast ungehörig, ihn auszufragen. Ich

spüre seinen Wunsch nach Einsamkeit. Obgleich er ohne Pause flüssig spricht.

Ich murmele: »Jemand, der keine Angst hat, hat auch keine Phantasie. Nur ängstliche Menschen können mutig sein, weil sie mit Hilfe ihrer Phantasie die Angst überwinden. Es ist wahrscheinlich gar nicht wichtig oder entscheidend, ob man einen Berg besteigt oder auf eine Bühne klettert. Ob man eine Erfindung macht, ein Buch schreibt oder ein Meer durchschwimmt. Die Angst gleicht einer Blutung, die man zum Stillstand bringen möchte.«

Reinhold Messner sagt: »Jede schöpferische Arbeit entspringt der Angst. Angst und Phantasie.«

Wir sehen aneinander vorbei, als könnten wir zuviel von unseren unbewältigten Ängsten verraten.

»Ich würde wahrscheinlich gar nicht mehr leben, wenn ich nicht Angst hätte«, sagt er. »Das hat auch etwas mit Erfahrung zu tun. Ich muß mir vorher darüber im klaren sein, was alles passieren könnte. Diese Bergwand, von der ich zuvor gesprochen habe, ist also in meinem Hirn. So groß wie mein Hirn ist, so groß ist auch dieser Berg. Allmählich wächst er. Er wächst, bis ich Angst vor ihm habe. Oder besser gesagt: Respekt. Erst dann gehe ich auf diesen mir Respekt einflößenden Berg zu. Wagte ich es vorher, würde ich zweifellos scheitern. Ich meine nicht, daß ich nicht hinaufkäme – das bedeutet für mich nicht Scheitern.«

»Der Mißerfolg ist also nicht entscheidend?« frage ich.

»Nein. Als gescheitert empfinde ich mich, wenn ich unausgeglichen und unzufrieden zurückkehre, die ersehnte Ausgeglichenheit nicht gefunden habe. Gerade bei meiner letzten Expedition, die ich abbrechen mußte, hatte ich eine

Ruhe, eine Harmonie erreicht wie nie zuvor bei einer gelungenen Expedition. Ich war heiter, zufrieden, einfach high.«

»Ohne englische Wörter scheint unsere deutsche Sprache nicht mehr auszukommen«, sage ich. »Aber das ›high‹ bringt uns an den Rand der Parapsychologie. Vielleicht läßt es sich durch Sauerstoffmangel erklären. Es ist bekannt, daß man mit einer gezielten Atemtechnik einen Trancezustand erreicht. Dennoch müssen Sie gleichzeitig mit großem Kalkül vorgehen. Soweit ich informiert bin, sind Sie der einzige Mensch, der in über 8000 Meter Höhe ohne Sauerstoffmaske arbeitet – wenn man Bergsteigen als Arbeit bezeichnen darf. Das scheint physisch undenkbar.«

Reinhold Messner sagt: »Es ist möglich. Wir wollen sogar versuchen, sobald ich mein Gleichgewicht wieder erreicht habe, nächstes Jahr den Mount Everest – den höchsten Berg der Welt – ohne Sauerstoffmaske zu besteigen.«

»Warum?« frage ich.

»Ein Spiel«, sagt er. »Ich kann mir vorstellen, daß es möglich ist. Und ich sage mir: Die Welt muß so gebaut sein, daß der Mensch ohne künstliche Hilfsmittel den höchsten Berg der Welt besteigen kann.«

»Haben Sie eine bestimmte Atemtechnik?« frage ich.

»Nein«, sagt er. »Ich glaube, die stellt sich von allein ein. Es ist eine Frage des Willens und wie lange man sich mit dem Problem beschäftigt hat. Daß man vieles im voraus bewältigt. Ein undurchdachter Bewegungsablauf kann nicht funktionieren. Es gibt einen Engländer, der 1975 den Mount Everest bestiegen hat. Mit Sauerstoffgeräten. Sie gingen zu dritt. Zwei waren schneller, der eine langsamer. Als die beiden Schnelleren bereits wieder beim Abstieg waren, befand er sich noch im Aufstieg. Die zwei rieten ihm zurückzugehen. Doch es war zu spät. Er beharrte darauf, den Gipfel zu erreichen. So ging er weiter und blieb für alle Zeit verschollen. Die übliche Lesart lautet, er sei beim Aufstieg abgestürzt. Ich hingegen habe eine andere Vermutung. Denn wenn sich ein Bergsteiger sehr lange auf das Traumziel vorbereitet, so stürzt er nicht kurz vor dem Gipfel ab. Vielleicht zuvor, beim Einstieg. Die Hochstimmung knapp vor dem Gipfel jedoch läßt keine Fehler zu. Ich bin der Ansicht: Er erreichte den Gipfel, hat sich hingesetzt und war in einem Maße zufrieden, daß er alles um sich vergaß. Man kann gar nicht sagen, daß er gestorben sei. Für mich jedenfalls ist er es nicht.«

»Gab es Spuren von ihm?« frage ich.

»Nein. Der Körper wird vom Sturmwind davongetragen worden sein. Ich glaube kaum, daß er Todesängste ausgestanden hat oder sich des: ›Jetzt sterbe ich‹, bewußt war.«

»Wie alt war er?« frage ich.

»Vielleicht 35. Ich kannte ihn flüchtig. Es gibt jene, die umkehren und dennoch keine Depressionen haben, und wiederum andere, die stur sind. Sie gehen, bis sie sterben. Sie sterben keineswegs, weil sie körperlich erschöpft sind, sondern weil in der großen Höhe der Wille erlahmt. Lang vor der physischen Kraft. Das ist ein Gesetz, sonst würden wir alle nicht mehr leben.«

»Ist es je geschehen, daß Sie aufgrund von Sauerstoffmangel einen Zustand erreichten, den man ansonsten nur in der Meditation erfährt?«

»Ich weiß es nicht. Sie kennen das wahrscheinlich von der Bühne her: Man identifiziert sich vollkommen mit der selbst gestellten Aufgabe, geht völlig auf in dem, was man tut.«

Auf dem Balkon eines gegenüberliegenden Hauses gießt jemand seine Geranien und hängt einen zerfransten Teppich über die Brüstung. Ich sage: »Es gibt eine Konzentration, die unbekannte Antennen ausfahren läßt und Fähigkeiten weckt, von denen man selber nichts geahnt hat. Das sind jene Augenblicke, in denen man sich fordert und überfordert. Hinterher habe ich das Gefühl abzustürzen. Empfinde nichts als Depression und Erschlaffung. Ist Ihnen dieses Gefühl bekannt?«

»Ja«, sagt er. »Ich hab' es erlebt. Daß man nicht mehr begreift, warum man sich mit letzter Kraft derart rückhaltlos eingesetzt hat.«

»Ich habe dann ein Schuldgefühl, das mit Verschleiß zu tun hat. Ich frage mich: Wofür? Und je länger ich nachdenke, um so weniger finde ich die Antwort.«

»Wenn ich starte«, sagt er, »ist dieses Phantasiegebilde da. Eine sehr beherrschte Euphorie. Ich wähle zumeist ein Ziel, das ich niemals gesehen habe. Nur ungern kehre ich zu einem Berg zurück, den ich schon kenne. Wochenlang geht man, bis man überhaupt auf den Berg trifft: durch Schluchten, Bäche, Täler. Mit einigen wenigen Trägern. Fast stumm. Man verständigt sich durch Zeichen. Dann kommt der Tag, an dem es nicht mehr weitergeht. Es regnet. Der Bach wird zum Fluß, unpassierbar. Das ist der Moment, in dem alles sinnlos erscheint. Das Phantasiegebilde, das ich in meinem Hirn trug, ist in weite Ferne gerückt. Die Stunde der Depression ist da. Ich wäre fähig, innerhalb eines Augenblickes alles aufzugeben. Doch man steckt in eine Expedition nicht nur Begeisterung, sondern auch finanzielle

Mittel. Selbst das ist mir dann gleichgültig. Dann kommt der Moment der Selbstüberwindung.«

»Bedrückt es Sie, mit Menschen zusammenzusein, deren Sprache Sie nicht sprechen?« frage ich.

»Nein. Ich mag diese Menschen sehr gerne. Ich spreche ein wenig Urgu. Eine Sprache, die überall im Himalaja verstanden wird.«

»Im Grunde suchen Sie die Einsamkeit?«

»*Ein* Partner war bisher immer dabei«, sagt er. »Ich suche nicht die Einsamkeit. Ich fürchte sie sogar. Ich teste mich. Ich teste, ob ich sie aushalte. Ich glaube, das ist das Schwierigste, was es überhaupt gibt. Ich weiß, daß ich von meiner physischen Kraft her – vorläufig jedenfalls – den höchsten Berg der Welt ohne Sauerstoffgerät und ohne technische Hilfsmittel besteigen kann.«

Er sagt es ohne jede Überheblichkeit. Beinahe resignierend. Und fährt fort: »Man ist oft zehn, zwanzig oder dreißig Tage lang in Gefahr. Ununterbrochen. Von der letzten Ansiedlung bis zum Gipfel eines Achttausenders muß man wenigstens vier Wochen rechnen. Schneller ist es noch nie geglückt. Zuerst einmal muß man sich akklimatisieren. Man benötigt mehr rote Blutkörperchen, um den wenigen Sauerstoff zu transportieren. Das heißt, unser Blut muß sich mit Hämoglobin anreichern. Der Körper muß sich umstellen. Was wiederum bedeutet: sich vier bis fünf Wochen in 5000 Metern Höhe aufzuhalten. Dann erst beginnt der Aufstieg, der wiederum eine Woche dauert. Ohne Unterbrechung. Jeden Tag ein Stückchen weiter.«

»Was empfinden Sie in dieser Einsamkeit?« frage ich.

»Den Stunden meines Hidden-Peak-Abenteuers – das

war mein letzter Achttausender-Erfolg –, die ich nicht mehr genau in Erinnerung habe, verdanke ich ein neues Verhältnis zur Welt. Ich sehe Menschen und Erde anders; und mich anders im Verhältnis zur Welt. Vieles hat sich geändert. Es ist schwierig zu erklären. Vielleicht sogar unmöglich. Als ich wieder zu Hause war, wußte ich einfach nichts mehr. Keine Daten. Keine Zahlen. Ich hatte etwas begriffen, wovon ich vorher nichts geahnt hatte.«

»Was?« frage ich.

Reinhold Messner wiederholt beinahe gequält: »Ich kann es nicht erklären. Ich kann eventuell beschreiben, was ich gesehen habe. Doch die Erinnerung verändert vieles. Ich hatte dort oben das Gefühl der vollkommenen Freiheit. Des Befreitseins. Das nicht mit dem siegreichen Gefühl zu verwechseln ist: ›Da stehe ich, und rund um mich ist nichts.‹ Es war der Augenblick des Befreitseins von allem. Sogar von mir selbst. Ich wollte nichts mehr, ich suchte nichts mehr. Ich war dem Zustand, von dem ich zuvor berichtet habe, sehr nahe – ich meine jenen verschollenen Bergsteiger.«

»Gleicht dieser Zustand einem Rausch?« frage ich.

»Nein. Rausch kann man es nicht nennen.«

»Demut?«

»Auch nicht. Leere. Angenehme, friedliche Leere. Nicht jene, die zur Verzweiflung treibt.«

»Also keinesfalls vergleichbar mit der Einsamkeit des Menschen, der freundelos in der Großstadt lebt?«

»Nein. Auch nicht mit der Einsamkeit desjenigen, der vielleicht seinen liebsten Menschen verloren hat. Es ist eine Leere, in der man der ganzen Welt anzugehören scheint. Man ist ein Teil der Landschaft und gleichzeitig ein Teil von sich. Man fühlt sich aufgehoben und eingebettet. Es ist ein Schwingen. Wie in der Hängematte. Erde und Mensch zugleich.«

»Und keine Sauerstoffmaske, nur zur Sicherheit?« frage ich.

»Nein. Die liegt im Basislager.«

»Was heißt ›Basislager‹?«

»Das Basislager ist jener Punkt, den man sich am Fuße des Berges als letzten Platz aussucht, an dem man sich noch sicher fühlen kann – vor Lawinen und Wetterstürzen. Wo man sich – sozusagen – eine letzte eigene Behausung baut. Zelte, Steinküche, in der man sich für zwei Monate einrichtet. Träger bringen ab und zu Fleisch aus dem Tal. Vielleicht eine Kuh oder auch eine Ziege und etwas Reis.«

Ich frage: »Wenn Sie heute aus irgendeinem Grund keinen Berg mehr ersteigen wollten oder könnten, wie weit würde die Erfahrung der Befreiung – jenes universelle Gefühl, das Sie hatten – Ihr Leben beeinflussen?«

»Ich weiß es nicht. Denn was hat es schließlich für einen Sinn für die Menschheit, daß ich einen Berg erklettere?«

Und nach einer Pause: ». . . wahrscheinlich gar keinen.«

Ich sage: »Vielleicht ist es ein Beweis, daß der Mensch durch seinen Willen Unglaubliches und medizinisch kaum noch Erklärbares erreichen kann. Sehnsucht plus Wille und der Wunsch, sich selber zu überraschen.«

»Der Wille ist das Entscheidende«, sagt er. »Wenn ich heute keinen Berg mehr besteigen würde, könnte ich alles tun. Jede Arbeit, jede Tätigkeit, die ich mit hundertprozentiger Begeisterung in Angriff nehmen würde.«

»Beeinflußt von dem, was Sie erlebt haben?«

»Ja. Ich weiß einfach von einem Zustand, der sehr außergewöhnlich ist und den ich in Annäherung erreichen kann, wenn ich tagelang gehe. Schlichtweg gehe. Vielleicht ist das Gefühl nicht ganz so intensiv, wie wenn ich bergsteige.«

»Denken Sie, während Sie gehen? Oder überlassen Sie sich einer Art animalischen Rhythmus'?«

»Ich kann niemanden vor mir und hinter mir haben. Ich muß alleine sein. Wenn wir zu mehreren sind und ein Kamerad mit mir spricht, dann mißlingt es, diesen Zustand herbeizuführen.«

»Ich möchte Sie bitten, jenen Zustand zu beschreiben.«

»Zu Beginn rede ich mit mir selber. Das ist auch der Grund, weshalb ich niemanden vor mir oder hinter mir haben möchte. Und ich ahne nicht, wenn ich tagelang bei diesen Anmärschen laufe, ob ich tatsächlich spreche. Dann beginne ich, Gedanken zu überspringen. Was bleibt, sind Fetzen. Gedankenfetzen.«

Er lächelt. »Ich muß Ihnen etwas gestehen. Wenn ich heute bei Ihnen auf Ihrem Sofa sitze, dann nur deshalb, weil ich ein Erlebnis hatte, das mich zur Umkehr zwang. Ich habe einfach gespürt, daß ich heimfahren muß. Es war Intuition. Instinkt.«

»Ist die Intuition stärker geworden, je häufiger Sie sich der Einsamkeit aussetzten?« frage ich.

»Sicher. Während der langen Anmärsche denke ich über vieles nach. Über alles, was mich beschäftigt. Und was ohne äußere Anregung verarbeitet werden kann. Über ein Buch, zum Beispiel, das ich gelesen habe. Oder über mein Verhältnis zu meiner Frau, das wiederum ein Hauptthema bei meinen Expeditionen ist.«

»Wie lange sind Sie verheiratet?« frage ich.

»Seit 1972.«

»Wie steht Ihre Frau zu Ihrem waghalsigen Beruf?«

»Ihre Einstellung ist positiv. Sie hat großes Vertrauen. Ich jedoch habe bei meinen Expeditionen Erkenntnisse über unser Zusammenleben gewonnen, die grundlegend waren und deren ich daheim, im täglichen Nebeneinander, nicht innegeworden wäre.«

»Läuft man nicht Gefahr, sich in einer übermäßigen Egozentrik zu verfangen?« frage ich.

»Ja«, sagt er rasch. Und nochmals: »Ja.«

»Ich glaube, jeder erfährt im täglichen Zusammenleben Schwierigkeiten. Selbst mit jenen, die er liebt. Aber daß man durch die kaum noch zu beschreibende Einsamkeit, die Ihnen begegnet ist, demütig und unegozentrisch wird, ist ein gutes Bekenntnis. Meine Befürchtung war, daß ein risikoliebender Mensch wie Sie, wenn auch nicht unbedingt vom Höhenwahn befallen werden muß, aber in einer weltfremden Selbstsicherheit enden kann. Sie hingegen erfuhren in der Einsamkeit, die Sie fürchten und gleichzeitig suchen, eine neue Form des Zusammenlebens mit anderen Menschen. Ergo kann es gar nicht uninteressant sein, ob Sie Berge besteigen oder nicht. Es dürfte für manche wichtig sein, Ihre Erfahrungen nachzuempfinden. Insbesondere für jene, denen die Erweiterung und die Höherentwicklung des Menschen wichtig erscheint. Welchen Weg Sie auch einschlagen mögen, um seelisches Neuland zu erreichen, bleibt letztlich unwichtig. Ein sprachloser Bergsteiger sind Sie nicht. Sie teilen sich mit, versuchen Gefühle zu definieren, für die unsere Sprache nicht immer die treffenden Wörter bereit hält.«

Er sagt: »Dennoch, man muß es selbst erleben. Nachempfinden ist Leben aus zweiter Hand.«

Ich protestiere: »Zumindest geben Sie Gefühlsanstöße, gleich einer Batterie, die ungewohnte Schritte auslöst. Sie sprachen über das erstaunliche Begreifen, das Sie befiel, als Sie auf dem Gipfel waren. Auch darüber, wie wenig egozentrisch man empfindet. Habe ich Sie recht verstanden, daß die Einsamkeit in der Höhe keine Einsamkeit bedeutet? Und die Befreiung keine Freiheit im üblichen Sinne? Würden Sie sich sträuben, jenen Zustand Halluzinationen gleichzusetzen?«

»Begrenzt«, sagt er. »Ich habe einmal Halluzinationen gehabt. Das war 1970. Während meiner ersten großen Expedition. Meiner bis heute größten. Meiner schlimmsten. Während dieser Expedition bin ich mit Sicherheit – ich möchte sagen: gestorben.«

»Wo war das?« frage ich.

»Am Nanga Parbat. Es ging um die höchste Wand der Welt. Über fünf Jahre hinweg hatte sie mich fasziniert. Als Schüler bereits. Und später auf der Uni.«

»Was haben Sie studiert?«

»Technik. Ich habe mein Studium abgebrochen; im Grunde, um diesen Nanga-Parbat-Gipfel zu erreichen. Mein jüngerer Bruder, der an der Expedition teilnahm, ist mir nachgestiegen und knapp unter dem Gipfel krank geworden. Höhenkrank. Es bedeutet, daß man nicht mehr fähig ist zu denken. So sahen wir uns gezwungen, nachdem wir ungefähr vierzig Tage in dieser Wand geklettert waren, über eine andere abzusteigen. Doch diese war unerforscht.

Ein Gang in die Verzweiflung. Wir haben in achttausend Meter Höhe geschlafen. Ohne jeden Schutz. Nur in unserer Kletterausrüstung. Damals habe ich Erfrierungen erlitten. Teilweise meine Zehen verloren. Aber das war unwichtig. Wir sind drei Tage lang durch diese Wand abgestiegen. Da gab es keinen Atemzug, in dem ich sicher gewesen wäre, ob wir mit dem Leben davonkommen würden. Wir waren beherrscht von ununterbrochener Verzweiflung und immensem Lebenswillen. Je tiefer wir kamen, um so stärker wurden wir. Ein zweites Mal hatten wir im Freien geschlafen. Bei 20 Grad unter Null. Schlichtweg an eine Wand gelehnt. Und dann geschah es. In 6000 Meter Höhe. Ich hatte das Gefühl, daß mir alles seit langem bekannt war. Nicht nur die Wand, selbst das Tal, das ich nie zuvor gesehen hatte, schien mir vertraut. Im Grunde jedoch hatte ich keine Ahnung, wo wir hingingen. Und dennoch war da die Überzeugung, daß ich schon einmal dort gewesen, daß mir jeder Griff vertraut war. Die Wand ist 3500 Meter hoch. Doppelt so hoch wie die Eiger-Nordwand. Mein Bruder und ich haben miteinander geredet. Pausenlos. Ich versicherte ihm, daß wir keine Angst mehr zu haben brauchten. Von der Verzweiflung schwang ich mich in die Euphorie. Ein Zustand, der mir Sicherheit gab. Das war am dritten Tag. Befreiung und Halluzination zugleich. Ohne zu zögern, sagte ich: ›Da geht es links. Da geht es rechts.‹ Während ich zuvor ständig suchen mußte. Und als ich den Gletscher entlanglief, wurde mein Bruder von einer Lawine verschüttet. Ich habe es nicht einmal bemerkt. Als ich die Moräne erreichte, sah ich Kühe. Ich habe sie später nie mehr gefunden. Ebenfalls Menschen. Und als ich auf den Platz traf, an dem mein Bruder und ich uns eine halbe Stunde zuvor verabredet hatten und an dem wir übernachten wollten, war er unauffindbar. Ich bin den ganzen Weg zurückgeeilt. Ich habe die Lawine gesehen, das Unglück jedoch für unmöglich gehalten – für schlichtweg ausgeschlossen. Und dann – nur so kann ich es mir erklären – habe ich wahrscheinlich den Verstand verloren.«

Er spricht ohne jede Erregung, und ohne die Stimme zu erheben.

»Ich habe eine ganze Nacht auf dem Gletscher verbracht und zwischen Eisbrocken nach meinem Bruder gesucht. Bis ich allmählich zu der Erkenntnis gelangte, daß er tot war. Ich habe nicht einmal geweint. In der Nacht davor war es anders. Ich hatte den Punkt des tiefsten Unglücks erreicht. Dennoch erstrahlte noch einmal ein winziger Hoffnungsschimmer: Ich hoffte, er wäre zu einem bestimmten Punkt in der Bergwand gegangen, an mir vorübergelaufen, ohne daß ich ihn bemerkt hätte. Seit drei Tagen hatten wir nichts getrunken – seit fünf Tagen nichts gegessen. Meine Hoffnungen waren grotesk. Mein Bruder war nicht mehr. Ich legte mich unter einen Stein und schlief – eine Nacht lang. Wieder erwachte ich mit der Hoffnung, daß Expeditionskameraden vom Basislager um den Berg herumgegangen wären und ihn gefunden hätten. Ich hingegen konnte mich kaum noch aufrecht halten. Dennoch sah ich pausenlos Menschen auf mich zuströmen, die mir suchen halfen. Und dann sah ich ein Pferd. Erst da begriff ich, daß ich allein war. Vollkommen allein. Wieder verging ein Tag. Dann weiß ich nur noch, daß ich talwärts lief. Barfuß. Weil meine Füße in den Schuhen keinen Platz mehr hatten. Ich spürte weder Schmerzen noch Hunger oder Durst. Ich weiß nur, daß ich für eine Strecke, für die ich normalerweise zwei Stunden gebraucht hätte, einen Tag benötigte. Ich erwachte an einem Gletscherrand. Im Wald sah ich Holzfäller. Aufgrund meiner vorherigen Erfahrungen war ich überzeugt: Das sind bestimmt keine Menschen. Dennoch gab es sie tatsächlich. Fast bewußtlos vernahm ich das Geräusch des Holzhackens. Ich kroch zu ihnen, sie gaben mir Brot. Von da an habe ich wieder gelebt.«

»Haben Sie sich schuldig gefühlt?« frage ich.

»Nein. Damals nicht«, sagt er leise. »Aber heute wandert die Schuld hin und wieder durch meine Träume.«

Ich sage: »Wenn Sie sich hypnotisieren ließen, könnte es geschehen, daß alles noch einmal aufbricht. In allen Einzelheiten. Ob das richtig wäre, kann ich nicht beurteilen. Ich bin kein Mediziner. Ich empfinde es nur als unfaßlich stark – um nicht zu sagen: besessen –, daß Sie nach jener Tragödie wieder Berge besteigen – ohne Ihren Bruder. Oder zwingt Sie das Gefühl, Sie müßten ihm etwas beweisen?«

»Nein«, sagt er. »Wir waren im Grunde genommen eine zusammengeschweißte Seilschaft. Ich war der Ältere, somit der Führende. Das war das Unglück. Wären wir gleich stark gewesen, wäre er kaum höhenkrank geworden. Physisch war er keinesfalls schwächer als ich. Doch als wir da oben waren und beide grenzenlos müde, war er nicht mehr in der Lage, eigene Entscheidungen zu treffen. Es gab einen Augenblick während des verzweifelten Abstiegs, an dem ich selber an der Grenze stand, wahnwitzig zu werden. Ich weiß noch, daß ich gebrüllt habe. Und mein Bruder brüllte zurück: ›Jetzt bist *du* verrückt‹; was soviel bedeutete wie: Er hatte begriffen, daß er zuerst verrückt geworden war. Wenn zwei, drei oder vier Leute in einer Grenzsituation sind, ist es immer der Stärkste, der die Verantwortung übernimmt; nicht nur die Führung, auch die Verantwortung. Automatisch wird sich seine Stärke verdoppeln.«

»Telepathische Rückkoppelung?« frage ich.

»Vielleicht«, sagt er. »Letztlich habe ich überlebt, weil mir mein Bruder die Verantwortung übertragen hatte. Hätte ich mir zum Beispiel einen Arm gebrochen, wäre ihm die Verantwortung zugefallen, und er hätte überlebt.« Und nach einer Pause: »Ich erinnere mich noch, wie er mir zuwinkte, was bedeuten sollte, daß wir einen gangbaren Weg erreicht hatten. Aber da befand er sich bereits in dem tödlichen Lawinenstreifen.«

»Waren Sie nicht angeseilt?«

»Nein. Ich bin allein zum Gipfel aufgebrochen – ohne Seil. Bei derartigen Expeditionen geht man fast immer ohne Seil.«

»Weshalb?«

»Weil ein Seil zuviel Gewicht hat. Gewicht, auf das man besser verzichtet. Das geht natürlich nur dann, wenn man zu zweit ist und beide hundertprozentig sicher klettern können. Das Seil nützt ohnehin wenig. Wenn man richtig klettert, muß man sich am Fels oder Eis befestigen. Wenn der Vorauskletternde stürzt, könnte ihn der Untere zwar auffangen. Aber wenn er nicht mit Haken in der Wand gesichert ist, dann fliegt er im hohen Bogen hinaus. Und beide kommen um. In diesen Höhen und bei derartig großen Entfernungen von Mann zu Mann würde ein Seil nur beschweren.«

»Sie wollen den Everest allein besteigen?« frage ich.

»Den hat noch niemand bestiegen«, sagt er.

»Sie wollen der erste sein.«

Er sagt: »Das läßt mich kalt. Es geht mir nicht darum, der erste zu sein.«

»Wenn Ihnen der Sieg nichts bedeutet, um was geht es Ihnen dann?« frage ich.

»Es geht einzig darum, ob ich in der Lage bin, für lange Zeit allein sein zu können. Ich möchte mich auf die Probe stellen. Vielleicht kehre ich abermals als ein völlig anderer zurück.«

»Es ist schwer zu beschreiben, was Einsamkeit bewirken kann«, sage ich. »Insbesondere, da sich Einsamkeit auf jeden Menschen anders auswirkt. Sie hingegen fordern die Einsamkeit heraus. Nicht einmal ein Ein-Mann-Jet-Pilot darf sich mit Ihnen vergleichen; denn er zumindest ist mit der Bodenstation verbunden. Selbst ein Astronaut ist selten allein. Außer jener Michael Collins, der den Mond umkreiste, während Neil Armstrong und Edwin Aldrin ihn betraten.«

Messner sagt: »Auch ein Mann, der alleine segelt, ist nicht allein. Er wird getrieben. Wenn jemand um den Mond kreist, befindet er sich im Raumschiff. Er kann es steuern, benötigt jedoch keine Willenskraft. Und der Weltumsegler wird sicher Angst haben, wenn ein großer Sturm losbricht. Dennoch muß er nicht seinen letzten Willen einsetzen, um weiterzukommen. Er kann nicht sagen: ›Jetzt steige ich aus.‹ Aber *ich* kann aussteigen, wenn ich in 7000 Meter Höhe bin. Ich kann zurückgehen. Dennoch klettere ich weiter. Die Einsamkeit wird größer, die Anstrengung ebenfalls. Der Wille schrumpft. Wenn mich der erste Sturm in knapp 8000 Meter Höhe überfällt, kann ich fliehen. Doch letzten Endes ist es ein Spiel, ein sportliches.«

»Nein«, sage ich, »das glaube ich nicht. Obwohl ich keine Ahnung habe, was Sie treibt, sich an die äußersten Grenzen menschlicher Empfindungen zu jagen.«

»Ich auch nicht«, sagt er. »Ich schwöre, es ist keinesfalls die äußerste Grenze der Leistung, die mich interessiert. Ebenfalls nicht die äußerste Grenze der Höhe, die die Erde kennt. Es ist allein die äußerste Grenze der menschlichen Empfindungen. Die Einsamkeit ist eine davon.«

Ich sage: »Die Welt scheut Empfindungen. Das Gespräch mit Ihnen gleicht einem donquijotischen Traum. Einem Fingerzeig für unsere materiell gewordene Welt. Es geht Ihnen nicht um den Sieg, sondern um die Schranken der Empfindung. Sie müssen Wände erklimmen, um Grenzen auszuloten.«

»Das Traurige ist«, sagt er völlig unpathetisch, »daß ich diese Empfindungen während einer Expedition ganz stark verspüre. Aber nach jeder Rückkehr verblassen Erfahrung und Gefühl viel zu schnell.«

»Europa verschlingt – nagt ab?« frage ich.

»Ja«, sagt er. »Die Hektik frißt sich in mich hinein.«

Ich sage: »Die meisten spüren kaum, daß sie von Atmosphäre, Geräuschen und Ausstrahlung ihrer Mitmenschen beeinflußt werden. Sie ignorieren, dickhäutig geworden. Wie lebt ein Dünnhäuter wie Sie in einer Dickhäuter-Welt?«

»Gar nicht«, sagt er.

»Ich ahnte es.«

Er zögert, sagt mühsam: »Deshalb stehe ich zur Zeit auch vor schweren privaten Entscheidungen. Ich bin keinesfalls sicher, ob ich weiter bergsteigen soll.«

»Können Sie von den Erinnerungen an einen Traum leben?« frage ich.

»Nein«, sagt er bestimmt. »Keinesfalls. Ich muß eine neue schöpferische Aufgabe finden. Solange ich in den Bergen bin, scheinen alle materiellen Probleme gelöst. Selbst wenn mir meine Frau schriebe, irgendein Geschäft wäre mißglückt – es würde mich nicht im geringsten berühren. Aber sobald ich drei Wochen in Europa bin, ist mir das nicht mehr gleich. Dann lasse ich mich von all dem Kram einfangen. Es ist mir noch nicht gelungen, eine Verbindung zwischen jenen Lebensformen zu finden. Ich stoße auf eine Welt, die ich nicht begreife und die wiederum mich nicht versteht. Entweder ich stelle mich um, oder ich gehe schlichtweg zugrunde.«

»Sie werden nicht zugrunde gehen«, sage ich. »Und Sie werden sich auch nicht umstellen. Es muß einige Menschen geben wie Sie, die Träume und Empfindungen durchsetzen und vertreten. Menschen, die sich nicht einordnen. Wir können uns nicht alle den Kopf abschneiden lassen, auf daß wir gleich groß oder gleich klein sind. Für Sie ist ein Berg vielleicht dasselbe, was für mich ein leeres Blatt Papier oder eine Bühne ist. Nur erfahre ich dort keinen Einsamkeitsrausch. Auch keine Einsamkeitserkenntnis. Ich komme zu gar keiner Erkenntnis. Ständig bin ich Dompteur. Auf der Bühne genauso wie vor der Kamera oder dem weißen Blatt. Mich selber finden kann ich nur für Bruchteile von Sekunden. Zuweilen, wenn ich mich ganz still verhalte.«

Messner, kaum hörbar: »Selbsterkenntnis ist der Sinn des Lebens, nicht nur des Bergsteigens.«

»Ja«, sage ich. »Aber Selbsterkenntnis ist wandelbar.

Vorhin sagten Sie, Sie wüßten nicht, wie Sie reagieren würden. Nichts steht fest. Ich bin überzeugt, daß Sie das nächste Mal einem anderen Messner gegenüberstehen. Das einzige, was beständig ist, ist die Veränderlichkeit.«

»Ich bin Ihrer Meinung . . .« sagt er.

»Wir sollten uns für die Veränderung offenhalten. Leider streben die meisten Menschen schon mit achtzehn oder zwanzig Jahren ein festes Lebensbild an. Sie flachen ab. Sie urnen sich ein. Sie schließen sich Gruppen an, ordnen sich der Gruppensprache unter. Dem Herdenjargon. Sie fürchten die Einsamkeit gleich einer Krankheit. Daß Sie sich ihr wiederum aussetzen, dafür bewundere ich Sie. Ich glaube, daß es für eine Frau recht schwer ist, mit Ihnen zu leben. Ihre und die eigene Einsamkeit zu ertragen. Gleichzeitig bin ich überzeugt, daß Sie nicht der Mensch sind, der bewundert werden möchte.«

»Nein«, sagt er. »Das habe ich nie gebraucht. Nicht einmal die Bewunderung meiner Frau. Sie ist außerordentlich sensibel. Dennoch ist es schwierig, eine Gemeinsamkeit zu finden, wenn ich von einer Expedition zurückkehre. Ich habe mich einer Wandlung unterzogen, an der sie nicht teilgenommen hat.«

»Den Mann, den sie einst heiratete, gibt es nicht mehr. Doch das geschieht allzu häufig: Menschen verändern sich, der Partner kann die Veränderung nicht nachvollziehen. Eine Expedition verändert Sie in rasantem Tempo. Andere hingegen verändern sich schrittweise, kaum merkbar. Was sehen Sie für Farben, wenn Sie in für mich unbegreiflichen Höhen sind?«

»Ich kann nur von Stimmungen berichten, die sich in Formen und Farben ausdrücken. In bestimmten Augenblicken gibt es einen Punkt, der ultraviolett bis rot erscheint. Zum Beispiel, wenn die Sonne aufgeht. Dann gibt es ungeahnte Schattierungen von Grau. Ein Grau, das sich mit jedem Tag verändert. Keine Wolke gleicht der anderen. Weder in Form noch in Farbe. Sie wandeln sich Stunde um Stunde und Tag um Tag.«

»Was für Geräusche haften in Ihrer Erinnerung?« frage ich.

»Viele. Es gibt sie bis in die letzte Einsamkeit. Sie dringen aus den Bergen. Aus der Luft. Ein Teppich von Geräuschen.«

»Summen? Knacken? Töne? Melodien?« frage ich.

»Töne. Sogar Musik. Wellenförmig. Ungemein beruhigend. Stundenlang kann ich in meinem Zelt daliegen und zuhören. Doch wenn der Wind geht, ist es anders. Irgend etwas flattert. Irgend etwas ist beunruhigend, aufpeitschend, erregend. Es schleudert mich aus meiner Beschaulichkeit heraus. Eine Beschaulichkeit, die ich nicht mit Meditation bezeichnen möchte. Joga und Meditation – mit beidem habe ich mich befaßt. Jeder Mensch trägt die Fähigkeit dazu in sich. Wenn ich da oben liege, stehe oder sitze – eine seltsame Müdigkeit ist Voraussetzung –, dann erreiche ich jenen Zustand der Leichtigkeit, und ich fange an zu hören. Kein Schlaf; eine Art Dämmerzustand. Befreiende Leere, in der zahllose Erkenntnisse Platz haben.«

Ich sage: »Immer habe ich sie gesucht in meinem Leben: jene Sekunden der befreienden Leere. Der Gelassenheit. Aber ich habe zuviel kämpfen müssen, so daß ich fast fürchte, die zuständigen Zellen in meinem Hirn sind zugrunde gegangen. Ich bin mir dessen bewußt, daß ich keinesfalls die Kraft für jene Einsamkeit besitze, die Sie suchen. Aller Wahrscheinlichkeit nach würde ich durchdrehen. Ich brauche Menschen.«

»Ich auch«, sagt er. »Einmal habe ich die Nerven verloren. Ich bin einen Achttausender allein angegangen und wieder heimgefahren. Ich war verzweifelt. Mir fehlten die richtigen Voraussetzungen oder der notwendige Wille. Ich besaß weder Kraft noch Ausgeglichenheit.«

»Die Ausgeglichenheit ist uns abhanden gekommen, sofern sie je vorhanden war. Es gibt Sekten, die fähig sind, sie zu erzeugen. Doch wir – sei es in Europa oder in Amerika – sind zu verhetzt, zu sehr in unsere Probleme verstrickt, gleich einem Rollschinken mit vielen Schnüren umwickelt. Manchmal bin ich versucht zu bitten: ›Schneiden Sie eine meiner Schnüre auf.‹ Ich fühle mich gebündelt. Selbst das tiefe Durchatmen fällt mir schwer. Ich habe auf dem Lande gelebt. Doch das allein befreit nicht.«

»Das stimmt«, sagt er.

Ich: »Wenn ich nur an die Ausstrahlungen der Nachbarschaft denke. Und seien es noch so wenige: ihre Probleme, ihre Sorgen – sie übertragen sich. Telepathisch. Und selbst der gütigste Nachbar kann zuweilen ein Störsender sein.«

»Schon als Zwanzigjähriger habe ich mir eine Almhütte gewünscht, in der ich hätte allein sein können. Ein Blockhaus am Ende der Welt. Inzwischen habe ich es mir gebaut. In den Dolomiten. Aber auch dort finde ich nicht, was ich anstrebe: die Einsamkeit, von der ich vorhin gesprochen habe. Für sie brauche ich die große Höhe. Sonst gar nichts. Ein kindlicher Wunsch – vielleicht. Einmal habe ich ihn fünf

Jahre lang bezwungen. Weil ich meinte, das Leben sei wichtiger. Ich meinte damit das finale Leben, jenes, das auf einen Zweck ausgerichtet ist. Wir alle denken final und sind von Kindheit an dazu erzogen. Alles muß Zweck und Sinn haben. Unsinniges, Zweckfreies bleibt untersagt. Die Schule lehrt ausschließlich praktische Fächer. Ab einem bestimmten Zeitpunkt wird einem lediglich beigebracht, wie man Geld verdient.«

»Und dem, der nicht mitspielt, steht die Drohung ins Haus, entmündigt zu werden. Wir faseln von Kultur, zappeln in den Dornen der Zivilisation. Sie hingegen sprechen von Religion, Religion ohne Dogma.«

Er sagt: »Die Technik und die Industriegesellschaft haben phantastische Möglichkeiten geschaffen, die den Menschen befreien könnten. Doch er verstrickt sich immerfort in irgendwelche Zwänge. So haben wir stets verloren und wenig gewonnen.«

»Es sei denn, jemand spricht aus, was er empfindet. Anfänglich haben Sie gestanden, Sie wüßten nicht, ob es Sinn hat, was Sie unternehmen. Inzwischen haben Sie sich eine Antwort gegeben.«

»Noch immer beharre ich darauf: Einzig und allein für mich ist es sinnvoll. Und zwar deshalb, weil ich mich selber kennenlernen darf.«

»Dieses wiederum beinhaltet, daß Sie andere erkennen können.«

»Ja«, sagt er. »Aber ich hätte nicht den Mut, meine Form, andere zu erkennen, aller Welt anzupreisen. Jeder muß seinen Weg finden. Wenn jemand zu mir kommt und meine Tätigkeit oder meine Ausstrahlung, oder was ich in Büchern sage, faszinierend findet, dann stehe ich ihm Rede und Antwort. Aber keinesfalls ziehe ich in der Gegend umher und trompete: ›Das ist der Weg zur Selbsterkenntnis.‹«

»Das hatte ich auch nicht im Sinn«, sage ich. »Keineswegs würde ich jedem empfehlen, Berge zu besteigen. Abgesehen von der Tatsache, daß die meisten allein physisch schon nicht dazu imstande wären. Und abgesehen von ihrer Interesselosigkeit. Aber eventuell begegnen sie einer anderen Form, der Einsamkeit ins Gesicht zu schauen. Der Einsamkeit, die weder furchterregend noch erschreckend ist. Aber wir haben die Straßen zur Einsamkeit verbarrikadiert. Wir haben Mauern errichtet und damit auch Mauern gegen die Zweisamkeit.«

»Darüber habe ich nie nachgedacht«, sagt er.

»Was Sie suchen, ist der außergewöhnliche Weg. Sie revoltieren gegen die Gesellschaft, wie sie sich Ihnen darbietet. Doch Ihr Protest erschöpft sich nicht, indem Sie mit einer Fahne durch das Land jagen und rufen: Wir brauchen eine neue Partei. Sie glauben, daß die Revolution zuerst bei jedem einzelnen stattfinden muß. Die Gruppenrevolution endet zumeist in der Diktatur.«

Er krümmt sich zusammen, reibt sein Gesicht, murmelt: »Jeder einzelne muß sich ändern.«

Ich sage: »Ich stimme Ihnen so vorbehaltlos zu, daß ich in Gefahr gerate, mit Ihnen eine Partei zu gründen. Und das ist genau das, was wir nicht anzustreben gedenken.«

»Ich kann meine Ideale nicht im einzelnen definieren«, sagt er. »In meiner Spätpubertät habe ich es versucht. Heute ist es mir gleichgültig.«

»Nach Ihren Erfahrungen brauchen Sie es vielleicht auch

nicht mehr.«

Er nickt. »Ich sage einfach: Ich habe ein Bedürfnis. Meine Erlebnisse da oben sind mir sehr wichtig. Ich brauche sie. Solange ich das Bedürfnis habe hinaufzusteigen, werde ich es tun. Und sollte ich morgen ein anderes Bedürfnis haben – vielleicht Hochseesegeln –, so werde ich auch dem nachgehen. Das erscheint mir nicht als Arbeit. Seit meiner Lehrzeit habe ich nie mehr das Gefühl gehabt, gearbeitet zu haben.«

»Auch nicht, wenn Sie schreiben?« frage ich.

»Nein«, sagt er. »Ich schreibe, wann immer ich Lust habe. Unterwegs. Ich setze mich in irgendein Dorf. Es kann ein Bergdorf in Nepal sein.«

»Bei allem Zwang, der Sie in die Einsamkeit treibt, möchten Sie sich dennoch mitteilen. Sie sind nicht egozentrisch. Wir sprachen zuvor davon, daß man ausschließlich durch Selbsterkenntnis einen anderen Menschen liebenlernen kann. So wollen Sie mitteilen, was Sie empfinden. Sie wollen teilhaben lassen.«

»Es geht mir nicht ums Teilhabenlassen«, sagt er, »sondern darum, ob ich fähig bin, das, was ich da oben erlebe, zu formulieren. Ich hasse jedes meiner Bücher, wenn ich am Ende bin. Oder dicht vor dem Ende. Dann artet das Schreiben in Arbeit aus. Vor allem, wenn ich einen Vertrag habe. Deshalb weigere ich mich heute, Verträge zu unterschreiben. Zwang macht mich unglücklich; doch wenn ich aus eignem Willen handeln darf, bin ich glücklich.«

»Ich beneide Sie«, sage ich. »Meine Berufe haben mich programmiert wie einen Computer. Nur sehr selten ist es mir vergönnt zu sagen: ›Heute will ich schreiben. Morgen nicht.‹«

»Es ist ganz leicht. Ich sage einfach: ›Ich will nicht mehr.‹ Somit trenne ich mich von materiellen Wünschen. Ich bin durch meine Expeditionen bescheidener geworden.«

»Vielleicht haben Ihre Erfolge Sie bescheidener gemacht«, sage ich. »Viele erfolgreiche Menschen sind einfach, umgänglich und demütig. Sie stellen Ansprüche, aber in erster Linie an sich. Und sie sind dankbar für alles, was ein anderer für sie tut. Viele meiner Freunde sind Schriftsteller. Je größer ihre Erfolge, desto demütiger sind sie. Lärm und Aufruhr verursachen zumeist jene, die wenig zu sagen haben.«

»Wenn ich in Ruhe und Frieden leben kann und niemandem zur Last falle, reicht es mir vollkommen.«

Ich sage: »Sie werden eine neue Phase erleben und Neues anstreben. Dessen bin ich sicher. Der leidenschaftliche Wunsch, sich selbst und andere zu erforschen, kann nicht plötzlich abbrechen.«

»Wahrscheinlich nicht«, sagt er. »Es ist eine Sucht . . .«

Zum erstenmal läßt er einen Satz unvollendet, sieht gedankenverloren vor sich hin.

»Ich fürchte«, sage ich, »daß Sie sich Ihren Frieden erkämpfen müssen, die letzte dünne Schicht Haut herunterreißen. Einsicht wird, wie so vieles, unter Schmerzen geboren. Nur ein unter Leiden erklommener Berg gewährt Offenbarung.«

»Ja«, sagt er, »Schmerzen gehören dazu. Es gibt die weiße und die schwarze Einsamkeit. Die weiße ist unvergleichlich schön. Verwirrend, kaum zu beschreiben. Die schwarze hingegen kennen wir, glaube ich, alle.«

Er legt sein Buch auf den Glastisch, deckt es zu, als geniere er sich.

Ich frage: »Haben andere Bergsteiger, mit denen Sie zusammen waren, ähnliches empfunden?«

»Ich habe einige Bücher gelesen«, sagt er, »es gibt Parallelen. Nicht unbedingt vergleichbare Erlebnisse, dennoch Parallelen.«

»Inwiefern?«

»Einsamkeit und das Gefühl, daß die ganze Welt in einem zusammenströmt. Daß man nicht nur eine rasch vergehende Schneeflocke ist, sondern ein Teil des Universums. Daß man in einem harmonischen Verhältnis zum All lebt, in dem man Mensch bleibt und keineswegs zum verglühenden Funken wird. Das ist die weiße Einsamkeit, die der schwarzen völlig entgegengesetzt ist. Die schwarze Einsamkeit herrscht zwischen Menschen.«

»Ja«, sage ich. »Es gibt eine Sprachlosigkeit, die wie ein Donnerschlag ist. Das Ungesagte lärmt mit der Gewalt einer Detonation. Sie, wie wir alle, suchen die weiße Einsamkeit. Doch nur Sie scheinen sie wenige Male gefunden zu haben.«

Beinahe hastig sagt er: »Ich suche weiter. Ich bin sicher, wenn jemand in eine unendlich schwarze Einsamkeit fällt, ist er unfähig, ihr zu entrinnen.«

»Ich weiß nicht«, sage ich. »Einmal bin ich in die schwarze Einsamkeit gestürzt. Herausgekommen bin ich, weil ich Freunde hatte. Sie haben mich aus der schwarzen Einsamkeit getrieben, um nicht zu sagen: geprügelt. Sie ahnten, daß man aus jenem sprachlosen Zustand nicht ohne Hilfe herausfindet.«

Messner sagt: »Wenn Sie fünf Tage lang ganz allein marschieren – irgendwohin –, dann ergreifen Sie den ersten

Zipfel der weißen Einsamkeit. Aber man muß laufen. Ununterbrochen. Man braucht den Rhythmus. Es dauert lange, bis man mit dem Rhythmus des Gehens das Gehirn völlig befreit. Viele Stunden lang denkt man plan- und absichtsvoll. Erst dann beginnt man, einzelne Gedanken zu überspringen. Denkt sie an, jedoch nicht mehr zu Ende. Bis man jenen Punkt erreicht, an dem keine Barrieren zwischen einem selbst und dem Universum zu bestehen scheinen.«

Eine Weile sitzen wir noch und sehen auf die Geranientöpfe gegenüber. Endlich bitte ich ihn, mir sein Buch zu geben. Selten habe ich mich derart über eine Widmung gefreut. Sie schließt: ». . . Nach unserem Gespräch geht es mir besser. Ihr R. M.«

Ich habe einen Menschen kennengelernt, für den ich immer ein wenig Angst empfinden werde.

Gabriele Hoffmann

Gabriele Hoffmann

Wenn Gabriele froh ist, hüpft sie wie ein Känguruh. Sie ist 22 Jahre alt. Sie und ihr Mann leben in einer Berliner Altbauwohnung, mit jenem berühmten langen Korridor, an dessen Ende eine Küche liegt, die jedoch völlig unbenutzt zu sein scheint. »Zum Vorzeigen«, sagt Michael, ihr Mann. »Wir essen sowieso nur im Restaurant.« Dann gibt es noch eine kleine Bodenkammer, die sie sich eingerichtet hat. »Mein Zufluchtsort«, sagt sie. Dahinter ein saalartiger Raum, in dem ein großer Billardtisch, ein Flippergerät und eine nicht zu übersehende Stereoanlage stehen. Die Schiebetüren sind offen, führen in ein geräumiges Wohnzimmer, hinter dem ein überdachter Balkon liegt, der in die Uhlandstraße hineinzufallen scheint. Der Balkon ist ihr ganzer Stolz. Laut ist es dort. Es brodelt an der Ecke Ku'damm/Uhlandstraße: Autounfälle, hastig einkaufende Frauen, spielende Kinder, eine Schlägerei in der Kneipe. Man sitzt auf dem Balkon – sozusagen Erste Loge Mitte – und schaut zu, wie sich die Welt drängelt, prügelt, amüsiert.

Gabriele Hoffmanns Sitzungen sind strapaziös. Ihr junges Gesicht ist gezeichnet von zuviel Miterlebtem. Sie leidet mit, sie weint mit. Der junge Mensch in ihr geht während einer Sitzung unter ihrer Gabe zuweilen verschütt. Ihr Mund ist verletzbar, kindlich geblieben. Das Gesicht ist länglich-groß, wird ausschließlich von den hellen, farblich unbestimmten Augen beherrscht. Gabriele Hoffmann spricht unverfälschtes Berlinerisch, auch zuweilen über lästige »mir« und »mich« stolpernd.

Ich sage: »Hier informiert kein Fachmann in Sachen Parapsychologie, sondern hier fragt eine Neugierige. Ohne Neugier, ohne Wißbegier hätten wir keine Wissenschaft, keine Kunst, nicht einmal das Rad. Ohne Neugier wäre Amerika nicht entdeckt. Ohne Neugier gäbe es keine Religion, Psychologie, Chirurgie, Computer. Niemand hätte Atome gespalten, Motore konstruiert, kein Flugzeug würde fliegen, kein Auto sich bewegen.

Hier also sitzt ein Laie, der von dir, der Befugten, seine Vermutungen bestätigt zu sehen hofft.

Gabriele, ob in deinem Paß ›Beruf: Wahrsagerin‹ steht, weiß ich nicht. Auf jeden Fall steht es an deiner Tür. Du bist eine der bekanntesten Wahrsagerinnen Deutschlands, trotz deiner 22 Jahre. Für viele ist dein Beruf nichts anderes als Kaffeersatz-Leserei.

Laß mich mit der einfachsten Frage beginnen: Wie bist du dazu gekommen?«

Gabriele sitzt auf dem Sessel, ein wenig aufgeregt, schnurrend, von Zeit zu Zeit mit Zeigefinger und Daumen ihre Nasenspitze drehend, und sagt: »Ja, ich bin seit über zwei Jahren die einzige Wahrsagerin Deutschlands, die im amtlichen Register der Industrie- und Handelskammer eingetragen ist. Darauf bin ich unwahrscheinlich stolz.« Sie reckt ihren dürren Körper. »Ich bin der Meinung, man sollte sehr viel strengere Gesetze erlassen, damit Wahrsager, Hellseher oder Telepathen in irgendeiner Weise erfaßt werden. Das gleiche gilt für die Astrologen.« Und ins hemmungslos Berlinerische verfallend: »Dazu gekommen bin ich eigentlich durch meine Uromas und Omas, die auch schon Wahrsagerinnen gewesen sind. Meine Ost-Oma zum Beispiel, die Luise . . .«

Ich: »Was ist Ost-Oma?«

»Na«, sagt Gabriele, »die wohnt im Osten. Die hat Karten gelegt. Die hat den alten Sums gesagt: ›Über einen weiten Weg großes Geld ins Haus‹, und: ›Schreck in der Abendstunde . . .‹ und solchen Quatsch. Trotzdem hat unwahrscheinlich vieles gestimmt. Meine Uroma mütterlicherseits, Martha, war Chansonsängerin am Metropoltheater hier in Berlin. Erst später wurde sie Wahrsagerin. Sie hat geheiratet, doch der Opa wurde von den Spartakisten erschossen. Die haben früher in der Reichenberger Straße gewohnt, zu der Zeit, als die Spartakisten brüllten: ›Fenster zu, Türen zu, runter vom Balkon!‹ Aber der Opa war zu neugierig, hat sich runtergebeugt, um zu gucken, was da los ist, und ein Querschläger hat ihn getroffen. Die Uroma hat daraufhin einen entsetzlichen Schock gekriegt und ist durch eine große Glasscheibe gefallen. Von diesem Tag an konnte sie noch besser hellsehen – hat aber gesoffen. Osborn. Mit Osborn ging es irgendwie besser.«

»Was hat sie getrunken?«

»Osborn-Kognak«, sagt Gabriele. »Unheimlich viel. Sie hat nachts ihr Gebiß in Osborn gepackt, damit sie tagsüber einen schönen Geschmack im Mund hatte.

Und die Uroma väterlicherseits, Luise, die ist 107 Jahre alt geworden. Die wiederum war graulich. Vor der hab' ich unheimliche Angst gehabt. Die kannte ich also noch. Sie hat aus der Hand gelesen, Gürtelrosen und Warzen besprochen.

Überhaupt alles, was man nur besprechen kann – mit unheimlich viel Erfolg. Die wohnte in der Kolonnenstraße 19 in Schöneberg. Und unmittelbar darunter hat ein Arzt seine Praxis gehabt, ein Doktor Walter. Der hat seine Patienten, wenn er nicht mehr weiterwußte, zu meiner Uroma geschickt. Er ist inzwischen tot, aber seine Praxis existiert noch. Sein Sohn führt sie weiter. Und dann: die dicke Oma. Die wohnt in Steglitz, bei meinen Eltern. Sie ist jetzt 74. Ich hab' eine Zeitlang immer erzählt, sie wäre 78, da war sie beleidigt. Ganz beleidigt, jawohl. Die hat auch aus der Hand gelesen. Aber seit mein Opa tot ist, macht sie das nicht mehr. Ich nehme an, daß sie irgendwie einen Schock gekriegt hat, weil sie vielleicht den Tod nicht vorausgesehen hat . . . Sie spricht auch nicht darüber, warum sie mit dem Handlesen aufgehört hat.

Doch am besten hat mir die Ost-Oma gefallen. Die war lieb und nicht graulich – und als Wahrsagerin prima. Der hab' ich, als ich zwölf Jahre alt war und mich bereits fürs Kartenlegen und Wahrsagen interessierte, plötzlich gesagt: ›Mensch, vielleicht kann ich das auch.‹ Bis heute weiß ich nicht warum, doch auf einmal habe ich gesagt: ›Papa, zeig mal deine Hand her.‹ Da hab' ich in seine Hand geguckt und gewußt – ich weiß nicht woher –, daß er eine Freundin hat. Die war dick, hatte vier Kinder, war geschieden und wohnte irgendwo bei uns in der Gegend. Mein Vater war sehr vorsichtig, und er hat meine Mutter wirklich geliebt. Obwohl er Musiker war, war er treu. Er wurde kreidebleich und grün und ganz ernst. Alle anderen haben gelacht. Aber seine Ernsthaftigkeit hat ihn verraten. Rechts und links hab' ich ein paar geknallt gekriegt. Da wußte ich: Ich konnte wahrsagen. Und der Schmerz war nicht so schlimm wie die Freude.

Ich habe der Oma im Osten die Karten geklaut, weil ich gedacht hab': Nur mit diesen Karten kann ich's gut. In der Schule fing ich damit an. Es sind unheimlich viele Sachen eingetroffen: Tod von Oma, irgendeine Scheidung, Sachen, die manchmal sehr traurig waren. Aber das war mir nicht bewußt. Ich war schier fasziniert und begeistert, daß das nun klappte: daß ich wahrsagen konnte. Ich war mir eigentlich gar nicht darüber im klaren, wie schlimm die Sachen waren, die ich da sah und sagte. Ich war schlichtweg glücklich, daß es immer stimmte. Die Karten benutze ich heute noch. Ich habe früher immer geglaubt – ach, ›früher‹ ist Quatsch –, ich habe bis vor ungefähr vierzehn oder fünfzehn Monaten geglaubt, daß das, was ich sehe, aus den Karten kommt, aus den einzelnen Karten oder aus den Linien der Hand. Doch dann habe ich festgestellt, daß die Karten unwichtig sind. Also: Ich bin keine Kartenlegerin. Ich konzentriere mich nur mit Hilfe der Karten. Das heißt: Ich mach' die Augen zu, wenn die Karten vor mir liegen, und das, was ich dann sehe, ist wie ein Film, der vor meinen geschlossenen Augen abläuft. Schwarzweiß. Und trotzdem erkenne ich Farben – wieso, ist mir schleierhaft. Ich sehe Vergangenheit, Gegenwart und Zukunft. Wenn ich zum Beispiel sehe, daß jemand überfahren wird, erkenne ich plötzlich in meiner Schrift eine Zahl. Das ist das Datum. Den März sehe ich meistens rot. Die Sieben zumeist grün, die Acht dunkelblau, und September ist orange. Schierer Blödsinn. Dennoch: Ich sehe dies zumeist in Zahlen oder Farben. Es ist wie ein Bild, das zuerst verschwommen erscheint. Dann sehe ich mich über die

Straße gehen: Ein Auto rast auf mich zu, ich spüre die Angst und auch den Schmerz. Und dadurch, wo ich gerade den Schmerz empfinde, weiß ich auch, welche Körperteile verletzt werden.

Oder: Wenn jemand eine Scheidung vor sich hat, dann spüre ich plötzlich den Streit, die giftige Atmosphäre, die monatelang vorherrscht. Die Zeit rast in einer Art Zeitraffertempo an mir vorüber. Manchmal ist es schlimm.«

Sie reibt ihre Augen, blinzelt, sagt: »Ich bin Krankenschwester geworden, weil ich etwas Vernünftiges lernen wollte. Und bin Wahrsagerin geworden, weil mich das Schicksal immer wieder überrollte, weil immer wieder Leute zu mir gekommen sind und mich ausgefragt haben.«

Ich sage: »Hast du während deiner Zeit als Krankenschwester gesehen, daß Ärzte Krankheiten falsch diagnostiziert haben?«

»Ja. Ich habe ein Buch darüber geschrieben. Ich habe die Namen der Ärzte und der Krankenhäuser nicht genannt, weil die immer so hysterisch reagieren, obwohl es zum Teil dicke Fehler waren. Sehr häufig ist es vorgekommen, daß es jemand mit der Niere hatte, den sie auf Bandscheibe oder Wirbelsäule behandelten. Solange ich während meiner Schülerinnenzeit als Stationshilfe gearbeitet habe, geschah es tatsächlich, daß sich manche Ärzte und Schwestern nach meinem Rat und meinen Prognosen richteten. Aber als ich als Lernschwester anfing, bin ich überall angeeckt und habe mir Feinde geschaffen. Bis auf ein paar vernünftige Leute, die gesagt haben: ›Also, die Kleine hat ja recht.‹ Wie oft habe ich erlebt, daß völlig überflüssige Operationen durchgeführt wurden. Hatte jemand Gallen- oder Nierensteine, wurde er sofort operiert. Oft hätten die Leute bloß viel Tee zu trinken brauchen, und die Dinger wären von allein weggegangen. Ich habe zum Beispiel eine Frau betreut, die war in Zehlendorf im Krankenhaus. Ich kann das nicht beschreiben, ich weiß es nicht: Aber ich rieche Krankheiten. So wie man Blumen oder Essen riecht. Anhand des Geruches weiß ich, woran die Leute leiden. Ein Leberkranker, der riecht so – ich weiß nicht, ob du als Kind Mäuse gehabt hast?«

»Nein.«

Hoffmann: »Also ich hab' als Kind Mäuse gehabt. Und so, wie ein Mäusekäfig riecht, so riecht ein Leberkranker. Oder Leute, die es mit dem Magen haben, die riechen ein bißchen säuerlich. Nervenkrankheiten riecht man auch.«

»Wie?« frage ich.

»Nervenkranke? Das ist ein schwerer Geruch. Wenn die Nervenkrise fast an Geisteskrankheit grenzt, riecht es scharf und süß. Wenn umgekehrt eine Krankheit auf seelische Ursachen zurückzuführen ist, dann riecht es angenehm.

So war das also«, sagt sie, reibt ihre langen Beine und zerrt an ihren Stiefelschäften. »Ich war im Krankenhaus, und da war eine alte Frau. Bei der habe ich gewußt: Die hat's mit der Leber. Und die wurde auf eine ganz andere Sache hin behandelt. Eines Tages habe ich zu der Frau gesagt: ›Tun Sie mir den Gefallen – ich habe hier so viele Schwierigkeiten –, aber folgen Sie trotzdem meinem Rat: Lassen Sie sich bitte auf Leber untersuchen. Aber sprechen Sie nicht darüber.‹ Die hat dann gesagt: ›Jut, ick verrate dir nich. Woher du das weißt, ahne ich nicht – aber mal sehen . . .‹ Am nächsten Tag haben die Ärzte dann die Leber untersucht und festgestellt: Lebersteine. Ich habe es einfach gerochen. Dann habe ich mit dem Arzt darüber gesprochen. Mit dem einzigen, zu dem ich Vertrauen hatte. Nach dem Gespräch hatte ich den unbändigen Wunsch, Ärztin zu werden – nicht Krankenschwester, sondern Ärztin. Ärzte untersuchen Speichel, Blut, Urin, Kot, alle Ausscheidungen. Aber den Schweiß untersuchen sie nicht. Ich bin der Meinung, daß man mit Schweißdiagnostik eine Menge erreichen könnte. Denn wenn jemand besonders riecht, muß der Schweiß zwangsläufig anders aussehen. Unterm Mikroskop vielleicht. Ist doch so? Wenn der eine Schweiß süßlich und der andere sauer riecht, dann müssen sie doch verschiedene Zusammensetzungen haben. Viele Menschen fangen an zu schwitzen, noch ehe sie krank werden. Darauf sollte man achten. Aber die Medizin, wie sie an den Universitäten gelehrt wird, ist unheimlich verklemmt.«

»Kommen viele Menschen zu dir, die nie zugeben würden, daß sie dich um Rat gefragt haben?«

»Im Anfang vielleicht«, sagt Gabriele. »Aber wenn ich sie zwei, drei Jahre als Kunden hab', dann geben sie es zu.«

Sie lacht hoch, kindlich, atemlos.

»Wie stellst du dir das Leben nach dem Tode vor? Hattest du bereits Erlebnisse auf diesem Gebiet? Nimm an, einer kommt zu dir und möchte mit deiner Hilfe zu seinem Partner Kontakt aufnehmen, den er verloren hat.«

»Ich habe mich früher immer dagegen gewehrt, weil ich der Ansicht war, es entspreche nicht meinen natürlichen Fähigkeiten. Vor acht Monaten jedoch kam eine Kundin und zeigte mir ein Foto. Sie sagte: ›Frau Hoffmann, bitte tun Sie mir den Gefallen und schauen Sie einmal: Was ist mit dem Mädchen?‹ Im selben Augenblick, in dem ich das Foto sah, wußte ich, daß jenes Mädchen nicht mehr lebte. Nach einem Augenblick der Verärgerung sagte ich: ›Hören Sie mal, wenn Sie mich hier testen wollen, dann tut es mir leid – ich weiß, daß das Mädchen tot ist.‹ Die Frau fing an zu weinen. ›Ich wollte Sie keinesfalls testen‹, sagte sie, ›nur wissen, wie es meiner Tochter geht.‹

Ich habe das Foto auf den Tisch gelegt und mich darauf konzentriert. Es war ein Erlebnis, über das ich inzwischen sprechen kann; früher war es mir unmöglich. Ich hatte die Empfindung, als ob ich aus meinem Körper herausträte, herausschwebte. Als ob ich durch einen unwahrscheinlich langen Schlauch oder Gang flöge, der auf beiden Seiten unwahrscheinlich bunt war. Jedoch waren es keine Wände, sondern eher bunte Wolken, die ich hätte durchbrechen können. Der Weg erschien mir gerade. Dann hörte ich Töne. Es war weder klassische noch Jazz- noch Rockmusik – unzusammenhängende Klänge. Und plötzlich war es unfaßlich hell.«

»Empfandest du den Zustand als unangenehm?« fragte ich.

»Nein. Er war aufregend und unnennbar schön. Nie in meinem Leben habe ich ein derart helles Licht gesehen.«

»Hat das Licht dir weh getan?«

»Überhaupt nicht. Ich wußte auch gar nicht, ob ich Augen hatte. Diese unwahrscheinliche Helligkeit hat mich in keiner Weise geblendet. Ich empfand sie als angenehm, ähnlich dem Gefühl, wie wenn man sich in ein schönes warmes Bett kuschelt. Meinen Körper habe ich gar nicht mehr gespürt. Es war ein Schweben – weniger körperlich als geistig. Und dann empfand ich, daß da, wo ich mich aufhielt und wo dieses Licht war, sich unwahrscheinlich viele Wesen tummelten. Menschliche Wesen. Zum größten Teil Kinder, die irgendwie noch mit der Erde in Verbindung standen. Sehen konnte ich sie nicht, nur empfinden. Dann erkannte ich einen Vogel – einen Wellensittich. Oder war es ein Kanarienvogel? Jedenfalls war dieser Vogel urplötzlich aus dem Licht aufgetaucht, und ich habe ihn mit meinen Blicken verfolgt. Mit einemmal flog er von oben nach unten, der Erde entgegen. Trudelnd. Und ebenso plötzlich war mir, als ob mein Körper in der Mitte durchgeschnitten würde. Das hat sehr weh getan. Ich habe meinen Leib als Gabriele Hoffmann gespürt und wollte nicht mehr zurückkehren. Es war ein Kampf. Aber ich kann ihn beim besten Willen nicht beschreiben. Und dann saß ich wieder an meinem Tisch, auf dem die Karten lagen, und weinte. Ich erkannte die Frau, hörte ihre Stimme. Sie fragte, was mit mir los sei. Ich war unheimlich böse, sagte: ›Sie wollen mich testen. Sie müssen doch wissen, was mit Ihrer Tochter geschah. Und wie es ihr geht.‹ – ›Warum?‹ – ›Durch den Vogel‹, sagte ich. Da brach sie zusammen und heulte. Ich war fix und fertig. ›Ich kann jetzt nicht. Ich kann Ihnen nichts erzählen. Ich bin zu kaputt, ich muß mich ausruhen.‹ Später versuchte ich der Frau zu berichten, was ich empfunden hatte. Nicht so wie jetzt dir. Dazu war ich damals noch nicht fähig, und außerdem war ich mit der Frau innerlich nicht vertraut. Die Frau war kalkweiß, flüsterte: ›Wir haben einen Wellensittich. Er gehörte meiner Tochter. Sie ist fünfzehn Jahre alt gewesen, und sie bekam ihn ein halbes Jahr vor ihrem Tod. Eines Tages begann der Wellensittich zu reden. Er redete genau wie meine Tochter, hatte jedoch große Schwierigkeiten, die

Wörter zu artikulieren. Unter anderem sagte er wiederholt: ,Gib mir einen Kuß. Mutti, sei nicht traurig. Mir geht es gut.'«

»Hatte der Vogel je zuvor gesprochen?« frage ich.

»Nein, niemals. Aber von nun an sprach er immer häufiger. Er sprach plötzlich sechs Sprachen. Eines Tages ist die Frau zu Professor Bender, Professor für Parapsychologie, nach Freiburg gefahren. Er hat den Vogel untersucht, doch ein Vierteljahr darauf starb der Wellensittich. Die Frau war überzeugt, keinen Kontakt mehr zu ihrer Tochter aufnehmen zu können. Doch ich wußte: Solange die Frau trauert, kommt die Kleine nicht von der Erde weg. Sie wird sozusagen festgehalten. Durch Gedanken und Empfindungen. Es war ihr unmöglich, sich weiterzuentwickeln. Doch die Frau weinte und flehte mich an: ›Tun Sie mir den Gefallen und schauen Sie nach, ob sich meine Tochter noch einmal bei mir melden wird.‹ Ich hatte große Angst. Gleichzeitig jedoch war ich neugierig und habe mich wieder konzentriert. Und plötzlich sah ich, daß das Kind in ungefähr zwei Jahren wiederum Kontakt aufnehmen würde, und zwar durch einen weißen Vogel mit blauen Schwanzfedern. Die Frau schrie auf, rief: ›Nachdem unser Wellensittich gestorben war, haben wir uns zu Weihnachten einen neuen gekauft, weiß mit blauen Schwanzfedern.‹«

Sprachlos sitzen wir, starren vor uns hin. Gabriele atmet einmal tief durch, sagt: »Ja, so war das. Ich habe mich seitdem viel mit Dingen beschäftigt, die mit dem Tod zu tun haben. Ich bin zu Erkenntnissen gelangt, über die ich, obwohl sie noch unfertig sind, dennoch sprechen möchte. Ich glaube, nach dem Tode lebt man in einer anderen Bewußtseinssphäre. Wenn jemand stirbt, so ist das nicht schlimm, obgleich die Leute weinen. Doch niemand weint, wenn jemand geboren wird. Dabei ist das Leben zuweilen – und nicht nur zuweilen – viel schwieriger und schlimmer als das, was uns im Jenseits erwartet – in jenem Jenseits, das ich erlebt habe. Manche, die ähnliche Erfahrungen machten, haben keine Angst vor dem Sterben. Zweifellos: Es gibt Gott. Keinen bösen, der Zensuren verteilt und dich bestraft. Der Mensch hat die Möglichkeit, sich im Jenseits geistig weiterzuentwickeln. Neue Erkenntnisse zu gewinnen. Gott räumt diese Möglichkeit ein. Doch Gott ist nicht zu beschreiben. Sobald der Mensch stirbt, betritt er eine Welt, in der er anfänglich körperlich existiert. Erst später, wenn er sich ein wenig zurechtgefunden hat, nimmt er andere Gestalt an. Kein Körper, den man anfassen könnte und der mit unserem vergleichbar wäre, sondern ein Körper, den man zwar sieht, spürt, der jedoch durchsichtig zu sein scheint. Es gibt ein berühmtes Medium in Amerika – Arthur Ford. Einige Wissenschaftler haben sich durch ihn nach ihrem Tod geäußert. Es gibt Dokumente, Beweise – auf Tonband festgehalten. Es ist den Toten unmöglich, sich mit den gleichen Worten mitzuteilen wie wir. Ich kann dies nur umschreiben: Wenn man zum Beispiel sechs Leute aus sechs verschiedenen Bevölkerungsschichten – Männer und Frauen – in Amerika absetzt, um sie nach vier Wochen wieder einzusammeln und nach ihren Eindrücken zu befragen, kommen höchstwahrscheinlich sechs unterschiedliche Berichte heraus. Vielleicht sollte man sich das auch so vorstellen: Das Jenseits verfügt über einen Wortschatz von vielleicht tausend oder zweitausend Wörtern. Mit diesem geringen Material gilt es, sich verständlich zu machen. Deshalb also werden sie, sobald sie sich durch ein Medium äußern, von uns häufig mißverstanden. Wenn sie dann eine gewisse Zeit in dem, was wir Jenseits nennen, verbracht haben, kehren sie wieder auf die Erde zurück, auf unsere Bewußtseinsebene. Zeit ist eigentlich etwas Merkwürdiges. Es ist gleich einer anderen Dimension in ein und demselben Raum. Nach einer gewissen Zeit kommen wir wieder auf die Erde. Und zumeist leben wir ein ähnliches Leben, das wir zuvor gelebt haben – in abgemilderter Form. Bis wir etwas erreicht haben. Mit ›erreicht haben‹ meine ich keinesfalls materielle Güter. Ich möchte aber hinzufügen, daß sich meine wenigen Erkenntnisse auf diesem Gebiet in den kommenden Jahren ändern können. Ich lerne hinzu. Ich bin nur in der Lage mitzuteilen, was ich im Augenblick weiß; und das ist: Wenn jemand das Jenseits erreicht und sagen kann: Ich habe gerne gelebt; ich habe etwas aus meinem Leben gemacht; ich habe keine Angst zu sterben – dann hat er die Stufe erreicht, wo er nicht mehr zurückzukehren braucht. Höchstens noch, um irgendwelchen Menschen zu helfen.«

»Selbst wenn einer sich nicht vor dem Sterben fürchtet«, sage ich, »sollte er nicht dennoch seine Krankheiten bekämpfen und seine Lebensspanne so weit wie möglich ausdehnen, um zu lernen?«

»Auf jeden Fall«, ruft Gabriele erregt. »Es ist ein Teil der Entwicklung. Deswegen leben wir. Jeder Schmerz, jedes Leid, jeder Schicksalsschlag hat seinen Sinn. Nur müssen wir lernen, diesen oftmals verdeckten Sinn zu erkennen. Viele Menschen kommen zu mir, um mich zu fragen: ›Ist das Schicksal vorbestimmt, oder kann man es einer Änderung unterziehen?‹ Ich bin der Meinung, daß das Schicksal einem Rahmen gleicht. Innerhalb dieses Rahmens ist es uns gegeben, uns frei zu bewegen.«

»Damit teilst du die Meinung guter Astrologen«, sage ich.

»Vor zehn Jahren, als ich zwölf war«, sagt Gabriele, »hätte kein Wissenschaftler gewagt, an einer Universität Vorträge über Parapsychologie oder Telepathie zu halten. Aus purer Angst, sich lächerlich zu machen und ausgepfiffen zu werden.«

»Obgleich C. G. Jung, der mit Freud zusammengearbeitet hat, sich zugegebenermaßen mit Astrologie befaßte.«

»Er hat sich aber mehr mit Medien beschäftigt als mit Astrologie«, sagt Gabriele. »Durch ein fünfzehnjähriges Mädchen hatte er während seiner Studienzeit ein Erlebnis. Es war ein Medium. – Zu Anfang des 20. Jahrhunderts beschäftigten sich Sigmund Freud wie C. G. Jung mit parapsychologischen Phänomenen. Freud bezeichnete allerdings die von seinem Freund aufgestellten Thesen schlichtweg als Wahngebilde. Doch schon kurz darauf machte er eine Erfahrung, die ihn tief beeindruckte. Am 15. Juni 1911 schrieb er an C. G. Jung: ›In Sachen des Okkultismus bin ich seit der großen Lektion, die mir die Erfahrung mit Fletscher erteilt hat, demütig geworden. Ich verspreche, alles zu glauben, was sich irgendwie mit der Vernunft vereinbaren läßt.‹ Freud, der Begründer der Psychoanalyse, wußte aus eigener böser Erfahrung, wie gefährlich es für einen am Anfang stehenden Wissenschaftler ist, mit Thesen an die Öffentlichkeit zu treten, die der herkömmlichen Lehrmeinung widersprechen. Am Ende seiner Laufbahn äußerte Freud – und das ist wiederum dokumentarisch belegt –: ›Wenn ich noch einmal beginnen könnte, würde ich mich der Parapsychologie widmen.‹ Solche und ähnliche Erfahrungen machte nicht nur Freud, sondern sie wurden auch anderen prominenten Leuten zuteil. Nur fürchteten sie, sich offen zu ihren Erfahrungen zu bekennen. Ich habe mir häufig überlegt: Warum ist dieses Thema tabu? Zugegeben, es gibt schlechte Astrologen, die sich darin gefallen, geheimnisvolle Aussagen zu machen: ›Uranus im dritten Haus, Jupiter beeinflußt Venus . . .‹ Davon sind die Leute tief beeindruckt: ›Mensch, das hört sich wissenschaftlich an!‹ Wenn sie nach Hause kommen, tönen sie lauthals: ›Mann, hat der mir viel gesagt!‹ Aber was er nun wirklich gesagt hat, davon haben sie keine Ahnung.«

»Der Machthunger allzu vieler Scharlatane ist beängstigend«, sage ich. »Der Mensch hofft auf Rat, ist voller Sorgen, legt sein sauer verdientes Geld auf den Tisch und ist willens, wie hypnotisiert, jedes Wort kritiklos in sich aufzusaugen. Andrerseits sollten wir nicht vergessen, daß alle Wissenschaften als Halbwissenschaften begannen.«

»Ein Astrologe kann den Tod nicht voraussagen.«

»Kannst du es?« frage ich.

»Ja. Ich habe einmal in einer Talkshow über den Tod gesprochen. Es gab irre Proteste. Unzählige Leute riefen an und beschwerten sich: Eine Wahrsagerin, ein Wahrsager oder ein Astrologe hätten kein Recht, über den Tod zu sprechen.«

»Wo steht das geschrieben?«

»Einzig in Amerika gibt es ein Gesetz, das Astrologen oder Wahrsagern verbietet, jemandem sein Todesjahr oder gar seinen Todesmonat zu benennen.«

»Hast du je bei einem deiner Klienten gesehen, daß er eine furchtbare Tat begehen würde. Als da: ein Kapitalverbrechen?« frage ich.

»Ja. Das ist mir einige Male passiert. Doch was mich am meisten erschüttert hat, das war der Besuch eines unscheinbaren Mannes. Ich wohnte damals in einem Abbruchhaus, aus dem die Leute nacheinander auszogen. Michael, mein Mann, lag im Krankenhaus. Ich war allein. Schon immer hatte ich mich gefürchtet, weil in dem Haus Leute campierten, die wohnungslos waren. Und eines Nachmittags – es war Winter und ziemlich schummrig – kam dieser Mann. Er hatte sich angemeldet. Als ich ihm öffnete, verspürte ich sofort ein furchtbares Angstgefühl. Der Mann sah im Grunde harmlos aus. Klein. Dick. Schnaufend. Ich redete mir gut zu: Mensch, Gabi, du bist blöd. Wovor zitterst du? Der Mann tritt ins Wohnzimmer. Ich setze mich hin. Und plötzlich sehe ich ihn als Halbwüchsigen vor mir. Er bringt eine alte Frau mit Hilfe von Wasser um. Ich erschrecke maßlos. Und dann sehe ich die Jahre vorbeirauschen – im Zeitraffertempo. Unangenehm, aufregend. Für den Mann jedoch nicht so arg. Er war gefühlskalt. Ich sehe ihn älter werden. Und gleichzeitig erkenne ich, wie er eine Frau vergewaltigt und anschließend umbringt. Irgendwie ist die Tat im Krieg untergegangen. Ebenso der Tod der alten Frau. Plötzlich komme ich ein wenig zu mir, werde mir dessen bewußt, was ich gesehen habe. Ich hatte die ganze Zeit über gesprochen, ohne es wahrzunehmen. Da springt der Mann auf, schaut mich ganz komisch an und sagt: ›Ja, es stimmt. Die alte Frau war meine Großmutter. Ich war siebzehn Jahre alt. Ich habe sie in der Badewanne ertränkt. Wegen 360 Mark. Und das zweite war im Krieg.‹ Gleich passiert mir etwas, denke ich und schiele zu der großen Blumenvase, die neben dem Tisch steht. Ich denke weiter: Egal, was geschieht, wenn der mir etwas antut, knalle ich ihm die Vase auf den Schädel. Doch der nimmt seinen Hut vom Tisch, springt auf und rennt davon. Bezahlt hat er nichts. Ich hab' die Tür hinter ihm zugeworfen, mich aufs Bett geschmissen und stundenlang geheult.

Ein weiteres Erlebnis. Ich habe ein Verbrechen am eigenen Leib verspürt. Vor kurzer Zeit. Ein Geschäftsmann suchte mich auf, und ich sah, wie dessen Bruder umgebracht wird. Durch Erwürgen. Das Gesicht des Mörders konnte ich nicht erkennen. Ich war nicht mehr Gabriele Hoffmann, sondern der Bruder, ich spürte die Hände um meinen Hals und bekam keine Luft mehr. Der Mörder drückte fester und fester. Ich sah noch die Arme, doch Kopf und Körper waren nicht zu erkennen. Sprechen konnte ich nicht mehr. Den ganzen Tag nicht. Ich hab' kein Wort herausgekriegt. Mein Herz raste, der Schweiß lief mir den Rücken hinunter. Für Tage hatte ich Atembeschwerden. Mein Hals war geschwollen. Seitdem weiß ich, wie schmerzhaft es ist, wenn man erwürgt wird. Wie alles im Kopf zu explodieren scheint. Das war das schlimmste Erlebnis, das ich bisher verspürt habe.

Oft habe ich auch erlebt, daß jemand zu mir kommt, der sterben wird. Ich erlebe den Tod des Menschen mit. Und manchmal – neuerdings – begleite ich diesen Menschen bis zu einer gewissen Schwelle. Gleichzeitig habe ich Angst, ich könne nicht mehr zurückkehren.

Wenn ich in Trance bin, dann ist eine Antenne von mir

ausgefahren, die irgendeinen Anschluß im Strom des Universums findet. Oftmals fühle ich mich überlastet. Ich bin imstande, mir eine Steigerung vorzustellen, die ich weder körperlich noch nervlich durchhalten würde.«

»Die meisten Wahrsagerinnen sind eher stämmig, untersetzt, kompakt, um nicht zu sagen fett«, sage ich. »Du hingegen bist groß und grazil. Fast fürchtet man, du könntest auseinanderbrechen. Schon vom Physischen her scheinst du eine Ausnahme zu sein.«

Sie zieht die Ärmel ihres Pullovers über ihre dünnen Unterarme, raunzt: »Ich esse und esse und werde nicht dicker. Letzten Sonntag hatte ich eine unheimlich anstrengende Sitzung. Da habe ich von einer Stunde zur anderen zwei Kilo abgenommen.«

»Meine Antennen arbeiten anders. Zuweilen kommen sie meinen Wünschen ins Gehege. Zum Beispiel, wenn ich auf der Bühne stehe. Ich leide ohnehin unter Lampenfieber. Nur sehr allmählich – nach dem ersten Auftritt – wabert es aus. Dennoch weiß ich, obgleich ich kurzsichtig bin, daß – zum Beispiel in der sechsten Reihe links oder in der vierten rechts – jemand sitzt, der mich nicht ausstehen kann. Und diese Ablehnung raubt mir um Haaresbreite Konzentration, Erinnerungsvermögen und somit den Text.«

Gabriele ruft: »Du bist telepathisch begabt. Mir ist das oft aufgefallen. Wenn ich dich anrufen wollte, riefst du mich an. Wenn irgend etwas bei dir nicht in Ordnung ist, spüre ich es. Weil du es gedanklich auf mich überträgst. Ich habe telepathisch nur geringe Fähigkeiten. Du hingegen besitzt sie in hohem Maße, bist dir dieser Gabe nur nicht bewußt. Du mißachtest sie.«

»Vielleicht bin ich ängstlich«, sage ich. »Vielleicht fürchte ich auch, daß sie mich in meinem Beruf behindern könnte. Zum Beispiel: in einem Studio, in dem zumeist zahllose Menschen einherrennen. Man benötigt eine gewisse Egozentrik, ein In-sich-Geschlossensein, um die Strömungen der anderen Menschen nicht aufzunehmen. Im Gegenteil: Man sollte die eigenen Strömungen versuchen auf die anderen zu übertragen. In gewissem Sinne der Dompteur zu sein.«

Vor Aufregung rutscht sie fast vom Stuhl. »Wir sollten einen Test machen. Mir passiert es öfters bei Menschen, die bestimmte Schwingungen ausstrahlen; ich kann diese Schwingungen nicht beschreiben; dennoch: Bei einer Sitzung habe ich bisweilen das Gefühl, als wäre ich an ein Stromnetz angeschlossen. Da kann es geschehen, daß mein rechtes Bein, mein rechter Arm, meine Oberlippe, meine Nase derart kribbeln, daß ich mich kaum bewegen kann. Am Ende einer solchen Sitzung habe ich zumeist teuflischen Muskelkater. Ich habe manchmal, ohne es selbst zu wissen, die Hand meiner Klientin oder meines Klienten ergriffen und das Kribbeln auf sie übertragen. Oftmals zuckte die Hand zurück, als hätte sie einen Schlag erhalten.

Übrigens: Ein Telepath liest die Gedanken und Wünsche seines Gegenübers. Ein Wahrsager hingegen sagt aus sich selbst, was geschehen wird.«

»Ohne Rücksicht auf die Erwartungen seines Gegenübers?«

»Ja«, sagt sie. »Es gibt Wahrsager, die zerstören ihre eigenen Fähigkeiten, indem sie Sachen verschweigen oder verharmlosen. Meine Meinung ist: Man kann noch so großes

Talent besitzen, ein noch so großes Phänomen sein – in jenem Augenblick, in dem man nicht aufrichtig ist, kann man auch kein guter Wahrsager mehr sein. Oftmals kommen Leute zu mir, die erzählen, weshalb sie mich aufsuchen. Das befremdet mich. ›Hören Sie‹, sage ich dann, ›eine Vorstellung ist überflüssig. Ich bin Wahrsagerin, und als solche muß ich wissen, warum Sie zu mir kommen.‹ Während einer Sitzung weiß ich, ob der Betreffende aus beruflichen, privaten oder gesundheitlichen Gründen zu mir gekommen ist.«

Ich sage: »Fürchtest du nicht, das Unterbewußtsein deiner Klienten zu beeinflussen und sie zu Dingen zu verleiten, die sie niemals im Sinn hatten? Es müßte ein internationales Gremium geben, das ausschließlich befähigten Menschen gestattet, deinen Beruf auszuüben.«

»Ich bin der Ansicht, daß weder die Wissenschaft noch der Staat derartiges unternehmen werden. Man stellt sich auf den Standpunkt: Was nicht erklärbar ist, dem kann man auch keinen amtlichen Stempel aufdrücken.« Und mit einer fahrigen Handbewegung setzt sie: »Absoluter Blödsinn« hintennach.

»Selbst in der Physik existieren etliche Widersprüchlichkeiten. Neue Erkenntnisse werden formuliert, und alte Erkenntnisse, die für unumstößlich galten, werden aufgehoben.«

Gabriele springt auf, hüpft und gluckst: »Das stimmt hundertprozentig. Ich kann übrigens am Tag nur zwei oder drei Leute empfangen. Das reicht. Es gibt Wahrsager, deren Wartezimmer überfüllt sind wie die eines Zahnarztes. Davon halte ich nichts. Doch nimm an, täglich würden zehn Menschen zu mir kommen. Nach zwei oder drei Jahren könnte ein Gremium Bilanz ziehen. Es könnte nach den Aussagen meiner Klienten errechnen, was von meinen Voraussagen eingetroffen ist. Nur so könnte man feststellen, ob jemand ein Scharlatan ist oder nicht. Der Schwachsinn beginnt mit Allgemeinprognosen. Am Jahresanfang überschlagen sich die Vorhersagen.«

»Es werden Eisenbahnunglücke vorausgesagt, Kriegsgefahren, und unzählige Wetterprognosen werden gestellt. Bis zum Jahresende sind sie zumeist vergessen.«

»Und die Scharlatane jubeln ihre Prophezeiungen heraus, ohne Monat, Tag oder Land zu nennen, wo sich die Ereignisse abspielen sollen. Es gibt Wahrsager oder auch Astrologen, die selbst Lottozahlen voraussagen. Das ist meiner Ansicht nach blöd.

Ich befasse mich ungern mit materiellen Dingen. Aber da kam eines Tages ein Mann zu mir. Er war beinamputiert und Frühinvalide. Ich sagte ihm: ›Innerhalb der nächsten acht Wochen werden Sie Millionär.‹ Der guckte mich ganz verdutzt an, und ich guckte ebenso verdutzt zurück. Dennoch: Ich beharrte darauf. Ich bat ihn, mir auf jeden Fall Bescheid zu geben. Er meldete sich nie wieder. Ungefähr vier Monate später sitze ich in einem Restaurant. Ein junger Mann steuert auf mich zu, sagt: ›Entschuldigung, Sie sind doch Gabriele Hoffmann, die Wahrsagerin? Mein Schwiegervater ist der Herr Lüders, der vor einiger Zeit bei Ihnen war. Er hat im Lotto gewonnen. Eineinhalb Millionen.‹ Zuerst war ich verblüfft, dann habe ich mich gefreut. Ich rief ihn an, um ihm zu gratulieren. Er jedoch war ein mißtrauischer und verbitterter Mann, bellte sogleich, daß er das nicht breitgetreten haben möchte. Ich sagte zu ihm: ›Haben Sie keine Angst. Ich will nichts. Nicht mal eine Blume. Aber könnten Sie sich nicht doch in der Öffentlichkeit zu mir bekennen? Ohne daß Ihr Name oder Ihre Adresse preisgegeben werden?‹ Doch der Mann legte wortlos auf.

Ein ähnliches Erlebnis hatte ich mit einer Frau. ›Lassen Sie sich um Gottes willen nicht vor Oktober 1975 scheiden‹, riet ich ihr. ›Ihr Mann wird irgend etwas gewinnen. Etwas über 23000 Mark. Wenn Sie bereits geschieden sind, braucht er nicht mit Ihnen zu teilen. Aber die Frau ließ sich trotzdem scheiden. Im März 1976 kam sie zu mir. ›Frau Hoffmann‹, sagte sie, ›stellen Sie sich vor: Mein Mann hat 27000 Mark gewonnen. Im Lotto. Hätte ich doch bloß auf Sie gehört!‹ Ich sagte: ›Dummheit muß bestraft werden.‹«

»Siehst du politische Ereignisse voraus?« frage ich. »Du bist durch die Prophezeiung einer Entführung berühmt geworden. Ist ein solches Wissen nicht auch gefahrbringend?«

»Ich hatte keine Ahnung von Politik«, sagt Gabriele. »Ich war doofer als der Durchschnitt – politisch gesehen. Ich wußte nicht, in welcher Partei Franz Joseph Strauß ist – bis vor vier oder fünf Jahren.

Meine Beziehungen zur Politik entstanden eigentlich erst durch die Politiker Schütz, Oxford und Lorenz. Die erste Begegnung war beklemmend, weil die Presse dabei war. Ich mußte vorsichtig sein. Ich konnte doch nicht sagen: Da treten Sie ins Fettnäpfchen. Oder: Herr Schütz, Sie haben in Ihrer Familie Schwierigkeiten.

Anfang '76 wurde ich vom Fernsehen eingeladen. Ich lernte den damaligen Finanzminister Apel kennen. Im Studio legte ich ihm die Karten, etwas, was ich ansonsten ablehne. Ich brauche eine gewohnte Umgebung. Dennoch sah ich, daß er Finanzminister bleiben wird. Anhand dessen konnte ich mir ausrechnen, daß seine Partei die Wahl gewinnen wird.

Viele Menschen sind der Ansicht, daß ausschließlich Künstler zu mir kommen. Vor den Wahlen jedoch waren viele Minister bei mir. Auch Bundestagsabgeordnete. So also konnte ich sehen, welche Partei in welchem Wahlkreis gewinnt. In gewissem Sinne kann ich also doch Allgemeinprognosen stellen.

Die Kripo hat sich einige Male an mich gewandt, und zwar im Zusammenhang mit Ereignissen, die in der Öffentlichkeit viel Staub aufgewirbelt hatten. Um meine Adresse zu erfahren, wandte sie sich an die Presse. Wenn jedoch erst die Presse weiß, wo jemand lebt, dann weiß es die gesamte Bevölkerung. Ich hingegen wehre mich, daß irgendwelche Gruppen im ganzen Umfang über meine Fähigkeiten orientiert werden. Die Gefährdung wäre zu groß.«

»Wie weit ist dir deine eigene Zukunft bekannt?« frage ich.

»Ich habe mich ein einziges Mal auf mein Schicksal konzentriert. Ich war fünfzehn oder sechzehn.«

»Seitdem nie mehr?«

»Doch«, sagt sie nach kurzem Schweigen. »Ich habe immer geschmuht, doch niemals bis zum Ende geguckt. Immer, wenn etwas Beängstigendes auftrat, habe ich die Karten zusammengefegt. Ich bin feige, wesentlich feiger als alle, die zu mir kommen. Nie habe ich erlebt, daß während einer Sitzung jemand aufgesprungen wäre und: Schluß, ich will nichts mehr hören, gerufen hätte. Ich bin in dieser Hinsicht anders. Vielleicht liegt es auch daran, daß derjenige, der mich aufsucht, die Hoffnung hat, meine Fähigkeiten könnten gerade bei ihm versagen. Der Mensch neigt dazu, alles Gute zu glauben und das Schlechte beiseite zu schieben. Aber bis jetzt habe ich mich eigentlich noch nie geirrt. Ich gebe zu, daß ich unheimlich stolz darauf bin. Dennoch habe ich wahnsinnig Angst, daß ich mich eines Tages irren könnte. Denn sollte mir ein Irrtum unterlaufen, kann ich nie mehr wahrsagen.«

»Schon die Angst kann herbeiführen, daß du dich eines Tages irrst.«

»Das könnte sein«, murmelt sie verschreckt. »Ein Journalist sagte eines Tages: ›Die Prognosen, die Sie stellen, Frau Hoffmann, sind ungeheuerlich. Sie müssen psychologisch unwahrscheinlich viel Erfahrung haben. Weit über Ihr Alter hinaus.‹ Das hat mich maßlos geärgert.

Denn zwischen Psychologie und Wahrsagen – oder Voraussagen überhaupt – gibt es keine Verbindung. Als Zwölf-, Dreizehn- oder Vierzehnjährige hatte ich überhaupt keine Ahnung von Psychologie. Alles, was ich sagte, äußerte ich spontan. Inzwischen bin ich zweiundzwanzig und habe mit Menschen viele Erfahrungen gemacht. Das kann ich nicht abstreiten. Deshalb wäre es mir unmöglich, die Wahrheit zu sagen, wenn ich während einer Sitzung nicht in Trance fiele. Denn unzählige Dinge, die ich sehe, sind ungereimt. Ich brauche bloß an eine 53jährige Frau zu denken, die mich aufsuchte. Plötzlich sehe ich, daß sie ein Kind erwartet. Ich sehe auch, daß dieses Kind, obwohl noch nicht geboren, in Gefahr ist. Und daß die Ärzte die Frau operieren wollen. Als ich wieder zu mir komme, nehme ich mein Gegenüber zum erstenmal wahr. Ich frage sie rundheraus: ›Wie alt sind Sie eigentlich?‹ – ›53‹, antwortet sie. Es platzt aus mir heraus: ›Sie bekommen ein Kind.‹ Die Frau fängt an zu weinen. Ich fahre fort: ›Man rät Ihnen, das Kind nicht zu bekommen.‹ – ›Ja‹, schluchzt sie. ›Wir haben uns 33 Jahre lang ein Kind gewünscht. Und jetzt kriege ich Magenschmerzen, gehe zum Arzt, und der wiederum sagt: Gehen Sie zur Röntgenabteilung. Man stellt fest, daß ich schwanger bin. ›Wir stellen Ihnen frei‹, rieten die Ärzte, ›das Kind abtreiben zu lassen. Weil es aller Wahrscheinlichkeit nach durch Röntgenstrahlen geschädigt wurde.«

Noch einmal habe ich mich auf das Kind konzentriert und gesehen, daß es ein Mädchen wird, das gesund im November zur Welt kommen würde. Außerdem habe ich der Frau sagen dürfen, daß sie über 70 Jahre alt werden und somit genügend Zeit haben würde, das Kind großzuziehen. Im November vorigen Jahres war die Frau bei mir. Mit ihrem Kind. Es war gesund und süß.

Manche Ärzte würden bemängeln: Frau Hoffmann hat sich in medizinische Dinge eingemischt – verantwortungslos. Aber sobald ich sicher bin, muß ich sagen, was ich sehe. Ich erkenne Krankheiten, stelle jedoch keine Diagnosen, rate zumeist: ›Gehen Sie zum Arzt.‹ Ich pfusche nicht ins Handwerk. Einige Ärzte rufen mich zuweilen an und fragen: ›Was soll ich machen?‹

Regelmäßig sucht mich ein Ehepaar auf. Sie ist Chirurgin, er praktischer Arzt. Sie kommen zu mir und fragen mich wegen ihrer Patienten um Rat.

Ich glaube, bei dem Buch, das ich jetzt geschrieben habe, geht es mir hauptsächlich darum, den Menschen klarzumachen, daß jemand, der die Fähigkeit hat wahrzusagen, nicht unbegreiflich sein muß. Ich hoffe, wenn ich fünfzig Jahre alt bin, habe ich viel dazu beitragen können, die Nebel auf parapsychologischem Gebiet zu klären.« Gabriele ist stolz auf ihr Buch. Sie reckt sich, setzt sich aufrecht hin. »Oftmals frage ich mich: Weshalb haben die Menschen eine derartige Scheu, über parapsychologische Dinge zu sprechen? Die wenigsten haben Erfahrungen auf diesem Gebiet, dennoch belächeln sie es. Ist es Angst, etwas zu erfahren, was sie nicht kapieren?«

»Wahrscheinlich«, sage ich. »Wenn du ein Gegenüber hast, dem du sagst: Sie werden sehr krank werden, dann kannst du unmöglich wissen, wie er reagieren wird. Vielleicht verläßt er deine Wohnung und springt in die Spree. Du trägst eine Verantwortung, die ich nicht teilen möchte.«

»Viele vertragen die Wahrheit nicht. Ich schicke sie wieder weg. Andere sind keine Medien für mich. Wenn ich meine Augen schließe und in Trance bin, bleibt alles schwarz. Dann wiederum gibt es jene, die hochmütig-arrogant sind. Denen opfere ich weder meine Kraft noch meine Fähigkeiten. Schließlich gibt es jene, auf die Schweres zukommt. Gleichzeitig weiß ich aber auch, daß sie niemals in der Lage sind, die Wahrheit zu verkraften. Was wiederum bedeutet: Ich treibe sie eventuell mit meinen Voraussagen in eine Richtung, die sie freiwillig nicht einschlagen würden. Ich könnte sie dazu treiben, Selbstmord zu verüben. Diesen Leuten sage ich nichts. Auch keine Halbwahrheiten. Das ist ein Grundsatz, den ich nie brechen würde. Mit einer Notlüge schicke ich sie weg: ›Sie sind für mich kein Medium.‹ Lieber schweige ich, als daß ich Menschen negativ beeinflusse oder gar belüge. Sobald ich dieses Prinzip einmal bräche, ginge es abwärts. Und dann gibt es noch die anderen: Sie vertragen die Wahrheit. Ihnen sage ich alles. Ich würde ihnen sogar sagen: Morgen sind Sie tot.«

»Bist du der Ansicht, daß du das Schicksal beeinflussen kannst? Zum Beispiel, indem du jemandem rätst, im Bett zu bleiben, um einem Unfall auszuweichen? Beziehen sich deine Voraussagen nur auf einen bestimmten Tag, oder könnte dein Klient noch Monate danach Schaden erleiden?«

»Wenn ich sehe, daß jemandem ein Schicksalsschlag bevorsteht, dann erkenne ich auch, welcher Art er sein wird. Ich sehe das auslösende Moment. Ich könnte demnach sagen, wie man ihm aus dem Wege geht. Andererseits gibt es Fälle, da bin ich sicher: Er wird einen Unfall haben, wird sterben, sehe jedoch nicht die Ursache dieses Unfalls. Ich bin hilflos, leide unter Depressionen, bleibe tagelang bedrückt. Ähnlich ergeht es mir, wenn ich Menschen rate: ›Tun Sie dies oder jenes nicht. Es nimmt ein schlechtes Ende für Sie. Oder bestimmt Ihr ganzes weiteres Leben.‹ Und während die Leute noch zustimmen, weiß ich im gleichen Augenblick: Sie machen sowieso, was sie nicht sollen. Ich könnte aus der Haut fahren.«

»Offenbar kannst du die Telepathie nicht ausschalten«, sage ich.

Gabriele nagt an ihrem Zeigefinger. »Wie soll ich es dir erklären? Die Konzentration beginnt zumeist mit der Gegenwart. Ich sehe sie und beginne zu erzählen. Dann geht es in die Zukunft, zum Schluß erst in die Vergangenheit. Zuweilen sehe ich die Menschen, wie sie alt sind. Es ist schon geschehen, daß ich furchtbar lachen mußte. Da sehe ich die Menschen mit völlig verändertem Aussehen vor mir. Und wenn ich die Augen wieder öffne, kriege ich einen heillosen Schreck, weil ein anderer vor mir sitzt els der, den ich gerade gesehen habe. Eben heute ist mir das passiert. Eine sehr hübsche Frau erschien. Ich konzentrierte mich und mußte grienen. Ich wollte ihr ja nicht beschreiben, wie sie einmal aussehen würde. Doch dann war ich plötzlich total verfangen in ihrem Leben. Als ich in die Gegenwart zurückplumpste, fragte ich mich: Wie kommt die Frau hierher? Nur sehr allmählich begriff ich, daß es dieselbe war, die ich eben ganz anders gesehen hatte. Verrückt, nicht wahr?«

Gabriele starrt mich mit ihren großen, hellen Augen an. »Du wirst dich zum Beispiel kaum ändern. Ich habe dich am Anfang und im Alter gesehen. Du bist bekannt. Man kann Fotos von dir kaufen. Selbst wenn man dein Bild in ein Gruppenfoto projizierte, würde man dich sofort herausfinden. In zwanzig Jahren wirst du eine feine, alte Dame sein. Keine komische Alte. Manche Frauen kommen und haben schicke wallende Haare, und dann sehe ich sie im Alter – mit Glatze.«

Sie streicht die rothaarigen Fransen aus der Stirn, sagt: »Ich zum Beispiel habe überhaupt keine Angst zu sterben. Obwohl ich gern lebe. Irgendwie habe ich das Gefühl, eine bestimmte Aufgabe erfüllen zu müssen. Ob dies mit meinen Fähigkeiten zusammenhängt, kann ich nicht beurteilen. Aber ich spüre, ich darf noch nicht gehen, ich habe noch etwas zu tun. Und ich freue mich darauf.

Ich bin keine Prominenten-Wahrsagerin. Zu mir kommen hauptsächlich ›normale‹ Leute. Bekanntgeworden bin ich durch Menschen, die keinen Namen hatten – durch eine Art Mundpropaganda. Die Prominenten kamen erst, als ich schon einen Ruf hatte.«

Sie setzt sich in Positur, sieht mich beschwörend an.

»Manches ärgert mich. Es gibt jene, die glauben, daß Wahrsagen mit Gott und Kirche unvereinbar sei. Ich bekomme Briefe, in denen steht, ich wäre mit dem Teufel im Bunde. Oder aus dem Jenseits hätte ein Engel verkündet: Wenn ich weiter wahrsagte, würde ich sterben. Gräßlich. Ich habe mich daraufhin mit der Bibel beschäftigt und festgestellt, daß sie das Wahrsagen nicht verdammt. Ich bin der Meinung, weder Gott noch die Kirche sind dagegen. Eher noch die Kirche, weil sie auf ihren eigenen Gesetzen besteht. Ich glaube vielmehr, daß alles, was Gott den Menschen hat mitteilen lassen, falsch interpretiert worden ist.

Keiner braucht ein schlechtes Gewissen zu haben, wenn er sich an den Wahrsager oder Astrologen wendet.

Zu mir kommen ebenso viele Frauen wie Männer, Politiker wie Künstler, Junge wie Alte. Man kann keinesfalls behaupten, Künstler wären abergläubischer als Politiker. Der Politiker hat nur mitunter größere Schwierigkeiten, sich zum Wahrsagen zu bekennen. Wenn zum Beispiel Politiker zu mir kommen, heißt es sogleich: ›Ach, der hat Sorgen.‹ – ›Der hat einen Fleck auf der Weste.‹ – ›So macht der seine Politik.‹ Ein Mensch aus dem Showgeschäft ist weniger Angriffen ausgesetzt als ein Politiker.«

»Keinesfalls«, sage ich. »Obgleich ich zu unserer Verteidigung vorbringen muß, daß wir allesamt von dem dümmlichen Wort ›Zufall‹ abhängig sein können. Nimm den Tag, an dem ein Buch von mir erscheint: Irgendwo auf dieser

Welt geschieht etwas, was für zahllose Menschen derart einschneidend ist, daß das Ergebnis meiner jahrelangen Arbeit sang- und klanglos untergehen muß. Das gleiche gilt für den Film. Über Monate hinweg wird er erdacht, geschrieben, produziert, besetzt, und zur selben Zeit entsteht ein ähnliches Werk – nur hat das den besseren Verleih. Also bleibt dein Film ungesehen, außer vielleicht von Mitwirkenden und nahen Verwandten. Selbst Computer sind in solchen Fällen fragwürdig, da sie sich ausschließlich an dem bereits Geschehenen orientieren können. Nicht an neuen, bahnbrechenden und damit vielleicht viel wesentlicheren Ideen. Ergo: Mit Computersystemen kann man wenig voraussagen. Während ich den *Geschenkten Gaul* schrieb, lief die Porno-Welle auf Hochtouren. War im Verlagswesen en vogue. Hätte man seinerzeit einen Computer befragt, ob ein unpornographisches, vom Krieg handelndes Buch, das obendrein autobiographisch war, ein Erfolg werden könnte, hätte der Computer aller Wahrscheinlichkeit nach durchgedreht. Da ich seinerzeit mit einem Verlag zusammengearbeitet habe, der sich keines Computers bediente, hat er sich für das Buch eingesetzt und sich ausschließlich auf die Intuition des Verlegers verlassen. Der wiederum war der Meinung, es sei an der Zeit, eine Generation zu Wort kommen zu lassen, die bis dahin totgeschwiegen worden war.«

»Vieles, was im Volksmund mit Parapsychologie bezeichnet wird, ist reine Geschäftemacherei«, wirft Gabriele ein. »Wir brauchen nur an einen wahrscheinlich sehr befähigten Mann wie Uri Geller zu denken.«

»Obgleich ich nichts davon halte, daß man unbedingt Löffel verbiegt.«

»Dennoch wurde er gezwungen, von Stadt zu Stadt zu reisen, um seine Fähigkeiten unter Beweis zu stellen. In der Panik, sich zu blamieren, griff er möglicherweise auf irgendwelche Tricks zurück.«

»Was zur Folge hat, daß gleich die ersten Schritte zur Parapsychologie ad absurdum geführt werden. Jeder darf sich irren; man spricht von ›menschlichem Versagen‹. Doch begeht ein Wahrsager einen Mißgriff, wird alsogleich die gesamte Wahrsagerei verdammt.«

»Ich kann mir vorstellen«, sagt Gabriele, »daß die Öffentlichkeit bloß darauf wartet, daß ich stolpere. Das belastet mich.«

Sie zögert einen Augenblick, sagt betont forsch: »Ich stamme aus kleinen Verhältnissen. Ich habe es schwer gehabt. Trotzdem spüre ich den Neid der Menschen. Daß ich bisweilen jedoch depressiv, nicht mehr ich selbst bin und denke: Ich muß aus dem Fenster springen, weil ich dem Druck nicht mehr standhalte – das wird übersehen. Ich kenne einen Politiker. Der hat viel durchmachen müssen. Er war ein wertvoller Mensch. Als die Misere endlich vorüber war, als ich sagen konnte: ›Jetzt haben Sie es geschafft, es geht beruflich aufwärts‹, da sah ich, daß seine Frau an Krebs erkranken und sterben wird. Ich spürte die Atmosphäre in seinem Haus – die Trauer und Verzweiflung des Mannes. Ich habe während der Sitzung derart geheult, daß ich mich geschämt habe. Er ging weinend weg. Die Sicherheitsbeamten, die unten gewartet haben, haben zweifellos gedacht, es sei etwas passiert. Aber diese meine Depressionen, die sieht niemand.«

»Obgleich du keine Angst vor dem Tod hast, trifft dich

das Leid derer, die zurückbleiben, sehr. Ich erinnere mich, wie ich das erste Mal zu dir kam. Bei einer unserer ersten Sitzungen habe ich dich, an meine Tochter denkend, gefragt, ob ich auch alt genug würde, damit sie ohne meine Hilfe weiterleben könnte. Ich erinnere mich genau. Du gingst zurück in die Vergangenheit und gerietest in einen Zustand, der nur mit ›fürchterlich‹ zu umschreiben ist. In jener Zeit ging es mir hundsmiserabel. Dinge geschahen, die undirigierbar waren. Ich wurde angefeindet, beneidet, in anonymen Briefen angepöbelt und rundherum der öffentlichen Vernichtung preisgegeben. Damals hat es mich nicht so sehr berührt. Doch nur, weil ich einige Freunde hatte, die zu mir standen und die sich auch von der öffentlichen Meinung nicht beeinflussen ließen. Dennoch gab es einen Punkt in meinem Ich, der außerordentlich gelitten hat. Ich, die ich im Grunde nichts anderes getan hatte, als die Leute mehr oder weniger gut zu unterhalten, wurde behandelt, als wäre ich ein glückloser Diktator, der sein Land in blindem, egozentrischem Eifer ins Unheil getrieben hat.«

»Ich habe dein Leben gesehen«, sagt Gabriele. »Deine Vergangenheit, Gegenwart und Zukunft. Und ich habe etwas gesehen, mit dem ich mich nicht abfinden könnte. Nämlich: Daß du zeit deines Lebens stets für andere gelebt hast und leben wirst. Und daß du, entgegengesetzt der öffentlichen Meinung, viel zuwenig an dich selbst denkst. Ich hatte mir fest vorgenommen, dich dazu anzutreiben, egozentrischer zu werden. Gleichzeitig wußte ich, daß dies auf fruchtlosen Boden fallen würde. Ich muß dir gestehen, daß ich noch in keiner Sitzung körperlich, geistig und seelisch derart aufgewühlt war wie in jener ersten mit dir. Dabei wollte ich dir schlichtweg gefallen, da ich dich seit meinem achten Lebensjahr verehrte. Über dein Schicksal hatte ich nie nachgedacht. Obgleich ich ein Foto von dir hätte nehmen und mich darauf konzentrieren können. Ich hätte gesehen, was los ist. Aber dazu standest du mir zu hoch, als daß ich in deine Intimsphäre hätte eindringen mögen. Ich bin sicher, daß achtzig Prozent aller Menschen in deiner Situation aufgegeben hätten. Du bist nicht stark, aber zäh. Nie ist es mir passiert, daß ich nach einer Sitzung die ganze Nacht nicht schlafen konnte.«

»Du hast mir einmal erzählt, daß du Fünfzehn- oder Sechzehnjährige in der U-Bahn angesprochen hast. Du verspürtest das dringende Bedürfnis, ihnen etwas mitzuteilen.«

»Es geschieht, daß ich meine Gefühle nicht mehr unter Kontrolle habe.«

»Erzähl bitte die Geschichte von dem Rentner.«

Gabriele verharrt.

»In der U-Bahn saß mir ein alter Mann gegenüber. Im Augenblick, da ich ihn sah, wußte ich, daß er Schwierigkeiten mit seiner Rente hatte. Gleichzeitig wußte ich aber auch, daß er diese Rente innerhalb der nächsten sechs Monate erhalten würde. Ich sprang auf, sagte: ›Machen Sie sich keine Sorgen. Den Rentenbescheid bekommen Sie in acht Wochen.‹ Er hat den Mund aufgerissen: ›Sind Sie bei der Rentenstelle beschäftigt?‹ Ich habe gelogen, einfach weil es mir peinlich war.«

Gabriele hüstelt und lacht, greift nach einer Zigarette, zuckt zurück. Sie hat sich das Rauchen soeben abgewöhnt.

»Ein andermal, in der Straßenbahn. Da saß eine Frau neben mir. Ich sah, daß sie Schwierigkeiten mit ihrem Mann hatte. Ich sah intime Dinge, die ich mit meinem kindlichen Gemüt nicht zu deuten wußte. Ich habe sie in schwarzer Wäsche vor mir gesehen. Erst viel später ist mir aufgegangen . . .« Sie läßt den Satz verrinnen und wird rot. »Plötzlich sagte ich: ›Machen Sie sich keine Sorgen. Ihr Mann verträgt sich wieder mit Ihnen.‹ Sie hat mich angeschaut wie ein Auto.

Seinerzeit bin ich pausenlos angeeckt. Hauptsächlich in der Schule. Wir hatten eine neue Lehrerin. Sie hatte bereits von mir gehört. Alle hatten sie vor mir gewarnt. Sie blamierte mich vor der ganzen Klasse, indem sie auf mich zukam und ausrief: ›Na, Fräulein, ich habe vernommen, du kannst wahrsagen.‹ Und nach einem vernichtenden Blick: ›Unterlaß den Quatsch. Bei mir gewinnst du damit keinen Blumentopf.‹ Da habe ich etwas weinerlich gesagt: ›Zeigen Sie mir bitte Ihre Hand.‹ Überraschend gab sie nach. Es sprudelte aus mir heraus: ›Sie haben einen Mann, der ist mittelgroß, er hat einen Hängebauch und seit vier Jahren eine Freundin in Westdeutschland.‹ Da wurde sie knallrot, packte mich beim Kragen und schubste mich auf den Gang. Ich dachte: Jetzt kriege ich eine geknallt. Aber ich kriegte keine geknallt, sondern die hat die Hand vor meine Augen gepreßt und gerufen: ›Weiter, weiter . . .‹

Inzwischen habe ich gelernt, mich zurückzuhalten. Nur manchmal geht es mit mir durch: Kürzlich in einem Restaurant. Da saßen einige junge Leute, die ich überhaupt nicht kannte. Plötzlich sagte ich zu einem der Mädchen: ›Machen Sie sich keine Sorgen. Das mit dem Chemiestudium klappt schon.‹ Die glotzte mich an, sagte: ›Woher wissen Sie das?

Noch dazu Chemie!‹ Ich stotterte herum: ›Sie haben das eben im Gespräch erwähnt.‹ – ›Nein‹, beharrte sie steif, und noch einmal: ›Nein.‹« Sie hüstelt verlegen. »Ich habe mich durch meine Fähigkeiten verändert. Ich kann nicht mehr so lachen wie früher und bin auch nicht mehr so harmlos. Dafür kann ich mich intensiver und tiefer freuen. Leiser freuen. Auch habe ich gelernt zuzuhören. Einst war ich eine Schnatterente.

Als Kind konnte ich nicht empfinden, was es bedeutet, wahrzusagen. Ich war nur glücklich, wenn meine Spielgefährten mir immer wieder bestätigten: ›Es ist eingetroffen.‹

Dann, eines Tages – ich war fünfzehn – habe ich meinen Schulfreund verloren. Ich hatte es vorausgesehen. Ich hatte gesehen, daß er Ferien machen und dabei durch Eis ums Leben kommen würde. Weinend bat ich ihn, nicht zu fahren. Ich sah das Eis. Ich sagte: ›Du wirst sterben.‹ Und ein paar Wochen später habe ich erfahren, daß er tot war. Es war an einem bayerischen See. Die Eisschicht war an den Rändern aufgeweicht. Er war im Schilf eingebrochen. Es war der Augenblick, in dem ich meine Fähigkeiten haßte. Um nichts in der Welt wollte ich wieder wahrsagen. Aber da war es zu spät. Als ich nicht mehr wollte, verlangten es die andern von mir. Sie haben es gefordert. So war das.«

Erzbischof Dr. Kardinal König

Erzbischof Dr. Kardinal König
Professor Pritz

Vom Wirrwarr des Wiener Straßenverkehrs ist nichts zu vernehmen. Das Erzbischöfliche Palais, obgleich mitten in der Stadt, schluckt Geräusche. Der Innenhof läßt keine Eile zu. Er zwingt zum Wandeln, zur Nachdenklichkeit. Die breiten Treppen führen in den ersten Stock, in den Vorraum von Erzbischof Dr. Kardinal König. Drei aufgeregte Amerikaner verlassen seinen Raum, schreiten mit knarrenden Sohlen und glänzenden Augen von dannen. Ihnen schlurrt ein kleiner unauffälliger Mann im Straßenanzug entgegen. Er schleppte eine abgewetzte, vollbeladene Aktentasche. Sein Gesicht: Ein Dreieck mit wuchtiger Stirn und dunklen Augen, die hinter der dickglasigen Hornbrille nur schwer auszumachen sind. Seine Hände sind knorrig – Gärtnerhände. Während der Sekretär des Kardinals unsere Namen murmelt, unterzieht mich ein Seitenblick rascher Prüfung. Verstummend setzen wir uns. Professor Pritz – so heißt jener, den auf der Straße wahrscheinlich niemand beachten würde – sagt endlich: »Ich weiß gar nicht, warum man mich hergebeten hat.« Just in diesem Moment öffnet sich die riesige Tür. Wir betreten einen saalartigen Raum, in dessen Mitte Kardinal König in vollem Ornat steht. Er begrüßt uns freundlich-distanziert. Die hellen Augen und die gleichermaßen helle Haut lassen das Gesicht fast durchsichtig erscheinen.

Auf meine erste Frage: »Darf ein Christ an Parapsychologie glauben?« sieht der Kardinal sekundenlang in Richtung Professor Pritz. Der wiederum scheint gänzlich in seinem Sessel verschwunden, von seiner gewaltigen Tasche eingemauert. Er blinzelt verblüfft, räuspert sich wiederholt, sagt nichts.

Der Kardinal wünscht keine Fotos, legt seine weinrote Soutane in ordentliche Falten, sagt: »Die Parapsychologie hat viele Aspekte. Von Telepathie, Telekinese, Hellsehen kann man heute mit großer Wahrscheinlichkeit behaupten, daß sie gründlich untersucht und mit glaubwürdigen Methoden überprüft wurden. Dabei hat sich herausgestellt, daß Hellsehen, soweit es sich auf die Vergangenheit und die Gegenwart bezieht, eher nachgewiesen werden kann als Hellsehen in die Zukunft. Es geht hier teilweise um wissenschaftliche Fragen, obwohl die rein naturwissenschaftlichen Methoden nicht ausreichen. Denn bei der Parapsychologie sind geistige Fähigkeiten im Spiel, die sich nicht so ohne weiteres in die Naturgesetzlichkeit einordnen lassen.« Er sieht an mir vorüber, fährt in gleichbleibendem Rhythmus fort: »Bei diesen Phänomenen wird eine geistige Kraft wirksam und offenbar, die nicht mit den Naturkräften gleichgesetzt werden kann. *Natur* – das sinnfällig Gegebene – und *Geist* sind qualitativ verschiedene Seinsweisen und haben daher auch verschiedene ›Selbstoffenbarungen‹ und Erscheinungsformen. Das bloß Materielle und Sinnenhafte kann weder durch Entwicklung noch Kultivierung oder Steigerung den Bezirk des Geistigen erreichen, das man als das Metaphysische – das alles Materielle, Naturhafte Übersteigende – verstehen muß. Der reine Materialismus vermag daher nur einen Teil der Phänomene der Welt und der Menschen zu erklären. Das ist ein Ergebnis der bisherigen wissenschaftlichen Untersuchungen auf diesem Gebiet. Es gibt Erscheinungsformen, Fakten, die auf ein höheres, ein geistiges Prinzip zu schließen zwingen. Als Beispiel sei die Gedankenübertragung angeführt; sie ist eine unwiderlegliche Tatsache.«

Es ist an mir, verblüfft aufzusehen; ich war doch überzeugt gewesen, wenn nicht auf eisige, so doch auf entschlossene Ablehnung zu stoßen. Seine Starrheit beibehaltend, fährt er dozierend fort: »Es gibt also sicher außernatürliche Phänomene, die in der sinnfälligen, meßbaren Welt und mit naturwissenschaftlichen Methoden nicht nachgewiesen werden können.

Der Mensch als organisches Wesen, bestehend aus Natur und Geist, der Mensch in seiner Leiblichkeit – mit Leiblichkeit ist das sinnliche und das geistige Wesen in seiner Freiheit zugleich gemeint – ist so Prinzip und Ausgangspunkt für natürliche wie spirituelle Erscheinungen. Damit offenbart er seine Doppelexistenz: Zwei getrennte Welten sind in ihm eine unlösbare Verbindung eingegangen. Das bedeutet weiter, daß im Menschen das rein Sinnenhafte, Tierhafte, Materielle überhöht ist. Es hat den Geist in sich aufgenommen, der ins Unendliche, Metaphysische strebt. Umgekehrt ist durch die Verbindung des Geistes mit dem Leib auch der Geist in seinen Erscheinungsformen – Denken, Wollen, Freiheit – ›abhängig‹ von der Natur, vom Leib.

Zwischen Geist und Natur, zwischen geistigen und physischen Vorgängen läßt sich keine exakte Grenze ziehen, eben weil der Mensch als Person beiden Bereichen zugehört.

Ein Kontakt mit Verstorbenen scheint möglich zu sein. Daß jemand dabei Stimmen hört, ist jedoch unwahrscheinlich; es gibt, wie verschiedene Geisteskrankheiten beweisen, zu viele Möglichkeiten der Täuschung.«

Ich frage: »Sind derartige parapsychologische Erscheinungen Zeichen einer göttlichen Macht? Oder ist es denkbar, daß hinter den bisher unerklärten Phänomenen eventuell ein anderes höheres Wesen steckt, zum Beispiel so etwas wie der Teufel?«

Der Kardinal: »Daß Gott in den parapsychologischen Erscheinungen unmittelbar seine Macht beweist, ist nicht anzunehmen. Jene Phänomene ereignen sich wohl eher im menschlichen Bereich, in jenem Nebeneinander von Natur und Geist, das in seiner fundamentalen Ambivalenz bei weitem nicht erforscht ist.

Der Teufel, der Böse, hat zweifellos weder einen unmittelbaren Einfluß auf das rein Geistige noch auf den Bereich des freien Willens. *Wenn* überhaupt ein solcher Einfluß vorhanden sein sollte«, fügt er vorsichtig hinzu – »und die Möglichkeit kann nicht ausgeschlossen werden –, dann wirkt er höchstens mittelbar, über die Physis. Besessenheit existiert, allerdings nicht im Sinn einer totalen Besessenheit; denn das bedeutete, daß Geist und Freiheit in gleicher Weise überwältigt würden. Dies widerspräche der göttlichen Idee vom Menschen, dessen geistige Freiheit der Schöpfer nicht aufhebt.

Oftmals ist die Annahme eines dämonischen Einflusses auf den Menschen als Ersatz und Lückenbüßer für das Böse zu verstehen, das man nicht erklären kann.« Er legt die Hände gegeneinander, starrt zu der entfernten Zimmerdecke empor, wendet sich nach kurzer Pause zuerst Professor Pritz, dann mir zu, sagt: »Nicht selten sucht der Mensch nach etwas, was außerhalb seiner Möglichkeiten und seiner Verantwortung liegt. Er nimmt zu dämonischen Einflüssen Zuflucht. Weil er auf andere Weise seine Lebensprobleme nicht bewältigen kann, zieht er außermenschliche, dämonische und magische Kräfte heran – Hellsehen, Wahrsagerei, Zauberei, Magie –, vor allem dann, wenn er nicht an einen unbegreiflichen Gott zu glauben vermag. Auf diesem Wege gelangt er zum Aberglauben.

Zuweilen versucht der Mensch, aus seiner Einsamkeit herauszutreten, indem er nach Lösungen sucht, die er in sich selbst nicht zu finden imstande ist. Einzig deshalb, weil er nicht zu Gott findet – der freilich unbegreiflich ist –, erliegt er dem Unglauben und dem Aberglauben. A. Günther bezeichnet sie als die ›Wechselbälge‹ des Glaubens.«

»Die Theologie neigt neuerdings dazu, den Glauben an Jesus nicht mehr vom Glauben an seine Wunder abhängig zu machen. Warum?«

»Grundsätzlich haben die Wunder Jesu den Sinn des Zeichens: Sie sollen den Menschen auf Gott hinweisen, ihn zum Nachdenken bringen. Sie sollen den Prozeß des Glaubens in Bewegung setzen, sollen den Menschen im Glauben bestärken, sollen ihn aber nicht zum Glauben zwingen. Der Glaube ist seinem Wesen nach ein Akt der Freiheit. Wunder sind somit Hinweise, Anstöße, Erleichterungen. Sie bereiten den Glauben vor. Sie begleiten ihn. Dies gilt für die einzelnen Wunderhandlungen Jesu. Etwas anderes ist es, wenn man die göttliche Person Christi als ›Wunder aller Wunder‹ und als ihr Fundament zugleich versteht. Christus als dieses

Person gewordene Wunder ist Inhalt und Grund, das Um und Auf des Glaubens.

Der Glaube muß für das Wunder immer offen sein. Von Christus und infolgedessen vom Neuen Testament ist es nicht wegzudenken.

Wunder sind Zeichen Jesu. Ein besonderer Fall ist die Auferstehung. Die ›Erscheinungen‹ sind hier wiederum nur Zeichen, Kundgebungen verschiedener Art dafür, daß Jesus in der Identität seiner gott-menschlichen Persönlichkeit endgültig lebt und nicht mehr stirbt.«

»Viele Naturvölker vermengen Magie mit Religion«, sage ich. »Der Seher ist häufig auch Priester. In beiden Bereichen begegnet der einzelne einer Macht, die über ihm steht. Wo liegt die Grenze zwischen Magie und Religion?«

Der Kardinal: »Magie wird als bestimmender Einfluß auf eine göttliche Macht verstanden. Durch rituelle Praktiken will sich der Mensch das göttliche Handeln dienstbar machen. Dabei werden Wirkungsmechanismen unterstellt, die völlig außerhalb von Gott liegen, die wiederum im Dinghaft-Materiellen wurzeln. Religion hingegen spricht von Gott als Ursache. Doch auch im Christentum gelingt es nicht stets, zwischen Religion und Magie die Trennungslinie zu ziehen. Beides wird oft vermischt: Magische Elemente schleichen sich ein, werden aber auf Gott hin gedeutet – denken Sie an wundertätige Bilder und Statuen, an das Wasser von Lourdes, an Amulette, den Rosenkranz. Der arglos Gläubige benötigt sinnfällige Zeichen der göttlichen Macht. Er sieht jedoch oft nicht mehr durch das Zeichen und durch das Bild hindurch – bis auf Gott.«

»Eminenz, wir Christen glauben, daß einem herausragenden Diener Gottes, wie Sie es sind, auch besondere Möglichkeiten oder Wege gegeben wurden, IHN zu wissen und zu spüren, und zwar in einer Weise, wie sie anderen Menschen nicht geläufig ist, mögen sie noch so intensiv glauben. Wollen Sie darüber sprechen?«

»Darüber will ich nicht sprechen«, sagt der Kardinal streng.

»Was kann und was sollte die Kirche dazu beitragen, das vernebelte Feld der Parapsychologie zu erhellen?« frage ich dennoch.

Der Kardinal nach einigem Zögern: »Die Kirche wäre zweifellos fähig, verschiedene Beiträge zu leisten. Sie soll gelten lassen, was wissenschaftlich nachgewiesen ist, doch das Nachgewiesene strikt vom Aberglauben trennen. Die Kirche sollte jeden Versuch begrüßen, parapsychologische Phänomene wissenschaftlich zu erklären. Aber bei allen fragwürdigen Phänomenen ist äußerste Zurückhaltung geboten.

Sie soll klar anerkennen, daß der Mensch ein Doppelwesen, ein Wesen eigener Art ist. Er ist Ebenbild Gottes, besitzt mitschöpferische Kraft, eine ausschließlich ihm eigene Dimension. Der Mensch ist zur Herrschaft über die Welt berufen. Es ruhen zahllose ›geheime‹ Kräfte in ihm. Auch in den parapsychologischen Erscheinungen liegen verborgene Hinweise auf den großen Schöpfer, den der Mensch nicht erfassen kann. Die Kirche muß andererseits die Gefahr des Religionsersatzes durch die Parapsychologie erkennen. Sie sollte jedoch in der Parapsychologie die tiefe Sehnsucht des Menschen nach dem Metaphysischen und Göttlichen würdigen.

In der Parapsychologie liegen möglicherweise Elemente, die eine Lebenshilfe bieten. Heute steht, stärker als früher, das Geheimnis des Todes im Mittelpunkt der Diskussion. Damit wird die Frage nach der Unsterblichkeit gestellt, wie sie den Gläubigen durch Christus verheißen ist.«

Der Kardinal erhebt sich würdevoll. Professor Pritz schusselt aus seinem Sessel hervor, nicht ohne über seine Aktentasche zu stolpern. Nach kurzen Dankesworten entschwindet der Kardinal überraschend eilig im Nebenraum.

Wir – Professor Pritz und ich – stehen vor dem Erzbischöflichen Palais. Es regnet. Saftig-unfreundlicher Wind bläst uns ins Gesicht. Ein griesgrämiger Taxichauffeur nimmt uns auf. Professor Pritz murmelt auf dem Weg ins Hotel, daß er außerhalb Wiens wohne und mit dem Kardinal befreundet sei – ihn jedoch nur in großen Abständen sehe. Seine knorrigen Hände umklammern die dicke Tasche gleich einem Rettungsring. Irritiert betrachtet er Reklameschilder, Lichter, Autos, als wäre er seit langem in keiner Großstadt gewesen.

Ich bitte ihn um ein zusätzliches Gespräch. Er zögert, nickt, sagt endlich: »Warum eigentlich nicht?«

Offensichtlich verwirrt eilt er durch die Halle des Hotels. Gleichmäßiger Gang und Atem kehren erst zurück, als er das Zimmer betritt. In einem hochbeinigen Sessel kommt er zur Ruhe.

»Herr Professor«, sage ich, »ich bin dankbar, daß Sie sich die Zeit genommen haben, nach Wien zu kommen. Meine Fragen zielen, wie Sie bereits wissen, hauptsächlich auf folgenden Punkt hin: Wie steht die katholische Kirche zu jenem Phänomen, das da um die Welt geistert und sich Parapsychologie nennt? Ein Wort, ein Begriff, bei dem kritische Menschen meist zusammenzucken. Ein Phänomen, zu dem sich die katholische Kirche für eine von Schlagzeilen benommene Menschheit nur allzu verklausuliert äußert.«

Professor Pritz schiebt seine altmodische Hornbrille auf die borstigen Augenbrauen. Das Licht einer Stehlampe fällt auf sein dunkles, schütteres Haar. Seine Stirn runzelt sich zu Drei- und Vierecken. Er beginnt – zunächst leise. Dann gewinnt er Sicherheit, gerät in Fahrt: »Ich würde zunächst einmal meinen, daß sich die katholische Theologie mit *allen* Phänomenen zu befassen hat, die das Wesen des Menschen prägen und betreffen, weil der Mensch einfach im Mittelpunkt – auch der Theologie – steht. Deshalb darf die Parapsychologie von der Theologie nicht von vornherein als Pseudowissenschaft abgelehnt werden. Soweit ich es beurteilen kann, habe ich jedoch den Eindruck gewonnen, daß sich die Theologie gegenwärtig mit diesen Phänomenen recht maßvoll beschäftigt, obwohl andere sich wiederum sehr intensiv um sie bemühen. Unter den anderen verstehe ich russische, amerikanische und auch deutsche Wissenschaftler.«

»Deutsche kaum«, sage ich. »Wir haben einen einzigen Wissenschaftler aufzuweisen: in Freiburg.«

»Auch in Österreich rührt sich kaum etwas«, sagt Professor Pritz und rückt seine Brille zurecht. »Bedauerlicherweise dürfte wieder das geschehen, was der katholischen Kirche und Theologie schon so oft widerfahren ist: daß sie nachhinkt, daß sie in der Luft liegende Fragen nicht aufnimmt, daß sie sich nicht bemüßigt fühlt zu antworten. Zutiefst bedauerlich. Deshalb sind wir als Theologen natürlich immer sehr dankbar, wenn wir von außen einen Stupser – auf österreichisch gesagt – bekommen und wieder einmal erinnert werden: Da sind lebendig-echte Fragen, die wir ernst nehmen müssen. Es sind letztlich Fragen, die auf das Wesen des Menschen und auf seine Deutung eingehen. Das darf nicht belanglos sein. Meines Erachtens geht es in der Parapsychologie um eine Dimension der Tiefe. Der Mensch ist unzweifelhaft kein Wesen, das an der Oberfläche lebt, das man allein nach Essen, Trinken, zivilisatorischen Einrichtungen beurteilen darf. Aufgrund seiner leib-seelischen oder natur-geistigen Beschaffenheit existiert er in einer einzigartigen Weise, die wahrscheinlich nie restlos ausgeforscht werden wird. Der Mensch ist unumstritten das größte Rätsel auf der Welt, wenn nicht das Welträtsel überhaupt. Ein Theologe des vorigen Jahrhunderts nannte ihn die Sphinx dieser Erde.«

Seine Augen sind leicht gerötet. Er sitzt vornübergeneigt, die Hände zusammengepreßt. Nur schwer gelingt es mir einzuwerfen: »Wer war der Theologe?«

»Anton Günther«, sagt er. »Er wurde von der Kirche wegen seiner Anthropologie auf den Index gesetzt. Der Mensch ist nach Ansicht Günthers eine Art Weltkompendium. Er ist der Repräsentant der Schöpfung – eine absolut theologische Aussage. Deshalb muß sich die Forschung – die philosophische wie die theologische – absolut auf den Menschen konzentrieren, weil sich vom Menschen her alle Wege zu sämtlichen anderen Problemen erschließen, auch zum Problem Gott. Es führt kein Weg zu Gott als der über den Menschen; der Mensch selber muß diesen Weg in sich finden, wenn er sein Selbst sucht. Das ist meine persönliche Meinung.«

Und nahtlos weitersprechend: »Jene Tiefendimension des Menschen ist nicht auszuloten, vor allem nicht wegen seiner doppelten Seinsweise, Natur und Geist. Unter ›Natur‹ verstehe ich nicht den bloßen Körper, sondern den beseelten Leib. Er ist ein komplexes Gebilde, das nicht in seine einzelnen Teile aufgelöst werden kann. Damit hängt auch das Problem der Unsterblichkeit zusammen. Etwas, das wir keinesfalls übersehen dürfen: die Unsterblichkeit. Das Fortleben der Leib-Seele. Darum reden wir von Auferstehung. Wir reden nicht nur davon, sondern die Auferstehung gehört zum Kern des christlichen Glaubens. Nach der Aussage des Christentums ist der Leib einbezogen in die endliche Vollendung, in das endliche Heil. Die Parapsychologie wurzelt ebenfalls in der unerforschten Tiefe des Menschen. Insofern ist sie als unbedingt seriöse Wissenschaft zu werten. Denn Wissenschaft bedeutet nicht, fertige Ergebnisse vorzulegen, sondern bedeutet Forschen, Untersuchen, Fragen, selbst wenn es nicht auf alle Fragen eine Antwort gibt.«

Er hält inne, putzt sich umständlich die Nase. »Letzte Antworten gibt es nur wenige«, sagt er. »Stets sind sie vorläufig. Und jede Antwort gebiert wiederum neue Fragen. Für die alten Fragen hingegen, die wir erledigt geglaubt haben, reichen die gehabten Antworten nicht aus. Auch alte Fragen müssen ständig neu beantwortet werden. Der Mensch ist das große Fragezeichen in der Welt, und er selbst gibt sich und uns die größten Rätsel auf. Der Anspruch der Parapsychologie ist berechtigt. Sie will einen Bezirk erforschen, der bisher vernachlässigt wurde. Einst war man der Überzeugung, sämtliche seelischen Phänomene erklären zu können. Doch nunmehr stößt man auf Erscheinungen, die in bekannte Kategorien nicht einzuordnen sind. Dabei lassen wir unberücksichtigt, daß die Berichte über parapsychologische Begebenheiten möglicherweise unseriös sind, bisweilen sogar lügnerisch und hinfällig – unwahr.«

Er spricht eifrig, flüssig, wie jemand, der lange allein gewesen ist und es genießt, endlich seine Gedanken weiterreichen zu können. Er nippt an seinem Glas Weißwein, stürzt sich aufs neue ins Thema. »Daß parapsychologische Dinge oft zum Skandal ausarten, liegt an der Sensationsgier des Menschen.« Er droht mit dem Zeigefinger. »Es gibt unbezweifelbar echte parapsychologische Erscheinungen, vor denen die herkömmliche Psychologie kapituliert. Sie reichen von der Telepathie über das Hellsehen und den Spiritismus bis zu Vor- und Todesahnungen. Die Grenzen dieser Kräfte sind uns unbekannt. Wir wissen nicht, wie sie sich in jenem Doppelwesen Mensch auswirken. Geist verklärt die Natur. Er veredelt sie. Natur und Geist brauchen einander. Ein zwielichtiger Zusammenhang, der bisher nur sehr mangelhaft untersucht wurde. Und hier liegt die Forschungsaufgabe der Parapsychologie. Wenn sie bis heute keine befriedigenden Ergebnisse gezeitigt hat, dann liegt das meiner Meinung nach daran, daß der Mensch als jenes Doppelwesen nicht restlos erklärbar ist. Das ist das eine. Zum anderen: Die Parapsychologie hat enge Berührungspunkte mit der Naturwissenschaft. Zunächst wäre zu untersuchen: Wie weit reichen die Kräfte des Menschen, dieses Einheitswesens aus Leib und Geist? Sie reichen weiter als die Kräfte der Natur. Auch weiter als die Kräfte des Geistes. Denn ich bin überzeugt, daß sich im Menschen Natur und Geist nicht schlechthin addiert, sondern zu einem Dritten verbunden haben. Das alles sage ich mit großem Vorbehalt, und ohne genau darüber nachgedacht zu haben; schreiben Sie es einer Spontaneität zu. Die Parapsychologie ist ein absolut legitimer Forschungsgegenstand, der jedoch – das muß ich zu unserer Schande eingestehen – im katholischen Bereich kaum zur Kenntnis genommen wird. Aus falscher Scheu und Voreingenommenheit. Man zieht es vor, davon auszugehen, daß es sich in der Regel um fälschliche Berichte, Einbildungen, Halluzinationen, Täuschungen, böswillige Verdrehungen, selbst um Geschäftemacherei handle. Das Obskur-Unerforschte lockt den Menschen und erweckt zugleich Abfälligkeit und Mißtrauen. Dennoch: Der Mensch besteht nicht allein aus Ratio, ebensowenig aus reinem Willen. Er hat ein Herz. Das Herz ist die tiefe Mitte des Menschen. Ich würde das biblisch belegen können.«

Ich sage: »Ich fürchte, daß nur praktizierende Katholiken wissen: katholisch bedeutet ›allumfassend, universal‹.«

Professor Pritz nickt zweimal, lächelt mir zu, als wäre ich ein ihm lieber Schüler. »Ich habe ein Buch geschrieben, das trägt den Titel *Der Mensch als Mitte*. Ich will damit sagen: Der Mensch ist die Mitte der Schöpfung, die Mitte des Alls. Er ist ein universelles Wesen, in dem der Kosmos gesammelt ist. Er ist sammelnde und gesammelte Einheit.«

»Gleichzeitig verströmt er sich«, sage ich.

»Richtig«, sagt er. »Mensch und Welt sind untrennbar; sie sind eins. Vielleicht ist es interessant zu wissen, daß der Münchner Philosoph und Romantiker Franz Bader den

Menschen als ›Weltauge‹ bezeichnete. Auch daß er ihm eine solarische Stellung zugewiesen hat. Solarisch – vergleichbar mit der Stellung der Sonne. Zentralwesen, Inbegriff der Welt. Ich will damit sagen: Die Parapsychologie hat einen naturwissenschaftlichen und somit legitimen Anspruch.«

»Warum, glauben Sie, geben sich Wissenschaftler, die sich ernsthaft mit Parapsychologie befassen, so überaus geheimnisvoll?« frage ich.

»Ich widerspreche«, sagt er. »Ich glaube, jene Wissenschaftler machen kein Geheimnis aus ihren Forschungen; der Fehler liegt eher auf seiten des Publikums. Es akzeptiert – vorläufig jedenfalls – die Parapsychologie nicht in ihrem vollen Ausmaß, und die Universitäten wiederum hinken wie immer hinterher, wie jede Theorie dem Leben hinterherhinkt. Das Primäre jedoch ist das Leben. Es ist nie restlos zu enträtseln. Deshalb wird es stets neue Erkenntnisse und neue Theorien geben, und niemals werden wir den Punkt erreichen, an dem wir sagen könnten: Jetzt ist alles geklärt; der Mensch ist in allen seinen Dimensionen, bis in die letzte Tiefe, ein offenes Buch für uns. Der Mensch ist und bleibt jenes Wesen eigener Art – Endlichkeit und Unendlichkeit, Bedingtheit und Unbedingtheit, Sterblichkeit und Unsterblichkeit in einem. So jedenfalls würde ich es theologisch formulieren.«

Er horcht dem, was er gesagt hat, wie einem Echo nach. Dann: »Sofern es sich um berechtigte Fragen handelt, werden sie von der Kirche selbstverständlich begrüßt. Auch wenn einzelne Forschungsergebnisse zunächst in einem scheinbaren Widerspruch zu Glaubenswahrheiten stehen sollten. Denn entweder ist das Forschungsergebnis nicht völlig gesichert, oder die Glaubenswahrheit, die bedroht scheint, wurde falsch interpretiert. Eine gegenseitige Korrektur ist vonnöten. Man muß sich verständigen. Doch diese Verständigung wiederum ist behindert, weil die Menschen kaum noch zu ernsthaften Gesprächen zusammenfinden. Jede echte Gemeinschaft braucht ein geistiges Fundament. Ebenso die Freundschaft. Das jedoch ist meine ganz private Meinung. – Von daher gesehen, ist die Einstellung der Kirche zur Parapsychologie eher positiv. Das glaube ich uneingeschränkt sagen zu dürfen. Sie verwehrt sich nur dagegen, daß man parapsychologische Phänomene unbesehen und gedankenlos für etwas Übernatürliches, Wunderbares, Außerordentliches und Göttliches hält.«

Er reibt die Hände, wird plötzlich unsicher, sagt fast scheu und von sich selbst irritiert: »Ich muß mich kurzfassen. Ich rede zuviel.«

Seine Augen tauchen über dem schweren Brillenrand auf. Dunkel sind sie und sanft.

»Haben Sie Hunger?« frage ich.

Er nickt verlegen, errötet ein wenig. Wir bestellen Schnitzel. Er ißt mit der Inbrunst jener Menschen, die zumeistens allein und gedankenverloren ihr Mahl hinunterschlingen. Er spricht kein Wort, bis sein Teller auf das penibelste saubergeputzt ist. Dann hebt er ruckartig den Kopf, betastet flüchtig seinen Magen und sagt: »Ja, wir stehen diesen Dingen sehr positiv gegenüber. Die Theologie beziehungsweise die Kirche machen nur einen Vorbehalt: Wenn parapsychologische Phänomene rein materialistisch erklärt werden. Wir sind der Meinung, daß sich in den echten parapsychologischen Phänomenen etwas von dem offenbart, was man

Geist zu nennen pflegt. Ich bin als Theologe überzeugt, daß der Mensch mehr als Materie ist; deshalb auch vermag ich dem Materialismus nicht zu folgen. In dieser Lage befindet sich die gesamte Theologie: Sie kann nicht zulassen, daß parapsychologische Phänomene rein materialistisch gedeutet werden. Für sie ist der Mensch als Person ein unsterbliches Wesen. Für die Kirche geht der Mensch keinesfalls in die Geschichte ein, und er lebt auch nicht in der Gemeinschaft oder in seinen Kindern fort. Das alles wäre zu unbefriedigend. Es gibt ja zahllose Menschen, die allein durchs Leben gehen; zahllose, die, kaum zum Leben erwacht, schon wieder abberufen werden.«

Erregt ruft er: »Das wäre höchst ungerecht und ließe sich mit dem Gottesbegriff auf keinen Fall vereinbaren. – Zurück zur Parapsychologie: Ernsthafte Forschungen sind zu begrüßen, vorausgesetzt, daß sie keine rein materialistische Deutung erfahren. Daß man also im Anschluß an Kant festhält: Jeder Erscheinung – wenn sie nicht Trug, Halluzination oder Einbildung ist – liegt ein Sein zugrunde, ein ›Ding an sich‹. Untersuchen kann ich naturwissenschaftlich zunächst nur die Welt der Erscheinungen: Ergo das, was ich höre, sehe, fühle. Aber hinter jener Welt der Erscheinungen verbirgt sich die der ›Dinge an sich‹. Vom Menschen behaupten wir ähnliches: Jeder hat sein eigenes, unverwechselbares Selbst. Seine Personalität. In allen Erscheinungsformen drückt sich das Selbst aus. Ich möchte damit sagen: Man kann den Menschen nicht nur als jenes Erscheinungswesen begreifen, mit dem sich die Naturwissenschaft ausschließlich beschäftigt. Damit bin ich beim zweiten: Die Parapsychologie scheint mir geeignet, das Problem des

Metaphysischen ins Blickfeld zu rücken; ein rein philosophischer Begriff, der besagt: Es gibt etwas, was ich nicht begreifen, nicht testen kann, was jedoch als Ursache hinter der Erscheinung steht. Ich würde das Wort Ursache mit einem Bindestrich schreiben: die Ur-Sache, aus der alles folgt. In der Begegnung von Menschen wird es offenbar. Das Gespräch zwischen Menschen ist das Erscheinen. Doch es geht nicht um den Austausch von Worten. Ich zum Beispiel will den Menschen in seinem personalen Kern, in der Mitte seines Herzens treffen. Darum geht es mir. Deshalb rede ich. Ich rede nicht, um zu reden, um phonetisch etwas von mir zu geben. Ich will den Menschen in seiner personalen Mitte erfassen. Und wenn ich eine Freundschaft schließe, geht es mir um die innere Mitte.«

Beinahe beschwörend neigt er sich mir zu, wiederholt: »Es geht um die innere Personalität, um die Personenmitte, um das Herz. Das ist ein Begriff, der im vorigen Jahrhundert von deutschen Philosophen sehr akkurat geprägt wurde: das Herz als Mitte des Menschen. Als überaus positiv empfinde ich es, wenn uns die Parapsychologie auf Phänomene hinweist, für die wir keine naturwissenschaftliche Erklärung parat haben. Wenn es sich um echte Erscheinungen handelt, muß dem ein Sein zugrunde liegen. Es muß«, wiederholt er störrisch. »Wir werden notwendigerweise auf die Metaphysik, auf das metaphysische Denken verwiesen und müssen begreifen, daß wir metaphysische Wesen sind. Diese Erkenntnis halte ich für überaus wichtig. Schließlich: Über die Metaphysik haben wir die Möglichkeit, unsere Bedingtheit zu erfahren, unsere Endlichkeit, unsere Sterblichkeit, unsere Schuld und Sünde, den Tod. Wir können erfahren, daß der Mensch ein eingeschränktes, abhängiges Wesen ist. Daß er unfähig ist, ohne fremde Hilfe die strahlende Helle des Selbstbewußtseins zu erlangen. Daß er zu sich selbst durch einen fremden Geist erweckt werden muß. Darin liegt die Bedeutung der Gemeinschaft sowie des Gesprächs. Der Mensch ist auch in seiner Freiheit – die nicht aus sich selbst lebt und nicht in sich selbst gegründet ist – beschränkt, abhängig, bedingt. Wenn man die Lebens- und Existenzweise des Menschen näher betrachtet, wird offensichtlich, daß er die Abhängigkeit mit geradezu brutaler Gewalt verspürt. Eben zum Beispiel in der Erfahrung der Schuld, des Todes. Das Großartige daran ist, daß der Mensch den Tod vorwegnehmen kann. Daß er imstande ist, ihn bewußt in seine Existenz einzubeziehen, und daß dieses Bewußtsein ihn auf eine höhere Stufe stellt als jenen, der wie ein Tier dahinlebt und gedankenlos sagt: ›Irgendwann kommt mal ein Ende.‹ Kräfte werden geweckt, die ansonsten brachlägen.«

»Der Versuch ist unübersehbar, das Ende zu negieren«, sage ich.

»Reine Flucht«, ruft er. »Feige. Unserer unwürdig. Kräfte abtötend. Der Mensch kann mit Hilfe seines Geistes das Sterben überwältigen. Mit Hilfe seiner Willenskraft. Wenn ich leben *will*, dann werden meine Lebensgeister so wach, daß sich das auf den Leib auswirkt. Dies ist keinesfalls Einbildung. Das ist Tatsache.«

Ich sage: »Es gibt psychosomatische Krankheiten und ebensolche Heilungen.«

Er nickt. »Da kann ich aus eigener Erfahrung sprechen – Sie werden entschuldigen, wenn ich persönlich werde.« Und nach einer Pause: »Ich bin ein depressiver Typ. Leute, die mich kennen, würden sagen, ich habe keine glückliche Veranlagung. Ich bin depressiv, melancholisch, leide unter Todesahnungen. Immer wieder frage ich mich, ob ich nächstes Jahr noch lebe. Ich bin ein gläubiger Christ, oder besser gesagt: Ich bemühe mich, es zu sein. Wer ist gläubig? Ich strebe danach. Ich weiß um die Unsterblichkeit, ich glaube an sie. Doch das macht meine Hinfälligkeit und Ohnmacht nicht leichter. Es erschwert sie. Benötige ich Ablenkung, muß ich in die Wissenschaft, in die Arbeit flüchten. Sie befreien mich von meinen Ängsten, so merkwürdig das klingen mag. Ein Bischof würde das nicht gerne hören. Er könnte es als Mangel an Glauben mißbilligen. Ich jedoch verstehe den Glauben anders. Er ist paradox, widersprüchlich, absurd, mit Härte und mit Dunkelheit belastet. ›Das Licht des Glaubens leuchtet in der Finsternis.‹ Das wiederum erinnert mich an Tolstoi. Es ist die Finsternis, die mich befällt. Sie ist rings um mich, hinter mir und vor mir. Doch irgendwo ist da ein Licht, ein Licht, das nicht verlöscht. Es gibt Hoffnung und Kraft. Das ist die Zuversicht des Gläubigen, der weiß, daß ihm seine Sünden vergeben sind, daß er erlöst und glücklich ist. Ich will damit ausdrücken: Parapsychologische Fragen grenzen ohne Zweifel an jene des Glaubens. Wer sich mit parapsychologischen Phänomen beschäftigt, befaßt sich notgedrungenerweise mit Gedanken an das Jenseits, an den Tod, an die Unsterblichkeit. Ich behaupte nicht, daß Begegnungen mit Verstorbenen Einbildung sind. Zugegebenermaßen: Ich kann keinen schlüssigen naturwissenschaftlichen Beweis erbringen.«

»Haben Sie Erfahrungen auf diesem Gebiet?« frage ich.

»Ja«, sagt Professor Pritz. »Eine hängt mit meiner Mutter zusammen. Außerdem beschäftige ich mich mit Geschichte. Und da spüre ich zuweilen eine so enge geistige und seelische Nähe zu Menschen, daß ich überzeugt bin, sie leben in irgendeiner Weise weiter. Als Individuen. Es ist mir gegeben, mit ihnen zu reden – oft besser als mit Lebenden. Offensichtlich eine Frucht meiner intensiven Studien. Jene Menschen werden für mich derart lebendig, sind mir so nahe, daß ich mit ihnen zu sprechen vermag. Es ist mir gleichgültig, was andere darüber denken. Ich nehme es als einen Beweis, daß Kontakte mit Menschen, die ihr Leben abgeschlossen haben, möglich sind. Berichte dieser Art haben mich tief beeindruckt.«

»Kontakte werden oft durch Medien hergestellt«, sage ich. »Doch Medien können mitunter fragwürdig sein.«

»Unseriosität ist bedauerlich, denn sie hat häufig zur Folge, daß man ein großes Problem leichtfertig beiseite schiebt, einzig und allein, um es nicht ernst nehmen zu müssen. Ich hingegen halte es für möglich, daß man solche Kontakte ohne Medium herstellen kann. Es wäre ein parapsychologisches Problem, das wiederum einer Untersuchung wert wäre. Ich las vor kurzem einen Artikel über die Erfahrung von Sterbenden, der mich keineswegs befriedigte. Über Menschen, die klinisch tot waren und ins Leben zurückgeholt wurden. Die Interviews waren meines Erachtens leichtfertig. Vieles mochte auf reiner Phantasie basieren, anderes auf Fehlsteuerungen im Hirn. Dennoch schließe ich nicht aus, daß ein Rest von echter Grenzerfahrung übrigbleibt. Was Sterbende auf der Scheidelinie zwischen Leben und Tod erfahren, scheint eher beglückend zu sein.« Und nach einer Pause: »In Krankenhäusern habe ich sehr viel mit Sterbenden zu tun.«

»Ich habe zweimal erlebt, was Sie mit ›Grenzerfahrungen‹ bezeichnen«, sage ich. »Doch entgegen Ihren Wahrnehmungen waren sie für mich mit Schmerzen verbunden und grauenvoll.«

»Das wollte ich eben sagen«, ruft Professor Pritz hitzig. »Vieles wird durch den körperlichen Schmerz verzerrt.« Und nach einer Pause fragt er beinahe entsetzt: »Sie haben das erlitten?«

»Ich habe deutlich gehört, wie sie ›Exitus‹ riefen. Doch gleichzeitig hatte ich Schmerzen, war ohne Bewußtsein und konnte mich nicht mitteilen. Eine Operationsschwester hat mir später bestätigt, daß bereits die Nasenflügel eingefallen waren. Weder hatte ich traumhafte Erlebnisse noch hörte ich schöne Musik. Für mich war es nichts anderes als kreischender, wütiger Schmerz, der mich gleich einem Krokodil verschlang.« – »Ich würde das eher als ein ungeheuer intensives Leben deuten. Sonst hätten Sie den Schmerz nicht erfahren. Schmerz setzt aktives, kräftiges Leben voraus. Ansonsten ist Schmerz nicht möglich«, sagt er.

»Selbst die Mediziner sind sich offenbar nicht im klaren, wann sie das Wort ›Exitus‹ aussprechen dürfen und wann nicht«, sage ich.

»Leider wird es vor allem nach äußeren Merkmalen beurteilt«, sagt Professor Pritz. »Doch was mich fasziniert, ist ebenjenes Erlebnis des Erhabenen, des Befreitseins. Es würde einer Theorie entsprechen, die ich nicht teile und nicht teilen kann und die in der griechischen Philosophie eine wesentliche Rolle spielt: Daß der Leib der Kerker der

Seele sei und der Mensch nichts leidenschaftlicher anstreben solle als die Befreiung. Der Gedanke ist völlig unchristlich. Leib und Seele bilden eine Einheit, und Vollendung und Heil liegen in der leib-seelischen Ganzheit und nicht im Ausschluß des Leibes. Das Christentum weist dem Leib eine fundamentale Bedeutung zu, sei es für dieses wie für das jenseitige Leben.«

»Vor allem durch den von Christus verkündeten Gedanken der Barmherzigkeit«, sage ich.

Professor Pritz ruft: »Christus ist der Garant, der uns die Gewißheit der Unsterblichkeit gibt. Bis jetzt scheute ich zurück, allzu massiv von der Theologie her zu argumentieren. Bewußt habe ich es unterlassen. Erst heute las ich den Satz: ›Der Mensch hat die Sehnsucht und das Bedürfnis, unsterblich zu sein.‹ Doch wo sind Gewißheit und Gewähr? Die alleinige Antwort: Christus.«

Für Sekunden bleibt es still. Wir hören dem Surren der Autos zu, die den Wiener Ring entlangfahren.

Ich sage: »In das weite Gebiet der Parapsychologie gehört vielleicht auch – wenn ich diesen Sprung wagen darf – die Musik. Der Mensch ist letztlich über die Emotion am leichtesten ansprechbar.«

»Ich bin absolut Ihrer Meinung«, sagt er begeistert. »Ich glaube, daß die Musik etwas auszusprechen vermag, was keiner anderen Kunst gelingt. Ich denke da an die Prager Symphonie von Mozart. Ich nenne sie ›Abschied vom Leben‹. Das mag zunächst anstößig klingen. Ein Musiker würde mir die Haare ausreißen. Aber das ist mir egal. Ich empfinde Mozart so und nicht anders – insbesondere die Prager Symphonie. Der erste Satz ist, wie wenn ein Schiff eben die Anker löste und ein Mensch, der an der Reling steht, Abschied nähme von seinem Land. Das Schiff legt ab. Da sind noch Freunde und Bekannte, denen man zuwinkt, von denen man mit Wehmut Abschied nimmt. Die Schiffsschraube, die Ruder bewegen sich mühsam und beschwerlich. Doch dann wird die Fahrt beschwingter, die Distanz vergrößert sich, bis sich das verlassene Ufer im Dunst verliert – das Ufer des Lebens. Den zweiten Satz wiederum empfinde ich gleich einem einsamen Nachsinnen über den vorangegangenen Abschied. Dann tritt eine gewisse Ruhe ein. Wunderbar und sanft. Im dritten Satz flackert noch einmal der Gedanke an das entschwundene Ufer auf. Doch schon kommt das neue in Sicht. Rascher und rascher. Ein grandioser Abschluß. Ich habe mit keinem Musiker über meine Empfindungen gesprochen. Ich habe sie nur wenigen Freunden mitgeteilt, die mich zum Teil verstanden oder auch mißverstanden. Ich sage immer: ›Ihr seid's Banausen‹, und bedauere gleichzeitig, daß sie diesen Reichtum nicht kennen – Bereicherung durch Musik. Dennoch bedeutet sie für mich das Eintauchen in Melancholie und Schwermut.« Seine knorrigen Finger verkrallen sich ineinander. »Ich muß Ihnen etwas gestehen: Musik versetzt mich geradezu in einen Rausch, und ich bin glücklich dabei. Nur muß ich alleine sein. Ähnlich geht es mir, wenn ich die Es-Dur-Symphonie von Mozart höre, jene lebensbejahend-wolkenlose Symphonie, oder die tragische g-Moll- oder die strahlende Jupiter-Symphonie. Eine wunderbare, in sich geschlossene Einheit. Sie ist für mich Lebensdeutung, Lebensphilosophie, Lebenstheologie, wie Sie wollen. Ich erkenne hier weder Grenze noch Unterschied.

Vorigen Sonntag habe ich die große c-Moll-Messe von Mozart gehört. Dieses Gloria und dieses Sanktus sind derart strahlend, daß ich völlig erschlagen war. Genauso wirkt das Requiem auf mich. Ich muß es in regelmäßigen Abständen hören. Meine Bitte an Freunde: Seid's so gut und spielt, wenn ich tot bin, das Mozart-Requiem. Das tröstet mich. Es erfüllt mich mit Wehmut. Doch in dem Wort Wehmut steckt Mut. Ich möchte das ausdrücklich betonen. Es ist ein Mut mit Weh – und Weh ist eine Sache des Herzens. Wer Herzweh hat, ist meines Erachtens ein edler Mensch. Wer kein Weh mehr im Herzen hat – ich weiß nicht, wie ich ihn bezeichnen soll. Er ist gewiß ein oberflächlicher Mensch, mit dem ich mich nie verstehen könnte.« Und befangen fügt er hinzu: »Ich habe einmal ein wenig gesungen und mir eingebildet, ich wäre ein guter Tenor. Die seelische Zwiesprache – singen und Klavier spielen –, Gleichklang der Seelen, ist etwas vom Beglückendsten, das es gibt.«

»Mir gestand einmal eine alte, sehr berühmte Opernsängerin«, sage ich, »daß sie Momente auf der Bühne erlebt hätte, in denen sie sich fast als körperlos empfand. Nach Beendigung einer gelungenen Vorstellung hatte sie das Gefühl, mit der immensen Schwere ihres überaus fülligen Körpers auf den Bühnenboden zu platschen. Es müssen Sekunden gewesen sein, wie sie wenigen geschenkt werden: Sekunden des Gleichklangs mit dem ES.«

»Im religiös-christlichen Bereich«, sagt Professor Pritz, »gibt es Heilige, die berichten, erhoben worden zu sein. Das gehört ebenfalls in das Gebiet der Parapsychologie und hat dennoch gleichzeitig religiöse Ursachen. Nach Auffassung mancher Historiker hat es zweifellos Himmelfahrten gegeben. In den Heiligenlegenden hat sich fraglos etwas von wahren Gotteserfahrungen niedergeschlagen, die man mit der menschlichen Vernunft nicht erklären kann. Damit sind wir beim nächsten Schritt, den man mit ›Wunder‹ bezeichnet: Göttliche Kraft, die sich im und durch den Menschen offenbart. Es heißt: Gott wirke mittelbar. Und zwar deshalb, weil er den Menschen teilhaben lassen will an jenem Glück, Ursache für etwas zu sein. Er will ihn zum Mitschöpfer seiner Seligkeit werden lassen. Der erste und letzte Schöpfer ist Gott. Aber der Mensch ist berufen, Mitschöpfer zu sein. Freilich wird ihm das nicht aufoktroyiert oder nachgeworfen. In eigener Verantwortung muß er Mitschöpfer sein. Durch seine freie Entscheidung. Durch sein freies Ja. Indem er alle seine verfügbaren individuellen Kräfte entfaltet. Das war, glaube ich, bei manchen Heiligen der Fall. Wunder sind Ereignisse, die sich nicht natürlich erklären lassen und die dennoch durch Menschen gewirkt werden. Menschliche Kräfte allein würden dazu nicht ausreichen; es bedarf der Mitwirkung der göttlichen Kraft. Doch der Mensch bleibt im Spiel. Durch ihn wirkt Gott seine Wunder. Er setzt damit Zeichen, die uns aufmerken lassen sollen. Er gibt Denkanstöße, leitet somit Denkprozesse ein. Das Wunder bringt den Glauben jedoch nicht hervor, es ersetzt ihn auch nicht. Das wäre des Menschen unwürdig. Die Freiheit und Geistigkeit des Menschen muß gewahrt bleiben. Nichts wird ihm abgenommen. Immer bleibt er er selbst in seiner unteilbaren freien geistigen Würde.

Das Wunder hat den Sinn, darauf hinzuweisen, daß es eine Wiederherstellung aller Dinge gibt, ein Heil, eine Wiedereinsetzung in den, nennen wir es: paradiesischen Urzustand; in das ursprüngliche Glück, das Gott dem Menschen schenkt und um dessentwillen er ihn geschaffen hat. Ich glaube nicht, daß ER ihn zu vernichten gedenkt, um ihn loszuwerden und in Verdammnis zu stürzen. Er will ihn retten, will ihn in seine ursprüngliche Unschuld einsetzen. So ist die Geschichte eine Heilsgeschichte. Die Unheilsgeschichte, die parallel verläuft und die wir mit Sündengeschichte bezeichnen, ist eingebettet in die des Heils. Sie hat keine Eigenständigkeit, läuft nicht unabhängig, von ihr getrennt, neben der Heilsgeschichte einher. Dies meint Augustinus mit seiner großartigen Formulierung: *felix culpa*, glückliche Schuld. Die Schuld, die etwas Negatives ist, die Gott beleidigt, ist gleichzeitig die Ursache für die Heilung, die Vergebung, die Barmherzigkeit. Glückselige Schuld«, wiederholt er, nimmt seine Brille ab und schlägt die Hände vor die Augen. »Nur ein Augustinus – einer der menschlichsten Heiligen – konnte dieses Wort prägen.«

»Ich war im Begriff, Augustinus zu zitieren«, sage ich: »›Wunder ereignen sich nicht außerhalb der Natur, sondern außerhalb unserer Naturgesetze.‹«

Er läßt die Hand von den Augen fallen. »Sie sind Zeichen, die uns zu denken geben, die gedeutet werden wollen. Sie sind ein Appell. Aber der Mensch ist fähig, Wunder genausogut zu mißdeuten. Damit will ich nicht sagen: Der eine sei guten und der andere bösen Willens. So darf man nicht argumentieren. Nicht jeder, der nicht zum Glauben findet, ist verstockt, böse. Ein derartiges Urteil wäre im höchsten Maße unchristlich.«

»Die Zeit schreit nach Vereinfachung«, sage ich.

Er scheint mich nicht zu hören. »Im Grunde ist alles in die Heilsgeschichte einbezogen. Selbst die Unheilsgeschichte. Es gibt einen wunderbaren Vergleich: Wenn ich die Kehrseite eines Teppichs betrachte, sehe ich dunkle oder helle Fäden wirr durcheinanderlaufen. Sie ergeben weder Muster noch Sinn. Auf der anderen Seite jedoch – der gleichsam Gott zugewandten – erkenne ich das herrlichste Muster. Und auch die dunklen Fäden der Sünde, der Schuld, des Leidens, sie alle haben ihre Bedeutung, sind notwendig im Gesamtgewebe des menschlichen Lebens, der menschlichen Geschichte.« Lächelnd: »Teppiche zu knüpfen ist mein Hobby. Dabei lasse ich mich ganz von meiner Phantasie leiten. Alles gerät durcheinander. Zum Schluß jedoch ergibt sich etwas, was für mich einen gewissen Sinn beinhaltet. Und darum geht es: um den Sinn. Eine totale Sinnlosigkeit existiert nicht. Entscheidend ist nur, daß man sich nicht auf einen Teilaspekt beschränkt, wie etwa Historiker oder Mathematiker, die ausschließlich die historische oder mathematische Seite der Wirklichkeit anvisieren und erfassen. Ich wehre mich gegen die Ansichten der Fachidioten. Philosoph und Metaphysiker zu sein, ist des Menschen Adelsdiplom. Er ist auf Metaphysik angelegt; stets forscht er nach dem, was hinter den Dingen verborgen liegt. Die Wiener Schule tat alle Metaphysik als belanglose Spekulation ab. Man war der Meinung, mit der einen, absolut gesetzten Methode die gesamte Wirklichkeit im Griff zu haben. Doch Methodenmonismus führt nicht weit. Nehmen wir das Messen. Ich kann alles messen. Wenn ich alles messe, dann erfasse ich die Wirklichkeit unter dem Gesichtspunkt der Quantität. Dennoch ist es keinesfalls die gesamte, die volle Realität. Es ist zweifellos möglich, elektrische Ströme im Hirn zu messen. Doch damit erfahre ich nicht das geringste über das, was sich in der Seele abspielt. Es geht darum, nicht den Teil-, sondern den Gesamtsinn zu erfassen. Just das ist die Tragik der Fachwissenschaften. Sie können nur feststellen: Nach dieser oder jener Methode haben wir diesen oder jenen Wirklichkeitsaspekt erfaßt; aber wir haben keine Einsicht in das Ganze gewonnen. Leider neigt der Mensch zur Verallgemeinerung; stets möchte er einen Teil für das Ganze nehmen. Das liegt in seiner Natur. Da gilt es, sich immer wieder zu öffnen. Ein Mensch, der geistig rege ist, betritt stets Neuland. Er gelangt an kein Ende. Und das wiederum ist das Beglückende. Sonst wäre unser Leben kümmerlich, traurig und langweilig. Wenn ich die Prager Symphonie höre, dann begegne ich ihr jedesmal wie einem neuen Stück – ich habe mich weiterentwickelt.«

Und übergangslos sagt er: »Ich weiß gar nicht, wie ich zu diesem Gespräch kam. Ich bin mit dem Kardinal befreundet. Schätze ihn sehr. Seine tiefe Menschlichkeit wird durch sein Amt verdeckt. Ich glaube, er würde sich freuen, wenn ich öfter käme. Aber ich tue es nicht, es sei denn, er ruft mich. Heute hat er mich gerufen. Hellsehen ist immer ernst genommen worden. Auch von den Katholiken. Soweit ich weiß, sagt man vor allem den Westfalen und den im Norden Europas lebenden Völkern nach, sie wären mit dem Zweiten Gesicht begabt. Das dürfte mit der Landschaft zusammenhängen. Es gab einen Pfarrer, der dämonische Erlebnisse hatte, die er in seiner Biographie beschrieb. Wer einmal in Arles gewesen ist, wo dieser Pfarrer lebte, und diese Landschaft kennengelernt hat, wird seine Berichte begreifen. Ich bin überzeugt, daß die Landschaft den Menschen prägt.«

»Ich denke an die Amerikaner«, sage ich. »Sie entstammen allen Teilen der Welt und sind doch von ihrem Land geformt.«

Er nickt, leert sein Weinglas, kommt auf die dämonischen Erlebnisse des Pfarrers zurück.

»Ihm sind schreckliche Dinge zugestoßen. Folterungen und aggressive Handlungen. Er konnte sie sich nicht erklären. Er hat geschwiegen und sie als Prüfungen Gottes hingenommen. Was mich aus meiner Isolierung und Verlassenheit befreit, sind meine intensiven historischen und theologischen Arbeiten. Dies liegt auf der Linie von Sigmund Freuds Sublimierungsprozessen. Nicht zufällig gibt es das lateinische Wort: ›Wehe dem Einsamen.‹ Ich liebe die Einsamkeit. Und ebenso fürchte ich sie«, sagt Professor Pritz.

Behende steht er auf, greift seine schwere Tasche, setzt sie wieder ab, zieht umständlich seinen Mantel an und geht unter vielen Beteuerungen, daß ihm dieses Gespräch Freude bereitet habe, von dannen.

Mein Mann, der katholischen Glaubens ist, und ich, eine verwilderte Protestantin, sitzen stumm, sprachlos. Noch im Flugzeug glaube ich, Professor Pritz' Stimme zu hören, sehe seine blitzenden Augengläser, die knorrigen Gärtnerhände und leide unter der Vorahnung, ihn nie wiederzusehen.

Lilli Palmer

Lilli Palmer

Ich war sehr nervös, bevor sie kam; überzeugt, daß sie mein Thema nicht interessieren würde – um nicht zu sagen: rundweg langweilen. Und daß es auf das ärgerlichste ihrer preußischen Disziplin widersprechen müßte. Daß sie ausschließlich aus Sympathie zu mir kam, machte mich zusätzlich befangen.

Sie hält ihr Gesicht – dieses wohlgeformte, klare Gesicht – fest im Zaum. Nichts an ihr ist unkontrolliert. Fast wünscht man, daß sie plötzlich sagte: Manchmal fresse ich furchtbar viel Kuchen, und dann muß ich wochenlang abnehmen. Oder: Ich trinke gerne Gin. Aber man weiß, daß sie nichts dergleichen tut. Sie ist absolute, stählerne Disziplin. Dennoch hat sie Verständnis für jene, die maßlos, schlemmend und ungezügelt sind. Selten schweift der Blick ab; ihre Wachsamkeit verliert sich fast nie. Nur zuweilen schleicht sich eine leise Trauer über Vergangenes, Erlebtes, Nicht-mehr-Zurückholbares ein. Sie spricht wie jemand, der gewohnt ist, sich in vielen Sprachen auszudrücken, überdeutlich, überklar, zuweilen zögernd, nachdenklich – nach dem präzisen Wort suchend. Aus den schön geschwungenen Lippen klingt eine helle, klare Stimme, hin und wieder betont leise, als wäre sie sich des Gesagten nicht absolut sicher. Doch ihre Augen verraten Eigenwilligkeit, Aufmerksamkeit – und über allem nochmals: Disziplin.

Während ich neben ihr sitze, habe ich das deutliche Gefühl, daß ich mindestens zwanzig Pfund zunehme. Sie scheint zierlicher, ebenmäßiger, reizender zu werden. Ich hingegen breite mich aus, quelle auf, empfinde mich als unschön. Soviel Grazie, Selbstsicherheit, geistige Konzentration und fabelhafte Selbstbeherrschung altpreußischen Zuschnitts, die beinahe museal wirken, lassen mich erlahmen. Was immer in ihrem Leben chaotisch gewesen sein mag: Es hat keine Spuren hinterlassen. Sie sagt, sie fände sich nicht schön. Jedoch wäre das Älterwerden für eine nicht so schöne Frau leichter. Ich – dagegen – finde sie schön. Ich finde sie sogar schöner als vor Jahren in ihren ersten Filmen. Ihr Gesicht war damals glatt, hübsch und ansprechend, doch in keiner Weise derart bemerkenswert wie heute. Sie hat einen schmalen, wohlproportionierten Körper, ein kleines Gesicht, und außergewöhnlich starkes Haar. Alles wirkt maßvoll. So auch ihre Gedanken. Dennoch: Unverwundbar ist sie nicht. Da sind ihr Mann, ihr Sohn, da sind vielleicht einige Menschen, die ich nicht kenne und von denen ich nie etwas wissen werde. Ihre Verletzlichkeit kann sie nicht vollends verbergen. Spricht man sie auf Empfindlichkeiten an, kommen Antworten verlegen und bis zur Unverständlichkeit leise. Bei allem Beruflichen ist ihre Stimme metallisch, klar, fest – um dann nach einer privaten Frage wiederum abzubrechen, nachdenklich zu werden, beinahe zärtlich. In Fahrt kommt sie, wenn sie über das Malen spricht. Sie sagt: »Ich wäre eine gute Lehrerin geworden.« Sie nimmt eines meiner Bilder von der Wand, deutet mit einem Finger Farben an, erklärt, bemängelt, gibt Mut; sie besteht darauf, daß es keine Parallelen geben sollte. Sie wird fast diktatorisch.

Ich benötige viel Kraft, um in mein Thema zu springen. »Die Wissenschaften kennen keine absoluten Wahrheiten mehr«, sage ich. »Selbst in der Physik gilt inzwischen das Unsicherheitsprinzip. Mit anderen Worten: Ein neues Zeitalter ist angebrochen. Ein Zeitalter, in dem die Parapsychologie und die Telepathie größere Beachtung finden als bisher, von Kepler, Newton, Jungk abgesehen. Mehrere Großmächte experimentieren auf diesem Gebiet; man ist im Begriff, die Parapsychologie für Kriegszwecke einzusetzen. Bei Raumflügen wird streckenweise mit Telepathie gearbeitet. Bei Astronauten werden telepathische Fähigkeiten entwickelt. Wir gebrauchen ununterbrochen Redewendungen, die auf parapsychologische Sachverhalte hindeuten. Insbesondere in unserem Beruf ist es gang und gäbe: ›Der hat was.‹ – ›Da kommt was rüber.‹ – ›Das ist eine Persönlichkeit.‹ – ›Der strahlt was aus.‹ – ›Der hat eine bestimmte Aura.‹ Man ist geneigt zu fragen: ›Wollen Sie nicht erklären, wovon Sie reden? Könnten Sie mir sagen, was da ›rüber kommt‹? Staub? Gerüche? Läßt sich Ausstrahlung messen?‹ Wieso wird eine Schallplatte, ein Film, ein Buch unvermutet ein Riesenerfolg? Die Antwort: ›Sie kamen zur richtigen Zeit.‹

Ist dir irgendwann etwas begegnet, was du nicht mehr ausschließlich vom ›Zufall‹ herleiten kannst? Was auch nicht allein den psychisch bedingten Reaktionen zuzuschreiben ist?«

Lilli sagt: »Als ich fünfzehn Jahre alt war, ging ich in die Schauspielschule und hoffte natürlich, dort gleich der Star zu sein. Davon war aber keine Rede. Der Star war ein anderes Mädchen. Eine russische Jüdin, mit Namen Juanita Sujo, in

Argentinien geboren. Für sie war die Schauspielschule im Grunde völlig überflüssig. Sie war unglaublich begabt und ebenso interessant. So bürgerlich ich war, so unbürgerlich war sie. Natürlich faszinierte mich das. Ich ging noch zur Schule und mußte mein Abitur machen. So wollte es mein Vater. Juanita dagegen wohnte mit ihren beiden Geschwistern zusammen; diese Geschwister waren hochmusikalisch und studierten in Berlin Geige und Klavier, bei Szijezi und Schnabel. Sie lebten alle zusammen bei ihrer Mutter, die in einem Hinterhof grüne Tomaten einmachte. Juanita hatte alles, was mir fehlte. Sie besaß Instinkt, ganz abgesehen von ihrem unglaublichen Talent. Und sie besaß, wie sie mir oft versicherte, die Gabe des Hellsehens. Natürlich lachte ich darüber. Sie hingegen ließ sich keinesfalls davon beeindrukken, sagte nur: Ihr Instinkt wäre derart ausgeprägt, daß sie Dinge voraussähe. Sie beehrte mich mit ihrer Freundschaft. Und ich lernte von ihr im Alter von fünfzehn Jahren, meine anerzogene bürgerliche Verklemmtheit abzustreifen. Unsere Wege trennten sich. Abitur, Schauspielprüfung. Sie wurde nach München engagiert, zu den Kammerspielen. Ich ging nach Darmstadt. Sechs Monate darauf kam Hitler an die Macht. Da sie Jüdin war, ging sie mit ihrer Mutter nach Buenos Aires zurück. Im Krieg riß unser Kontakt ab. Sie war für mich verschüttet, verschwunden. Ich ging nach England. Ich heiratete. Später lebte ich in Hollywood. Da erhielt ich eines Tages einen Brief von Juanita aus Buenos Aires. Sie war inzwischen zum Star des Theaters avanciert, und sie hatte einen Film von mir gesehen. Deshalb wußte sie, wo sie mich erreichen konnte. Wir korrespondierten einige Male, und dann bekam ich einen Brief von ihr, in dem sie mir schrieb, sie hätte innerhalb von sechs Monaten Vater, Mutter und Schwester verloren. Und nun passierte, was eigentlich nicht passieren darf: Der Brief erreichte mich mitten in einer tiefen Krise, die mit meinem ersten Mann zusammenhing. Seinetwegen hatte sich eine junge Frau umgebracht. Ich nahm von Juanitas Schreiben keine Notiz. Etwas, was ich mir niemals verzeihen werde. Der Selbstmord löste einen Skandal aus, mein Mann und ich flüchteten nach New York. Der Brief ging verloren und damit ihre Adresse. Zum zweitenmal war sie für mich verschollen. 1954 kehrte das Ehepaar Harrison-Palmer nach Hollywood zurück. Gemeinsam drehten wir einen Film. Wir waren wieder anerkannt. Wir hatten Erfolg. Wir wurden eingeladen, selbst von Jack Warner, Boß einer der größten Filmfirmen. Eingekeilt stand ich zwischen vielen Menschen, sah einen jungen Mann, an die Bar gelehnt. Er schaute mich an und lächelte. Es war ein Lächeln, das sagen wollte: Na, da bist du ja endlich. Ich durchkramte mein Hirn und kam zu dem Schluß, daß ich ihn noch nie gesehen hatte. Nach dem Essen kam mein Mann, zog den großen Jungen hinter sich her und sagte: ›Das ist Carlos Thompson.‹ Und der große junge Mann beugte sich zu mir herunter, sagte: ›Juanita. Erinnern Sie sich?‹ – ›Natürlich.‹ Wir setzten uns in eine Ecke und redeten. Er hatte in Buenos Aires Theater gespielt. Sie hatte ihm alles von mir erzählt. Er kannte sogar das Tapetenmuster von unserem alten Berliner Eßzimmer. Ebenso wußte er vom Cello meines Vaters, von meiner Mutter, meiner Schwester. Es war atemberaubend. Wir gefielen uns mehr und mehr – der junge Mann und ich. Dann sprachen wir über Malerei. Ich sagte ihm, daß im oberen Stockwerk des

Hauses ein Porträt von Salvadore Dali hänge. Wir gingen hinauf und fragten den Butler: ›Wo ist der Dali?‹ – ›Zweite Tür rechts.‹ Wir standen in der Damentoilette. Während wir das Bild bewunderten – seltsam mysteriös –, sagte er: ›Ich muß Ihnen etwas gestehen. Juanita hat es vorausgesagt. »Wenn du, Carlos, jemals diese Frau triffst, dann werdet ihr euch ineinander verlieben und heiraten.«‹

Damals dachte ich: Der ist wahnsinnig. Schließlich war ich verheiratet und hatte keineswegs die Absicht, mich scheiden zu lassen. Dennoch durchzuckte mich die Erinnerung an Juanitas hellseherische Fähigkeiten. Ich stotterte: ›Wie ist sie auf diese verrückte Idee gekommen? Woher hat sie gewußt, daß Sie nach Hollywood gehen?‹ – ›Keine Ahnung‹, sagte er. ›Aber ich selber glaube unerschütterlich an die Liebe – das sollten Sie sich merken.‹ Ich lachte verlegen. Gekünstelt. Drei Jahre später waren wir verheiratet. Bis heute weiß ich nicht, wieweit er von Juanitas Prophezeiung beherrscht war. Jedenfalls hat er überall nach mir Ausschau gehalten. Eines Tages hatte er neben mir im Connought-Hotel in London gestanden. Ich redete gerade auf den Manager ein. Ich war ärgerlich. Beklagte mich über irgend etwas. Carlos wollte mich ansprechen. Aber eine innere Stimme riet ihm: Es ist der falsche Augenblick. Und da er an seine Intuition glaubt, hat er gewartet. Er war überzeugt, mich eines Tages wiederzusehen. Ein Jahr später war es soweit.« Lilli betrachtet ihre Hände, sagt leise-nachdenklich: »Carlos hat solche Dinge schon häufig erlebt.«

Ich dränge: »Erzähl mir davon.«

Sie ringt mit sich. Es ist ihr unangenehm. Endlich sagt sie: »Carlos' Vater hat sich sehr viel mit außersinnlichen Phänomenen befaßt.«

Sie erzählt mir eine Geschichte, die mich sprachlos macht. Gleichzeitig muß ich ihr jedoch schwören, daß ich sie nicht veröffentliche.

»Carlos wünscht nicht, daß man von seinen Erfahrungen spricht. Er fürchtet, sie könnten mißbraucht werden.«

»Ich stimme mit ihm überein«, sage ich. »Ich hoffe noch immer, daß eines Tages ein Gremium zusammentritt, das darüber entscheidet, wer wahrhaft parapsychologische Fähigkeiten besitzt und wer nicht.«

»Ich bin eine durch und durch hausbackene Person«, sagt Lilli. »Ich bin mir meiner fehlenden Fähigkeiten bewußt, nenne sie mein ›Manko‹. Ich weiß nicht, ob du mein zweites Buch gelesen hast. Es handelt ausschließlich davon, daß mir eine Antenne abgeht, die andere Menschen besitzen. Häufig bin ich gefragt worden: ›Haben Sie denn nie bemerkt, daß der Mann, den Sie lieben, eine andere liebt?‹ Meine Antwort war verrückt, dennoch wahr: ›Ich hatte zuviel zu tun.‹ Ich bin durch meine Tage gestürmt. Blindlings. Erdrückt von materiellen Sorgen. Sah und hörte nichts. Ich war überzeugt, daß der Mann, den ich liebte, notgedrungenerweise ebenso geradlinig und hausbacken wäre wie ich. Besäße ich diese Antenne, über die Carlos fraglos verfügt – und die du ganz sicher auch besitzt –, dann hätte ich etwas spüren müssen. Allerdings bin ich nicht ohne Hoffnung: Meine Fähigkeit, Dinge zu fühlen, entwickelt sich. Jene leise Stimme, die – so glaube ich – in jedem Menschen spricht, braucht einen Verstärker. Bewußt versuche ich mich auf jene kaum vernehmlichen Worte einzustellen. Wenn ich überhaupt eine gute Eigenschaft habe, dann ist es die, daß ich jederzeit mein

›Manko‹ erkenne. Und da ich mein ›Manko‹ nicht verdränge, bringe ich meinen Mitmenschen oftmals ein Übermaß an Toleranz entgegen. Ich halte das für keine Tugend. Wie kann ich richten und Recht sprechen, wenn allein schon meine Art, wie mit Scheuklappen durch den Tag zu laufen, mich leichter leben läßt als jene anderen, die dank ihrer empfindlichen Antennen wesentlich stärker fremden Einflüssen ausgesetzt sind? Und damit sehr viel gefährdeter, labiler, zerstörbarer leben als ich? Was meine Stärke zu sein scheint, ist nichts weiter als Sturheit. Du hast zu Anfang gesagt, daß vieles, selbst die Mathematik oder die Physik, fragwürdig geworden ist. Wie sehr der Boden schwankt, auf dem wir stehen, wurde mir erst jetzt, in den letzten Jahren, klar. Was meine Selbstbeherrschung, meine eiserne Disziplin anbelangt, so wird mir gelegentlich vorgeworfen: ›Das ist doch ein bißchen Mache bei Ihnen.‹ Unsinn. Ich bin viel zu bequem, um irgendeine Mache zu haben. Meine Unempfindlichkeit, die Tatsache, daß mir die richtigen Antennen fehlen – was Carlos spürt und was ihn schmerzt –, macht mir selber den größten Kummer. Carlos hat ein unglaubliches Gespür. Häufig sagt er: ›Merkst du nicht, daß dieser Mensch leidet?‹

›Woher weißt du das?‹ frage ich.

›Das steht ihm auf der Stirn geschrieben.‹

Unbelehrbar sage ich: ›Der sieht mir aber ganz fröhlich aus.‹

Sein Lächeln ist nachsichtig. Das ist es, was mich sehr stark an ihn bindet. Was ich hemmungslos bewundere. Vergleichbar einem herrlichen Zeichentalent. Ich habe einmal die – für viele Leute törichte – Behauptung aufgestellt,

Charme könnte man lernen. Ebenso Geschmack. Niemand hat Geschmack von Geburt an. Kinder haben meiner Ansicht nach einen fürchterlichen Geschmack. Man muß ihnen den richtigen Weg weisen. Vieles ist lernbar, jedenfalls, wenn man sich Mühe gibt. Aber ob man Instinkt lernen kann? . . .«

Sie zupft an ihrer Bluse, stellt ihre kleinen Füße ordentlich nebeneinander, zuckt die Schultern.

Ich sage: »Nur achteinhalb oder neun Prozent unseres Gehirns sind erforscht. Der Rest ist so unbekannt wie nicht einmal die Eiswüsten der Antarktis. Als das Wort ›Parapsychologie‹ in unser Vokabular eingeschleust wurde, traf es zunächst auf Unverständnis. Oberflächliche Fernsehinterviews taten ein übriges, um die noch kaum in Angriff genommenen Bemühungen der Lächerlichkeit preiszugeben. Wenn wir mehr voneinander wüßten und unsere Empfänglichkeit für übersinnliche Dinge besser entwickelten, könnte uns das eventuell helfen, eine echte, uns bislang unbekannte Güte zu entfalten.«

Lilli, erregt: »Das können wir uns gar nicht leisten – uns so gut zu kennen.«

»Wieso?«

»Weil ich überzeugt bin, daß das vielgerühmte Unterbewußtsein eine einzige Jauchengrube ist; und daß über dieser Jauchengrube ein dicker Zementdeckel liegt, der verhindert, daß die Infamie unseres Unterbewußtseins offen zutage tritt. Einzig und allein bei den Wahnsinnigen, bei den Depressiven, den Manischen bricht das Unterbewußtsein unverhüllt durch. Wir können es uns gar nicht erlauben, uns wirklich kennenzulernen.«

»Nein«, sage ich. »Wir nebeln uns ein.«

»Dieses Einnebeln«, sagt Lilli, »halte ich für sehr wichtig – wie gute Manieren. Auf die Disziplin kommt es an. Mag es mir noch so schlechtgehen, mag ich mich noch so unmöglich fühlen – die Disziplin gibt mir Halt. Das erste, was die Ärzte auf Anhieb erkennen, ist, ob sich ein Mensch vernachlässigt; ob er sich nicht wäscht; ob er sich nicht die Zähne putzt und so weiter. Ob er die äußere Disziplin verloren hat. Sie ist wichtig. Es muß nicht immer alles von innen kommen. Das Äußere beeinflußt genauso das Innere. Meine Haltung ist und bleibt preußisch. Ich betone dies – um mich zu distanzieren. Mit ihr möchte ich sterben. Sie ist mein Sicherheitsgurt.«

Ich sage: »Aber das bedeutet doch keinesfalls, daß wir dem Neuen ausweichen; und damit der Möglichkeit, mehr zu wissen, mehr zu helfen. Zur gleichen Zeit, als die Amerikaner ihren ersten bemannten Mondflug unternahmen, wurde in Leningrad die menschliche Aura fotografiert. Die Beschaffenheit der Aura läßt Krankheiten erkennen. Mit anderen Worten: Mit eben jener Methode können wir Leben retten. Wir dürfen nicht alles, was uns abstrus vorkommt, unter dem Vorwand der Disziplin beiseite räumen. Der Mißbrauch, den Hitler mit dem Wort ›Vorsehung‹ getrieben hat, hat uns in unserer Jugend geschockt. Wir sind verschüchtert. Verschreckt. Dennoch dürfen wir die Wünschelrute nicht aus der Hand legen. Jede Wissenschaft ist anfangs belacht und geächtet worden.

Was anderen zuweilen begegnet, scheint Carlos täglich zu erfahren. Du hast zuvor gesagt, daß dich das besonders stark an deinen Mann bindet. Das beweist, daß du jenen Phänomenen nicht grundsätzlich ablehnend gegenüberstehst. Vielleicht fürchtest du, nicht allein damit fertigzuwerden. Zu zweit bist du sicher, dem Unbekannten steuern zu können. Besonders wenn jemand – wie dein Mann – es versteht, mit den Segeln umzugehen. Bitte erzähle mir, was Carlos erlebt hat. Südamerika ist ein gefährlich fruchtbarer Boden auf diesem Gebiet.«

»Ich wünschte, du könntest mit ihm selber sprechen. Obwohl er sehr zurückhaltend und vorsichtig ist. Parapsychologie ist das einzige, was ihn vollkommen ausfüllt. Meine Formulierungen sind blaß. Seine sind erstaunlich. Doch wenn er über diese Dinge spricht, dann gehen Türen auf.«

»Türen zu gefährlichen Räumen?«

»Ja«, sagt Lilli. »Carlos' Formulierungen sind phantastisch und plastisch zugleich. Seine Erfahrungen auf dem Gebiet der Parapsychologie sind sein Lebensinhalt. Du solltest dir wirklich überlegen, ob du dieses Interview nicht lieber mit ihm machst statt mit mir.«

Ich sage: »Oscar Wilde hat einmal geschrieben: ›Man soll die Seele mit dem Körper heilen und den Körper mit der Seele.‹ Wir sprechen heute von psychosomatischen Krankheiten. Das bedeutet doch, daß die Seele, wo immer sie sich auch befinden mag, den Körper krank machen kann. Ich habe daran nicht den geringsten Zweifel. An mir selbst habe ich erlebt, wie Krankheiten auswucherten, Schmerzen unerträglich wurden, selbstgeschmiedeten Ketten gleich. Zweifellos war vieles auf seelische Ursachen zurückzuführen. Aber weshalb kann ich den Körper nicht mit der Seele heilen?«

»Viele können das«, sagt Lilli bestimmt.

»Ich kenne niemanden, dem eine solche Heilung gelungen wäre. Sollte man diese Kunst nicht weiterverbreiten?«

»Da ist Lourdes zum Beispiel«, sagt sie, »und der felsenfeste Glaube, wieder gesund zu werden. Es ist keine Frage, daß einige, die gelähmt waren, wieder aufstehen konnten. Daran siehst du, daß die Seele dem Körper helfen kann. Für mich ist und bleibt das ein unbegreifliches Wunder.«

»Ich möchte so gerne zu Carlos zurück«, bocke ich. »Denn eure Verbindung fasziniert mich. Hier bist du . . .«

Lilli nimmt mir das Wort aus dem Mund und sagt: »Hausbacken.«

»Sage nicht immer hausbacken«, widerspreche ich, obwohl ich ihr innerlich zustimme.

»Wie willst du mich dann nennen?« fragt sie.

»Vielleicht preußisch.«

»Belassen wir es bei prosaisch«, sagt Lilli.

»Nein. Prosaisch bist du nicht. Man kann nicht so malen wie du, wenn man prosaisch ist.«

»Hast du meine Bilder gesehen?« fragt sie. »Sie sind reine Form und Farbe. Sie haben etwas mit Lebensfreude zu tun. Im Vergleich zu dem jedoch, was du tust, im Vergleich zu dem, wie du schreibst, bin und bleibe ich eine prosaische Natur. In meinem Zusammenleben mit Carlos ist das übrigens auch dringend notwendig. Ich bin sein Gegenpol.«

»Du fühlst dich verpflichtet, sein Anker zu sein?«

»Dagegen wehrt er sich«, sagt sie.

»Das möchte ich bezweifeln.«

»O doch. Welcher Mensch mit einem großen Bogen möchte schon verankert sein? Er geht zuweilen weg. Monatelang. Allein. Weil er allein sein muß. Aber er weiß, er kommt zu jemandem zurück, dem er keine Rechenschaft abzulegen hat.«

Sie sitzt sehr gerade. Sehr tapfer. Ich ahne, daß es ihr am Anfang nicht leichtfiel. Und daß sie nur dank ihrer preußisch-goldenen Lebensregeln die langen Perioden der Einsamkeit ertragen hat.

Sie sagt nach einer Weile: »Du weißt, er ist Schriftsteller. Er muß allein sein, um sich neuen Menschen nähern zu können. Es ist kaum ein Jahr her, da ist er mit dem Rucksack vier Wochen durch Israel gezogen. Kreuz und quer. Er lebte in den einfachsten Kibuzzim. Niemals in einem Hotel.« Und sie wiederholt: »Ich gebe ihm diese Freiheit. Er kommt nicht zu einer Frau zurück, die ihm auch nur die geringsten Vorwürfe macht. Im Gegenteil. Wir leben beinahe wie zwei Junggesellen und stören unsere Kreise nicht. Dennoch sind wir durch eine große Liebe aneinandergekettet. Er gibt mir sehr viel mehr als ich ihm; was ich ihm zu geben hatte, hat sich bereits in den ersten zehn Jahren erschöpft. Der äußere Erfolg zum Beispiel, den ich im Augenblick habe, ist unwichtig. Ich muß gestehen, er ist mir eher peinlich. Durch seinen Vater in die Welt der Parapsychologie eingeführt, hat er seine Fähigkeiten weiterentwickelt. Aber er geht sehr vorsichtig mit ihnen um. Weil zuviel Scharlatanerie damit getrieben wurde und wird.«

»Ich muß dir widersprechen«, sage ich. »Mir scheint die Zeit gekommen, das Versteckspiel aufzugeben. Wenn jemand, der zu reden befugt ist, den Mund auftut, legt er damit den Scharlatanen das Handwerk. Scharlatanen, die mit gezinkten Karten spielen und im Kaffeesatz herumrühren und die nur zu oft zum Sadismus neigen. Wer zu ihnen kommt, hat Sorgen. Er ist verletzlich, verwundbar. Er sucht Hilfe, Trost. Die Schäden, die Unbefugte anrichten können, sind verheerend, entsetzlich, unverzeihbar.«

»Ich habe eine Freundin«, sagt Lilli. »Sie geht seit vielen Jahren zu einem Pfuscher, um mit ihrem toten Mann zu sprechen. Sie nimmt das Gesprochene auf Tonband auf und spielt es mir vor. Sie war ihr Leben lang ein Snob und das, was man in Amerika ›sophisticated‹ nennt. Doch nach dem Tode ihres Mannes fiel sie in die Hände dieses irrlichternden Teufels, dem sie total hörig wurde. Auf den Tonbändern ist nicht nur die Stimme ihres toten Mannes zu vernehmen, sondern da sind auch Menschen, die ich gut gekannt habe und die irgendwann gestorben sind – und die mit ihr sprechen. Ich bin überzeugt, daß der Kerl nichts anderes tut, als seine Stimme zu verstellen. Und so sehe ich meine gescheite, humorige Freundin und kann es nicht begreifen. Sie glaubt jedes Wort. Dennoch hüte ich mich, sie zu warnen. Diese fatalen Gespräche sind ihr Trost, ohne den sie nicht mehr auszukommen scheint. Wie dürfte ich ihn ihr nehmen. Es wäre eine Anmaßung.«

»Warum ist sie nicht nach London gegangen?« frage ich. »In das Institut für Parapsychologie? Ein oder zwei Leute, die dort arbeiten, darf man getrost ernst nehmen. Ich möchte noch einmal auf mein Gremium zurückkommen. Es gibt etliche Ärzte, die schlecht sind. Auch sie sind natürlich von einer Kommission geprüft worden, und man hat ihnen ihre Fähigkeiten bescheinigt. Einige haben mir Entsetzliches angetan. Gleichzeitig gibt es jene, die ausgezeichnet sind und mich gerettet haben. Aber daß es auch unter den approbierten Ärzten Nichtskönner gibt, rechtfertigt noch nicht die Tatsache, daß jeder Dahergelaufene frisch-fröhlich behaupten darf, er wäre Hellseher, Astrologe, Handleser oder Kartenleger, ohne sich irgendeiner Prüfung unterzogen zu haben.«

»Ja«, sagt sie. »Aus der Not eines Menschen ein Geschäft zu machen, ist unverzeihlich. Mir ist es einmal ähnlich ergangen. Ich fürchte, es gibt fast niemanden, der nicht in einem verzweifelten Augenblick still und heimlich zur Wahrsagerin, Kartenlegerin oder Astrologin geschlichen wäre, selbst wenn er, wie ich, im Grunde gar nicht an diese Sachen glaubt.«

Wieder zupft sie an ihrer Bluse, setzt sich aufrecht, als müsse sie der eingestandenen Schwäche ein Bein stellen.

»Ich habe mich damals furchtbar geschämt, weil ich meinen Grundsätzen nicht treu geblieben bin. Glaubst du denn an gar nichts mehr? habe ich mich gefragt. Doch ich wollte nur eins: Halt. Meine Situation war derart entsetzlich, daß ich stehenden Fußes zu einer Astrologin gegangen bin und mir zum erstenmal ein Horoskop habe stellen lassen. Es war Februar. Am nächsten Tag habe ich sie wieder aufgesucht – beinahe zitternd –, und sie erklärte mir: ›Es steht traurig um Sie. Ich habe Ihnen das Horoskop für den Rest des Jahres erstellt. Bis zum Jahresende sieht es genauso düster aus wie jetzt, wenn nicht noch schlimmer. Besonders im Juni oder Juli wird es katastrophal. Sie oder Ihr Mann gehen durch das Haus des Todes.‹ Mir wurde regelrecht schlecht. ›Das bedeutet nicht unbedingt, daß Sie oder er sterben werden.‹ Wie durch Watte vernahm ich ihre Worte: ›Aber da ist ein Tod in der Nähe. Irgend etwas, das Sie sehr belasten und beeinflussen wird. Und in der zweiten Jahreshälfte wird es kaum besser. Erst das kommende Jahr – in zwölf Monaten – läßt hoffen. Das Dunkel lichtet sich. Sie werden es erleben.‹ Tatsächlich ist alles eingetroffen. Es war das Jahr, in dem die Freundin meines ersten Mannes Selbstmord beging. Es dauerte über sechs Monate, bis unser Zusammenleben einigermaßen in Ordnung kam. Als es mit unserer Ehe wiederum nicht stimmte – Jahre später –, lief ich schnurstracks zu der gleichen Astrologin. Doch diesmal hat sie mein Horoskop falsch gedeutet. Einiges von dem, was sie vorhergesagt hatte, traf ein – sehr vieles nicht.«

»Trotzdem sollte man nicht die gesamte Astrologie verdammen, einzig deshalb, weil eine Astrologin sich als unfähig erwiesen hat«, sage ich.

Aufgeregt ruft sie: »Aber es war doch dieselbe Frau.«

»Vielleicht hatte sie eine schlechte Phase. Frauen als Astrologen sind ohnehin Ausnahmen.«

Lilli fragt: »Du ahnst, wer es war?«

»Nein.«

»Sie hat auch ihren eigenen Tod nicht vorausgesehen. Es war Maria Montez. Die schöne Schauspielerin. Die Frau von Pierre Aumont. Astrologie war ihr Hobby, ihre Lieblingsbeschäftigung. Aber den Tag, an dem sie in der Badewanne ertrank, den hat sie in ihrem eigenen Horoskop nicht als gefahrbringend erkannt.«

»Es gibt Astrologen, die behaupten, man könne den Tod im Horoskop nicht voraussehen«, sage ich.

»Aber erkennt man nicht, daß bestimmte Dinge bedrohlich werden können?« fragt Lilli.

»Carroll Righter hat mir einst gestanden«, sage ich, »obgleich er sonst – was seine Klienten angeht – verschwiegen ist wie das Grab, daß er Maria Montez stets vor Wasser gewarnt hätte.«

»Ja«, sagt Lilli. »Ihr Mann hat mir das bestätigt.«

Ich sage: »Daß sie das Unheil nicht vorausgesehen hat, ist dennoch unbegreiflich. Aber vielleicht sollte es so sein. Gott läßt sich nicht hinter die Karten schauen.«

Lilli lächelt und sieht mich mit ihren großen, langlidrigen Augen an.

»Läßt du dir immer noch dein Horoskop stellen?«

»Für große Zeiträume schon«, sage ich. »Damit ich meine Kraft nicht unnütz verschwende. Wenn Carroll drängt: ›Jetzt solltest du aktiv sein, es lohnt sich‹, dann versuche ich, mich danach zu richten. Dennoch: Sein oberster Grundsatz, der auch auf seinem Briefbogen nachzulesen ist, lautet: ›Die Sterne machen geneigt, aber sie zwingen nicht – was du aus deinem Leben machst, ist zuletzt deine eigene Sache.‹ Das trifft auch auf deine von dir so geliebte ›Disziplin‹ zu. Es ist unmöglich, daß alles hundertprozentig eintrifft. Nimm den Fall des Kollektivschicksals. Wir beide haben es auf verschiedene Weise erfahren. Du bist aus Deutschland geflüchtet – ich habe das Berlin von 1945 überlebt. Katastrophen, auf die wir keinen Einfluß hatten. Sie sind offensichtlich nicht mit dem Wort ›Zufall‹ abzutun.«

»War das aus deinem Horoskop zu ersehen?« fragt Lilli.

»Als ich Carroll Righter kennenlernte – 1948 –, wollte er ein Horoskop von mir anfertigen. Ich sagte ihm, daß ich kein Geld hätte. Das wiederum schien ihn nicht zu interessieren. Einige Tage darauf begegneten wir uns. Er sagte: ›Sie sind im Juni 1945 fast ums Leben gekommen. Es gab nur einen einzigen Aspekt, der auf Ihre Rettung hindeutete.‹ Er beschrieb die Wochen, in denen ich in Gefangenschaft war. Fast alle, die in jenem Lager waren, haben den Hunger, die Krankheiten, die Entbehrungen nicht überlebt.«

»Wenn ich mich nicht irre«, sagt Lilli, »wurdest du von einem Arzt gerettet?«

»Ja. Er war ein Onkel von mir. Wir entdeckten unsere Verwandtschaft, als er mir einige Namen nannte, die nur in der Familie meiner Mutter bekannt waren. Unser Gespräch verlief so vorsichtig wie nur möglich, denn wir ahnten nicht, ob wir abgehört wurden. Und alles, was diesem polnischen Arzt noch gefehlt hätte, war, daß eine deutsche Kriegsgefangene seine Nichte war. Er half mir zu fliehen.«

Lilli bittet um eine Tasse Tee, geht ein paarmal in dem großen Wohnzimmer auf und ab, macht vor meinen Bildern halt.

»Zeichnen ist eine Gottesgabe«, sagt sie unvermittelt. Und dann: »Ich kenne eigentlich kaum einen Künstler, der nicht manisch-depressiv gewesen wäre. Du brauchst bloß an Dostojewski, Beethoven, Tolstoi oder van Gogh zu denken. Der einzige, von dem ich meine, daß er es nicht war, ist Mozart.«

»Und wie erklärst du das Phänomen Mozart?« frage ich und antworte im gleichen Atem: »Es gibt keine Erklärung. Denn wieso wußte er in einem Alter, in dem andere gerade lernten, sich die Nase zu putzen, mehr über Harmonielehre als viele, die ein Leben lang studiert haben?«

Lilli sagt: »Der Vater hat ihn trainiert. Vom zweiten Lebensjahr an. Das Seelische läßt sich ohne jeden Zweifel steuern. Auf der anderen Seite hängt das seelische Wohlbefinden auch von körperlichen Gegebenheiten ab. Es verhält sich damit wie mit einer guten Verdauung. Du wachst morgens auf und fühlst dich wohl. Andere wiederum fühlen sich furchtbar; haben Migräne, oder was weiß ich. Rex Harrison, mein erster Mann, war vormittags nicht ansprechbar. So ist es mit den meisten Engländern. Selbst mein Sohn haßt es, wenn man ihn morgens anspricht. Ich hingegen gehöre zu den Lerchen, die morgens am besten singen – und damit den Leuten abscheulich auf die Nerven gehen.«

»Ich bin kein Engländer«, sage ich. »Aber zu den Morgenmenschen zähle ich keinesfalls.«

»Du fühlst dich morgens schlecht?« fragt Lilli entsetzt.

»Grauenvoll.«

»Na, siehst du.« Lilli, fast triumphierend: »Das ist körperlich bedingt. Das kann aber wieder in Ordnung kommen. Du hast doch bestimmt auch Zeiten gehabt, in denen du morgens aufgewacht bist und dich gut gefühlt hast?«

»Möglich«, sage ich, wissend, daß Mozart in weite Fernen gerückt ist, und bestehe störrisch auf unserem Ausgangsthema: auf Prüfung, Examen, Gremium. »Selbst wir Schauspieler müssen eine Prüfung ablegen«, sage ich. »Dabei können wir die Menschen höchstens langweilen oder anöden. Quacksalber jedoch, die sich gleich Geiern auf die Parapsychologie stürzen, die können den größten Schaden anrichten.«

Lilli sagt: »Ich weiß nicht, ob ich das so furchtbar finde. Denke an den Trost, den solche Leute geben können. Das ist wie Opium oder wie Religion. Sie geben Trost, sie geben Halt. Ich habe meine Freundin gefragt – jene, die mit den Tonbändern ihres verstorbenen Mannes lebt: ›Wenn du wirklich glaubst, daß sich die Verstorbenen zusammenfinden, dann ist der Tod doch eigentlich eine schöne Sache?‹ – ›Das ist er auch‹, rief sie emphatisch. Mich stört der Tod übrigens auch nicht. Aber aus anderen Gründen – ich habe meine eigenen Ansichten darüber.«

»Inwiefern?« frage ich.

»Für mich ist der Tod das passende Finale«, sagt sie, »der Schlußpunkt eines voll gelebten Lebens. Ich behaupte immer, ich habe das Leben von hundert Menschen gelebt. Da ich mich schon seit längerer Zeit mit dem Tod auseinandersetze, sehe ich ihm ruhig entgegen. Und weil wir nun einmal davon reden: Ich habe häufig eine seltsame Vision. Wenn mir irgend etwas geschieht, was mich erregt, aus der Bahn wirft, dann befällt mich eine Vorstellung, die sehr angenehm ist. Bitte versteh mich nicht falsch: Ich liebe ›the black box‹ – die schwarze Kiste. Ich sehe mich im Sarg liegen – gerade tot – und freue mich wie ein Schneekönig. Gemütlich liege ich da und blicke auf mein ganzes Leben zurück – überschaue es vom Anfang bis zum Ende. Das hilft. Denn ich weiß: Was heute geschieht, ist nicht so arg. Es gehört zum Leben, ist ein wesentlicher Teil davon. Ergo: Wenn irgend etwas Schlimmes eintritt, sagen wir, mein Sohn läßt sich scheiden – das belastet mich im Augenblick besonders, weil ich meine Schwiegertochter und meinen Enkel liebe –, dann denke ich an meinen schwarzen Kasten. Ich schaue zurück, und ich weiß: Das ist wichtig. Es war auch notwendig, daß ich mein Enkelkind in gewisser Weise aufgegeben habe. Vielleicht ist es eine kindische Vorstellung. Aber sie hilft. Wenn ich jetzt zum Arzt gehen müßte, und er würde mir eröffnen: ›Sie haben noch vier Monate zu leben‹ – vielleicht fiele ich mit einem Entsetzensschrei vom Tisch. Trotzdem hätte ich nicht das Gefühl, etwas versäumt zu haben. Mein erster Mann lebte stets in dem Wahn, gleich käme noch etwas Aufregendes um die Ecke. Ständig wartete er darauf, daß etwas passierte, während ich vielmehr fand: Es ist schon längst geschehen. Das Aufregende ist für mich im Grunde, daß ununterbrochen etwas geschieht. Ich habe Höhen, Tiefen und mittlere Ebenen erlebt – ich darf nicht mehr verlangen. Wenn ich zum Beispiel an einem Grab stehe, dann finde ich es völlig egal, ob der Tote 36 oder 76 Jahre alt geworden ist, solange ich das Gefühl habe: Er hat gelebt. Es gibt zu viele, die nur dahinvegetieren. Ich dagegen durfte sehr viel auskosten – Leid, Freude, Seligkeiten. Gleichzeitig bin ich eine Kämpfernatur. Und du bist es auch. Das ist es, was mich tröstet, auch wenn ich an deine Leiden denke: Selbst in deinen allerschwersten Augenblicken lebst du.«

Ich frage: »Wenn du dir eine übersinnliche Fähigkeit aussuchen dürftest, was würdest du wählen: Wahrsagen? Gedanken lesen? Krankheiten heilen? Eine mediale Begabung? Die Befähigung zur Telekinese?«

Lilli sagt, wie aus der Pistole geschossen: »Ich würde Krankheiten heilen wollen. Ganz klar.«

»Was empfändest du, wenn dein Kind ungewöhnliche Fähigkeiten dieser Art an den Tag legte – wenn es zum Beispiel eine hellseherische Begabung offenbarte?«

»Das würde mich faszinieren und enttäuschen«, sagt sie. »Denn es begeistert einen, wenn der Ehemann oder das Kind etwas besitzen, was einem selbst versagt blieb. Übrigens: Mein Sohn lebt im Augenblick nur für seine Astrologie.«

»Hast du irgendwann einmal etwas erlebt, was du mit

›Vorgefühl‹ bezeichnen würdest? Dabei kann es sich um Lappalien handeln: daß ein Telefon klingelt, und man weiß, wer am Apparat sein wird. Oder daß man um eine Ecke geht und weiß, man wird einen Menschen treffen, den man möglicherweise seit Jahren nicht gesehen hat.«

»Nein«, sagt sie. »Solche Gefühle sind mir unbekannt. Außerdem bin ich nicht abergläubisch.«

»Mit Aberglauben hat das wenig zu tun«, sage ich. »Aber ich entnehme deiner Bemerkung, daß du keinen Talisman besitzt.«

»Nein. Denn wenn ich an derartige Glücksbringer glauben wollte, gäbe ich ja zu, daß irgendeine Macht existiert, die darüber wacht, daß Frau Palmers Bäume nicht in den Himmel wachsen.«

Sie schmunzelt, trinkt ihren ungezuckerten Tee. »Der einzige Punkt, in dem ich abergläubisch bin – und zwar in starkem Maße –, ist, daß ich nichts ›berufe‹. Ich würde niemals sagen: ›Ich ängstige mich nicht um jene Menschen, die ich liebe.‹ Die alten Juden pflegten in einem solchen Falle stets zu sagen: ›Berufe es nicht.‹ Und wenn jemand gesagt hat: ›Ich habe mir noch nie etwas gebrochen‹, schrien sie ebenfalls: ›Berufe es nicht.‹ Das steckt wahrscheinlich noch in mir. Freilich sollte ich gestehen: Ich lese mein Tageshoroskop, wenn ich beim Friseur sitze.«

»Diese Horoskope stimmen fast nie«, sage ich. »Es könnte nur sein, daß das Gelesene dich unbewußt beeinflußt. Und das wiederum halte ich für gefährlich. Ich könnte dir eine ganze Reihe Namen nennen, die ernstzunehmende Astrologen oder auch Hellseher sind. Zum Beispiel Jean Dixon, die wiederholt versucht hat, das Weiße Haus zu erreichen, um Kennedy vor seiner Reise nach Dallas zu warnen. Sie wurde abgewimmelt. Dann gibt es einen Hellseher in Holland. Seine Begabung begann sich bereits zu offenbaren, als er erst sieben oder acht Jahre alt war. Er schaute aus dem Fenster. Sah auf eine verschneite Landschaft. Er sah einen Mann. Den Nachbarn. Er lief die Straße entlang, auf eine Scheune zu. Plötzlich schrie der Junge auf. Er sah den Mann in der Scheune verschwinden, ihn ein Seil hervorzerren, um sich damit zu erhängen. Der Junge raste zu seinem Vater und bat ihn, in die Scheune zu laufen – in der Hoffnung, den Mann retten zu können. Doch die Scheune war leer. Der Nachbar saß am Tisch seines Hauses und aß friedlich Abendbrot. Der Junge bekam die üblichen Schläge und wurde für verrückt erklärt. Er schwor sich: Ich mache so etwas nie wieder. Doch sieben Tage darauf war es geschehen. Der gleiche Mann hatte sich in seiner Scheune erhängt.«

»Kennst du Menschen«, fragt Lilli entsetzt, »die derartige Fähigkeiten besitzen?«

»Einige«, sage ich.

»Hast du sie erprobt?«

»Nur zum Teil. Auch ich bin nicht ohne Angst.«

»Um zur Astrologie zurückzukehren«, sagt Lilli, »hat dir Carroll Righter das Ende deiner Ehe mit David Cameron vorausgesagt?«

»Nein. Ich wurde am 4. Juni 1976 geschieden. Ein Tag, den ich nicht vergessen kann. Ich war völlig verstört. Und da geschah etwas Unfaßliches: Just an jenem 4. Juni – und ohne von dem Scheidungstermin gewußt zu haben – kam Carroll Righter von Los Angeles nach Salzburg. Er erschien in der Mühle und sagte: ›Heut ist ein fürchterlicher Tag für dich. Ich bleibe bei dir.‹«

Sie rührt nachdenklich in ihrer nunmehr fast leeren Tasse.

»Wenn man nicht lockerläßt, bis an die Grenze der Impertinenz«, sage ich, »dann stößt man im Leben jedes Menschen auf einen Punkt, der sich nicht mehr mit ›Zufall‹ abtun läßt. Zumeist folgt dann ein Bekenntnis, ein Bekenntnis, das wiederum Verwirrung stiftet. Jeder trachtet danach, ein bestimmtes Bild von sich zu formen, von seiner Rolle in der Komödie oder Tragödie, die wir Leben nennen.«

»Weißt du, Hilde«, sagt Lilli, »es gibt wahrscheinlich keinen Menschen auf dieser Welt, der nicht in der Mitte seines Lebens feststellt, daß er genau das Gegenteil von dem getan hat, was er eigentlich hätte tun wollen. Deshalb glaube ich, daß es kaum jemanden gibt, der nicht irgendwann in seiner Irritation zum Wahrsager gegangen ist.«

»Selbst Churchill befragte Wahrsager und Astrologen«, sage ich.

»Ja«, sagt sie. »Denk an Steinbecks ›Von Männern und Mäusen‹ – zuweilen kommt sich der Stärkste wie eine Maus vor. Unter den wahrhaft Interessanten existiert kaum einer, der nicht die Stunden der absoluten Hilflosigkeit erlebt hätte.«

»Es macht ihn menschlich und greifbar. Ansonsten wäre er total unbeeinflußbar, unveränderbar und absolut gefühlsarm«, sage ich.

»Wir sind inkonsequent«, sagt sie. »Wir klammern uns an jeden Strohhalm. Wir schwimmen im Reichtum unserer Gaben, doch wir alle kennen diese fürchterlichen Stunden der Niedergeschlagenheit, Stunden, in denen wir angekrochen kommen – auf allen Vieren, vom Zweibeiner weit entfernt.«

»Hast du dir je wieder ein Horoskop stellen lassen?«

»Nein. Nie wieder«, sagt sie. »Ich habe damals zitternd gewartet. Mit gefalteten Händen. Ich möchte diese Stunden vergessen. Aber ich vergesse sie nicht:

Denn sofern du das nicht hast
Dieses stirb und werde,
bist du nur ein trüber Gast
Auf der dunklen Erde.«

»Ich bewundere den Instinkt der Tiere«, sage ich.

»Seltsam, daß du mir das Wort aus dem Mund nimmst. Während ich eure Katze gestreichelt habe, dachte ich an Vivian Leigh. Sie hing so sehr an ihren Siamesischen Katzen. Vivian hatte Tuberkulose gehabt. Sie war ausgeheilt. Eines Tages schrieb sie mir, daß sie von neuem erkrankt sei. Doch sie wollte in kein Krankenhaus. Sie blieb zu Hause, lag im Bett, rauchte wie ein Schlot und trank wie ein Faß. Zehn Tage vor ihrem Tod schrieb sie mir noch eine Karte. Sie lebte seit Jahren mit einem jungen Maler zusammen, der sie abgöttisch verehrte. Eines Abends kam er nach Hause. Er öffnete vorsichtig ihre Schlafzimmertür und sah, daß sie schlief. Die Siamesische Katze lag, wie immer, auf ihrem Kopfkissen neben ihr. Daraufhin ging er in die Küche, aß etwas und kehrte zurück. Doch Vivian lag nicht mehr in ihrem Bett. Er lief ins Badezimmer. Da war es dunkel. Er sah in die Ecke, fand sie tot auf dem Boden. Und die Katze war fort. Niemand hat sie je wiedergesehen.«

Ich sage: »Man hat Tests gemacht mit Ratten auf U-Booten. Man hat sie in Bleikammern gesperrt. Das Boot lag in der Nähe von Alaska. Die Rattenweibchen der eingesperrten Männchen waren in Nevada. Als die Weibchen starben, begannen die Männchen laut zu schreien.«

Lilli sagt: »Es ist bekannt, daß vor einem Erdbeben Hunde und Katzen verschwinden und daß sich selbst die scheuesten Tiere seltsam benehmen.«

»Ob Mensch, ob Tier, wir alle stehen unter kosmischen Einflüssen. Wir sind nur nicht imstande, sie wahrzunehmen.«

»Wahrscheinlich ist auch dies eine Wissenschaft, die man erlernen könnte. Nach dem Tod – wie Carlos immer meint. Alles ist Energie. Und die Energie bleibt erhalten. Die Erscheinungsform verändert sich. Genauso ist es mit uns Menschen.«

»Eine Kraft – Morsezeichen ähnlich, die wir nicht zu entschlüsseln vermögen«, sage ich.

Lilli überrascht mich mit: »Manche Leute sind dazu in der Lage. Da gibt es jene, die Geister wahrnehmen. Die spüren, ob in einem Zimmer irgend etwas Schlimmes geschah. Ich hingegen – stur wie ich bin – habe so etwas nie bemerkt. Obwohl man mir durchaus glaubwürdige Phänomene dieser Art beschrieben hat.«

Ich sage: »Meine Mutter hatte überhaupt keinen Nerv für außersinnliche Wahrnehmung. Doch dann passierte folgendes in einem Haus, das wir in St. Moritz bezogen hatten: Nachts wurde ihr wiederholt die Decke weggerissen. Weder ein Hund noch eine Katze noch sonst ein Lebewesen hatten sich außer ihr im Zimmer aufgehalten. Trotzdem lag die Decke weit entfernt vom Bett auf dem Boden. Sie hatte sie keinesfalls weggetreten. Das war nicht ihre Art. Sie pflegte ganz ruhig zu schlafen. Doch eines Morgens gestand sie mir, daß dieser Vorgang sie schon wochenlang belästigte. Sie bezog ein anderes Zimmer. Dann kam eine Freundin. Wir überließen ihr den Raum, in der Hoffnung, sie würde nicht ähnliche Erfahrungen machen. Bereits am nächsten Morgen erschien sie geisterbleich und berichtete, man habe ihr wiederholt die Decke weggezogen. Nachforschungen ergaben, daß jenes Haus einer alten Dame gehört hatte, die in diesem Zimmer verstorben war. Gordon Turner, der Leiter des Parapsychologischen Instituts in London – ein bescheidener, liebenswerter Freund, der leider inzwischen gestorben ist –, pflegte derartige Geschehnisse ›unbefreite Geister‹ zu nennen. Sie sind wie jemand, der sich nicht von der Erde lösen kann; der sich starr an das festklammert, was ihm bekannt ist; und der mit der Tatsache, sein ihm vertrautes Leben nicht weiterleben zu können, nicht fertigwird. So jedenfalls hat er es gedeutet.«

Gedehnt sagt Lilli: »Ich vermag mir kaum vorzustellen, daß sich das Gros der Menschheit nicht von vertrauten Gewohnheiten befreien möchte.«

»Am Anfang unseres Gespräches habe ich dir gesagt, wir wären Laien, die auf weitere Forschungen hofften, damit wir nicht länger mühselig herumstottern müßten. Gordon Turner hat mich übrigens als erster auf die Quacksalber aufmerksam gemacht.«

Just in diesem Augenblick kommt ein Fotograf. Umständlich baut er seine Lampen auf. Ich murmele: »Ich hasse es, fotografiert zu werden.«

Lilli: »Ich auch.«

Dennoch: Wir benehmen uns wie Profis. Lilli rückt Sofas, Sessel, setzt uns ins rechte Licht, gibt dem Betulichen Anweisungen. Als er fertig ist, fahre ich ohne Rücksicht auf sein lärmendes Zusammenräumen fort: »Gordon Turner hat mich als erster auf die Scharlatanerie im Zusammenhang mit Parapsychologie hingewiesen. Auf jene abgeschmackten Geldmacher, die mit heimlichen Sendern arbeiten, die sie sich in die Schulterpolster einnähen. Auf solche, die den Raum verdunkeln, Räucherkerzen aufstellen und den Humbug zum Aberwitz werden lassen. Speiübel wird mir beim Gedanken, daß ein verzweifelter Mensch derart infamen Geschäftemachern in die Hände fällt, die ihren sadistischen Spaß mit ihm treiben. Doch von jenen Betrügern abgesehen, bin ich überzeugt, daß wir kosmischen Kräften und Strömungen ausgeliefert sind gleich einem Pingpongball, der auf einer sprühenden Fontäne tänzelt.«

»Aber man hat Angst davor«, sagt Lilli. »Wie gern möchte man seines eigenen Glückes Schmied sein. Früher hatte der Mensch die Kirche. Was hat er jetzt? Die Psychiatrie? Der Mensch lebt durch den Kopf, sagt Brecht. Und noch eins: Das Schwerste ist der Überfluß. Da stimme ich Mao völlig zu. Gestern saß ich vor den Toren meiner ehemaligen Schule. Damals gab es noch Baracken. Mit einem Ofen drinnen. Erst später kam die Zentralheizung. Die Menschen streiten: Wo wird es zuviel? Wir bekamen als Kinder trockene Schrippen am Nachmittag. Stell dir vor, du würdest deiner Tochter eine trockene Schrippe geben. Jeder würde sagen: Das arme, arme Kind. Kürzlich wurde ich von einem Reporter gefragt: ›Wenn man Ihrem Buch Glauben schenken darf, dann haben Sie zur gleichen Zeit die Schule und die Schauspielschule besucht. Wie konnten Sie das bloß bewältigen?‹ Ich habe ihm gesagt: ›Ich habe es so gewollt.‹ Er wiederum: ›Da haben Sie sich doch überarbeitet.‹ Was ich bejahte. Niemals sagte jemand: Das arme Ding überarbeitet sich. Höchstens: Soll sie doch arbeiten, mit ihren fünfzehn, sechzehn Jahren. Wenn ich heute lese, daß man den Kindern nur das beibringen möchte, was diese sich wiederum wünschen, da bekomme ich es wahrhaftig mit der Angst zu tun. Woher weißt du, was du gerne hast? Wie kannst du dich auf die Geschichts- oder Zeichenstunde freuen, wenn du die Mathematikstunde nicht haßt? Wie kannst du auf das Leben vorbereitet werden, wenn du dich nicht in der Chemiestunde oder Erdkunde zu Tode langweilst? Vielleicht fällst du durch oder auch nicht. Aber irgendwo zeigt sich schon des Pudels Kern.«

Henry Miller

Henry Miller

Siebzehn Jahre ist es her, daß nachts jemand ins Telefon brabbelte: »Neben mir sitzt Henry Miller. Er möchte Sie sprechen.«

Mit einem schnippischen: »Sehr witzig!« legte ich auf. Schließlich war meine Miller-Sammlung das Literatur-Carepaket, das ich als US-Andenken aus New York mitgebracht hatte, um unter den Miller-Ignoranten im Heimatland die Kunde von ihm zu verbreiten.

Es klingelte wieder. »Es ist tatsächlich Henry Miller«, sagte sein deutscher Verleger. »Er ist seit 24 Stunden in Europa, und sein Wunsch ist es, Sie zu treffen.« Kurz darauf Brummbär-Geräusche und Glucksen. Eine tiefe, breite Stimme, die aus dem Bauch heraufzuwabern schien. »Ich bin ein amerikanischer Autor«, sagte die Stimme. »Sie werden mich nicht kennen. Ich habe einen Film in San Francisco von Ihnen gesehen. Seither interessiere ich mich für Sie.« Wir sprachen zwei Stunden lang, verabredeten uns.

Dennoch vergingen einige Monate, bis er – von einem kohlkopfartigen Blumenstrauß verdeckt – schmächtig und scheinbar fröstelnd vor meiner Tür stand. Es war Affinität auf den ersten Blick – das Gefühl, sich seit langem zu kennen.

Er kam für ein Abendessen und blieb einige Monate. Im winterlichen Berlin ging er bibbernd durch Haus und Garten, in einem Pullover, der einem Sieb glich.

»Du bist reich«, sagte ich zu ihm und schleppte den Widerstrebenden in einen Laden. Verzweifelt betrachtete er die üppige Auswahl, rannte hinaus, flüsterte: »Das kann ich mir nicht leisten. Ich war zu lange arm. Anerkennung und Geld kamen zu spät in meinem Leben.« Er sagte es ohne Bitterkeit, ließ sich nach Stunden zum Kauf einer Jacke überreden.

Er, der es liebte, nächtelang monologisierend zu plaudern, Rotwein zu trinken und Gauloises zu rauchen, bis er im Zigarettennebel unkenntlich geworden, kommt mir in seinem Heim in Pacific Palisades – einstöckiges, schlichtes Haus, hinter dem der übliche kalifornische Swimmingpool glitzert – entgegen. Er schlurrt hinter seinem Rollstuhl her, umfaßt mich mit einem Arm, stößt seine Brummbärgeräusche aus, die zuweilen an einen motorisierten Rasenmäher erinnern. Seit eh und je bemüht er sich, im Chaos seines langen Lebens Ordnung zu schaffen – also auch im übersichtlichen Kuddelmuddel des weitläufigen Hauses. Seine Aquarelle kleben an den Decken der zwei ineinanderlaufenden Räume. Die Tür zu einer Kleinküche steht offen. Sie ist geputzt, unbenutzt. Er geht langsam auf einen Tisch zu. Zierlicher denn je. Eingehüllt in einen Bademantel, unter dem eine Pyjamahose hervorwedelt. Ächzend nimmt er Platz. Seine Augen blitzen noch immer amüsiert. Unüberrascht. Seine Hände streichen über den fast kahlen Schädel. Er, der mich noch als 74jähriger regelmäßig im Tischtennis schlug, kann die Zeichen seines hohen Alters und die Folgen einer schweren Operation nicht verbergen. Es scheint ihm auch nicht daran gelegen.

»Du bist einer der Revolutionäre der Literatur«, sage ich. »Gleichzeitig hattest du immer unbändiges Interesse am Sonderbaren und Absurden. Ich kann mich erinnern, daß du von etlichen Astrologen mein Horoskop hast stellen lassen, noch bevor wir uns begegnet sind. Genauso faszinierten dich die Chiromantie, die Parapsychologie, das ES.«

Er nickt, krault ein Ohr, blinzelt, als wäre die Erinnerung schummrig und verblaßt. Langsam rollt der Brummton durch seine Kehle. »Ich glaube, es war ein Deutscher«, sagt er. »Ein Schüler von Freud, der dieses Buch mit dem Titel *Das Es* geschrieben hat.« Und seinen Schädel reibend: »Unglücklicherweise kann ich mich nicht mehr an alles erinnern, aber Lawrence Durrel, mein Freund, hat es gelesen. Er verschlang es geradezu. Er kennt es durch und durch, von vorn bis hinten und von hinten bis vorn. Ich weiß, daß es irgend etwas gibt, was man mit ES bezeichnen kann. Ich möchte sagen, es ist wie das Hindu-Wort ›Oum‹. Es bedeutet alles und nichts.«

Er verkrümelt sich hinter dem Tisch, taucht wieder auf, sagt: »Gestern war eine Frau vom Funk hier. Wir sprachen über das Thema. Nach manchem Hick-Hack sagte sie schließlich: ›Sie sind an allem interessiert. Am Kleinsten, am Harmlosesten, am Größten, am Riesigsten und am Mysteriösesten.‹ Das Mysteriöse wohnt oft in den einfachsten und harmlosesten Sachen, glaubst du nicht?«

Ich nicke.

»Ich habe nie zu einer Gruppe gehört. Ich war nie Mitglied einer politischen, religiösen oder parapsychologischen Vereinigung. Ich war immer ein Teil und gleichzeitig allein. Ich überlege auch nicht allzuviel. Ich bin keinesfalls ein brillanter Denker. Ich glaube auch nicht, daß das Denken *die Sache* ist. Es ist für uns ein Anfang, den wir obendrein überanstrengt haben. Ja«, wiederholt er, packt jetzt zu, freut sich der Sprache, »wir überanstrengen es – das Gehirn und die Gedanken.«

»Glaubst du, daß wir oftmals die falschen Zentren unseres Gehirns überanstrengen?« frage ich.

Nichts da von greisenhafter Toleranz. Bewußt, entschieden ruft er: »Ich habe keine Ahnung. Vielleicht schlummert etwas in unserem Hirn, was mit ES bezeichnet werden könnte. Vielleicht ist es auch eine Art Antenne, die das ES aufnimmt. Wir reden über die Seele. Wo wohnt sie? Wir wissen, daß es sie gibt. Ich zumindest weiß es. Dennoch: Wo ist sie? Wo kann man sie finden? Man kann sie nicht definieren und nicht packen. Trotzdem ist sie ein sehr lebendiger Teil von uns. Man könnte sagen: sie ist alles. Die Seele und das ES sind – so glaube ich – ein und dasselbe. Das ES ist religiöses Bekenntnis und Veruntreuung zugleich. Ich frage mich«, sagt er, »warum du dir nicht einen Mann wie Krishan Murti ausgesucht hast, um ihm deine Fragen zu stellen. Ich bin weder Meister noch Guru noch Analytiker.«

»Ich weiß. Doch ich wollte gerade dich – Henry Miller – und keinen Guru befragen. Was du ein Leben lang geschrieben hast, war nicht ausschließlich vom Intellekt geprägt. Du hast oftmals gesagt, daß man während des Schreibens bescheidener und demütiger wird. Wieso?«

Er reibt ein Augenlid, sagt fast erregt: »Natürlich wird man bescheidener.«

Seine Hände bleiben ständig in Bewegung. Sie streichen über das schmale Gesicht, befühlen den Nacken, zupfen am

Bademantel, rücken einen Pinsel auf dem Tisch zurecht, schieben ein Blatt hin und her.

Vor einigen Jahren stand er auf der Rue du Pointieu in Paris. Er sollte in einem Studio aus seinem Buch *Der Wendekreis des Steinbocks* lesen. »Wie laut muß ich vor dem Mikrophon sein?« hatte er mich beinahe verängstigt gefragt. »Darf ich auch einmal eine Pause machen?« Ich hatte ihn beruhigt. Dennoch war er zweifelnd, und keinesfalls von sich überzeugt, davongegangen.

»Hast du Erfahrungen mit Telepathie?« frage ich. »Zum Beispiel mit deinen Freunden Durrell oder Anaïs Nin?«

»Nein, ich glaube nicht«, sagt er nachdenklich.

Doch dann erwacht er, rückt vor. »Kürzlich habe ich Kontakt mit jemandem gehabt. Es ist noch nicht lange her. Mit jemandem, um den ich mich sehr gesorgt habe. Eine Frau. Sie wollte mich besuchen – mit dem Auto – und war bereits drei Stunden überfällig. Ich war nahe daran, auf die Knie zu sinken und zu beten – was ich nie tue. Plötzlich durchfuhr es mich wie ein Blitz: Es ist alles in Ordnung. In wenigen Minuten wird sie da sein. Und etwa drei bis vier Minuten später traf sie ein. Würdest du das mit Telepathie bezeichnen?« fragt er.

»Ja«, sage ich.

Er grinst, blinzelt mir zu, brummt: »Ich glaube schon daran. Ich habe ernsthafte Erfahrungen damit gemacht. Als ich einundzwanzig Jahre alt war, habe ich auf einer Obstplantage gearbeitet. Und während ich in diesem elenden Nest saß, hatte ich den brennenden Wunsch, eine Stadt in der Nähe zu besuchen, die Imperial City hieß. Das einzige, was mich reizte, dorthin zu gehen, war der pompöse Name.

Als ich den Ort endlich aufsuchte, war er nichts weiter als ein simples Dorf, wie jedes andere auch. Doch während ich noch dastand und mich umsah, verlor ich meine Identität. Ich wußte nicht mehr, wer und wo ich war. Der Zustand hielt nur für wenige Augenblicke an, aber mir schien er ein Leben lang zu dauern. Noch zweimal habe ich in meinem Leben ähnliche Erfahrungen machen müssen.«

»Du hast darüber geschrieben«, sage ich. *»Tage in Clichy.«*

»Ja«, sagt er, als hätte ich ihn aus einem Traum gerissen. »Clichy.« Und noch einmal: »Clichy. – Und dann in Toulouse: Kannst du dich an diese Geschichte erinnern, Hilde?«

»Du bist dorthin gefahren und hattest das Gefühl, schon einmal dagewesen zu sein. Dennoch wußtest du nicht genau, wo du warst.«

Er taucht einen Aquarellpinsel in ein Wasserglas, wischt ihn mit einem Lappen ab, reibt seine Hände an dem Bademantel, stützt die Ellbogen auf den Tisch, läßt sein Gesicht hinter den Händen verschwinden. »Hör zu. In Toulouse passierte mir etwas, was mir ungeheuer wichtig erschien. Als ich das erste Mal da war, ereignete sich nichts; ich kehrte nach Clichy zurück und fragte mich, weshalb ich überhaupt dorthin gefahren war. Einige Zeit darauf machte ich mich nochmals auf den Weg. Und da geschah es: Ich stand vor dem Polizeigebäude, und plötzlich wußte ich nicht mehr, wo ich mich befand. Ich wußte auch nicht mehr, wer ich war oder sonst irgend etwas über mich selbst. Totale Leere. Es war ähnlich erschreckend wie ein Traum, der mich jahrelang verfolgt hat, den ich aber glücklicherweise losgeworden bin.

Ich träumte ständig, daß ich mich rasiere und in einen kleinen Spiegel schaue. Plötzlich zerfließt mein Gesicht, und ein anderes taucht auf. Das nächste, was ich weiß: Ich bin für eine lange Zeit in einer Irrenanstalt gewesen, doch an irgendwelche Erfahrungen, die ich dort gemacht haben muß, kann ich mich nicht erinnern. Ich weiß nur, daß ich schließlich über eine Mauer geklettert und hinuntergesprungen bin. Unendlich glücklich. Freiheit. Ich schaue mich um, sehe ein junges Paar auf mich zukommen. Ich erwarte es mit Herzklopfen. Sie sind die ersten, die zur Außenwelt gehören. Ich beginne mit ihnen zu reden. Doch sie gehen schnurstracks vorüber. ›Non compris‹, sagen sie, schütteln den Kopf. ›Wir verstehen nicht.‹ Da merke ich, daß ich noch immer verrückt bin. Doch im selben Moment wache ich auf und bin gerettet.

Ich bin überzeugt, daß dieser Traum etwas mit meiner eingewurzelten Abneigung gegen die Amerikaner zu tun hat. Ich bin ein Fremder, ein Außenseiter, das schlägt sich in meinen Träumen nieder. Ob mein Traum eine symbolische Bedeutung hat, und was für eine unbekannte Erfahrung er widerspiegelt, kann ich nicht beurteilen. Träume erscheinen in allen Arten von Gestalten und Formen. Sie kommen. Sie gehen.«

Wir sehen auf den kleinen Swimmingpool, auf das blitzende Blau des Chlorwassers, das nächste Haus.

»Als was würdest du dich bezeichnen?« frage ich. »Optimist oder Pessimist?«

Er grunzt. »Ich glaube, ich bin weder das eine noch das andere, Hilde. Ich sehe die Alternative zwischen Optimismus und Pessimismus. Und ich kann sagen, daß ich eher ein fröhliches Wesen bin. Trotzdem möchte ich mich nicht ›optimistisch‹ nennen – ich weiß auch nicht, warum. Ich nehme an, es liegt daran, daß ich die Lage und die Zukunft der Welt keinesfalls hoffnungsvoll sehe. Ich bin damit zufrieden, hier mein Leben leben zu können. Trotzdem glaube ich, daß es die gottverdammteste aller Welten ist. Es ist die Hölle. Und ich bin überzeugt, daß dieser Planet – die Erde – nichts anderes als einen kosmischen Unfall darstellt. Dennoch sage ich: Lebe bis zum Tod. Sei das Leben. Verstehst du, was ich meine?«

Und ohne meine Antwort abzuwarten: »Ich bin mir im klaren darüber, daß das widersprüchlich ist. Ich selbst bin ein Widerspruch. Ich weiß das.«

»Eine kosmische Fehlschöpfung?« frage ich vorsichtig.

»Ja. Eines Tages las ich das und war begeistert. Das ist es, sagte ich mir. Das ist die Erklärung, nach der ich gesucht habe. Als Künstler weiß man, wie schwer es ist, sein eigenes Publikum zu finden. Eines, das dich versteht und akzeptiert. Ich fühle mich wie ein Fremder in einer fremden Welt, bis ich einen einzigen Fan gefunden habe. Aber jene, die schätzen, was ich tue, scheinen mir in der Minderheit zu sein. Die Majorität kennt nicht einmal meinen Namen. Du kannst in diesem Land umherwandern und fragen: ›Kennen Sie Henry Miller?‹ Die Leute werden mit nein antworten. Immer und immer wieder.«

»Bist du dir dessen sicher?«

»Ganz sicher«, sagt er unbeirrt. »Es ist nicht so, daß ich hoffe oder erwarte, für jedermann ein Begriff zu sein. Das ist letztlich auch nicht wichtig. Wie hieß denn nur der Mönch?« fragt er sich selber und reibt verärgert seinen Hals.

»Richtig. Der heilige Franz von Assisi. Auf seinem Sterbebett sagte er: ›Ich habe noch gar kein Gedicht auf den Bruder Tod gemacht.‹ Er wußte, daß er bald sterben würde, und begann, dem Bruder Tod ein Gedicht zu widmen. Auf eine gewisse Art fühle ich mich ihm wesensverwandt. Ich spüre: Was immer auch *hinter* dem Vorhang liegt, es kann genauso interessant sein wie dieses Leben *vor* dem Vorhang. Hinter dem Vorhang bedeutet: Auf der anderen Seite des Todes. Der Tod ist nur eine Vorstufe – ein Ort der Prüfungen.«

»Ich glaube an die Prüfungen vor dem Vorhang, auch wenn sie nicht auf den ersten Blick erkennbar sind«, sage ich.

Listig sieht er auf. Ich verhalte mich still, überlasse ihn seinen Gedanken. Endlich sagt er: »Bist du während deiner verheerenden Krankenhausaufenthalte zu dieser Ansicht gekommen?«

»Zum Teil«, sage ich. »Wenn die Wucht des Schmerzes unerträglich wurde, ging der Gedanke unter. Doch sobald ich mich ein wenig in den Griff bekam, überrannte mich die Idee der Prüfung.«

Es zieht. Henry bittet mich, die Küchentür zu schließen. Er friert – reibt seine dürren Arme.

»Kürzlich wurde in Amerika ein Buch veröffentlicht. *Ein Leben nach dem Leben«*, sagt er.

»Glaubst du daran?« frage ich.

»Ich glaube, daß es weitergeht. In irgendeiner Form. Ich treffe Leute, bei denen ich oftmals das Gefühl habe, daß es so etwas wie eine Seelenwanderung gibt. Tatsächlich empfinde ich sehr stark, daß ich einst ein alter Chinese und ein andermal ein Jude gewesen sein muß. Zur arabischen Welt habe ich absolut keine Beziehung. Chinesen und Juden. An meinen guten jüdischen Freunden kann ich mich auslassen. Ich hacke auf ihren Fehlern herum. Sie sind mir bekannt. Dennoch: Israel ist für mich keinesfalls der Stern von Bethlehem, sondern irgendeine Republik der westlichen Welt. Dynamik, Ambitionen, ständige Kämpfe. Wenn ich bete, bete ich für Indien, die ruhigen Philosophen, für die Quietisten und Quäker.«

»Du warst Rebell«, sage ich.

»Ja, ja«, sagt er, als erinnerte er sich an jemanden, der ihm nur flüchtig bekannt ist. »Doch selbst als ich jung war, habe ich schon die Schriften der Quäker gelesen und ihren Versammlungen beigewohnt. Ebenso habe ich mich mit den Theosophen abgegeben. Ich habe alle Religionen ausprobiert und alles in mich aufgesaugt, was ich über sie erfahren konnte. Ich muß sagen, daß mich die Theosophen sehr friedfertig gemacht haben. Wie du weißt, bin ich auf der anderen Seite gegen jede Religion. Da hätten wir also abermals den Zwiespalt. Ich interessiere mich für alle Religionen, dennoch meine ich, jeder sollte seine eigene sein. Er sollte sie herstellen. Ich kann weder Ehrfurcht noch Gehorsam aufbringen, weder vor Gott noch vor Göttern. Ich weiß nicht einmal, ob es einen Gott gibt. Ich nehme an, daß es einen Schöpfer gibt. Aber ich würde nie in Versuchung geraten, ihn mir vorstellen oder gar definieren zu wollen. Das wäre mir zu vermessen.

Darf ich noch ein bißchen weiter lamentieren?« fragt er besorgt, als stehle er meine Zeit und ich nicht seine. Für eine Sekunde hält er meine Hand, läßt sie los, sagt: »Da ist eine Sache, die ich satt habe. Die Leute wollen auf alles eine Antwort wissen. Ich hingegen liebe es, in geheimnisvolles Dunkel gehüllt zu sein. Begreifst du? Ich liebe das Mysterium. Ich liebe es, nichts zu wissen. Ich halte es mit dem Satz: Wir wissen nur, daß wir nichts wissen.«

»Obgleich du dich intensiv mit Religion, Astrologie und Chiromantie beschäftigt hast?« frage ich.

»Ja«, grinst er. »Ich interessiere mich noch immer dafür.«

»Das bedeutet doch, dem Geheimnis auf die Spur kommen zu wollen«, sage ich.

»Ja und nein. Die Astrologie stellt nie einen kausalen Zusammenhang zwischen dem, was geschieht, und der Bewegung der Sterne her. Sie sagt nur, daß beides existiert und daß es synchron verläuft. Doch eins löst das andere nicht aus. Die Bewegung der Sterne und das Geschehen auf der Erde existieren nebeneinander und miteinander.«

»Du warst vierzig Jahre alt, als du mit dem Schreiben begannst. Hattest du je eine Vorahnung, daß du schreiben würdest?«

»O ja.« Er lacht zum erstenmal. »Mehr als das, Hilde.«

»Auch daß du Erfolg haben würdest?«

»Nein«, sagt er gedehnt. »Das wußte ich nicht. Aber laß dir erzählen: Schon als ich sechzehn oder siebzehn war, stand für mich fest, daß ich schreiben wollte. Doch ich brauchte zugegebenermaßen sehr lange, bis ich es schließlich tat. Ich hatte große Ehrfurcht. Denn bereits mit sechzehn hatte ich eine Menge mystische Bücher der bedeutendsten Schriftsteller gelesen. Chinesische Philosophen unter anderem. Zur gleichen Zeit trat ich aus der presbyterianischen Kirche aus. Dennoch: abermals der Widerspruch. Ich habe nachts gebetet. Zu Gott: Laß mich ein berühmter Schriftsteller werden.«

Er gluckst, brummt, krault seine Ohren. »Das war der Gipfel meines Egoismus. Als ich dann eines Tages mit dem Schreiben begann, ging es mir leicht von der Hand. Nie hatte ich irgendwelche Sorgen, wie sie die meisten Schriftsteller haben, die sich den Kopf kratzen und überlegen: Worüber soll ich schreiben? Immer hatte ich ein Thema. Allerdings, Parapsychologie hat mich weniger interessiert. Der Grund dafür liegt auf der Hand. Ich kannte einen Parapsychologen, und der brannte mit meiner Frau durch, der Mutter meiner Kinder.« Nach einer Pause: »Im Grunde bin ich nicht einmal so sicher, ob ich das Spezialgebiet Parapsychologie überhaupt richtig verstehe.«

»Ich bestimmt nicht«, sage ich. »Das Feld ist weit, und unsere Erfahrungen sind gering. Man könnte bei dem ES oder auch bei der Telepathie beginnen, um bei der Geistheilung und den Fotografien der menschlichen Aura weiterzutasten.«

»Selbst in der Theosophie haben wir über Aura und Vorgefühle gesprochen«, sagt Miller. »Ich erinnere mich daran, daß mir ein Mann sagte, wie meine Aura aussähe.«

»Wie sah sie aus?« frage ich.

»Sie war golden. Ist das nicht phantastisch?« Und mit milder Selbstironie: »Mir wurden schon immer wunderbare Dinge über mich erzählt. Doch ich war zu bescheiden, um sie zu glauben und zu akzeptieren. Ich möchte kurz berichten, was mich zum Schreiben ermutigt hat. Der Anfang meines Schriftstellerdaseins war eher mit dürftig zu bezeichnen. Ich schrieb kleine Artikel für obskure Illustrierte. Weil ich jedoch ein Liebhaber von Worten war und bin und gern zum Wörterbuch greife, beschloß ich eines Tages, den Chefredakteur von *Funk & Wagnell's Dictionary* aufzusuchen. Ein bemerkenswerter Mann. Ich hatte ein langes Interview mit ihm. Ich fragte ihn Löcher in den Bauch: Wie zum Beispiel ein Wörterbuch hergestellt wird und so weiter. Zwei Tage darauf erhielt mein Vater einen Brief, in dem stand: ›Ich möchte Ihnen etwas über Ihren Sohn mitteilen. Er besuchte mich kürzlich. Sie sollen wissen, daß Ihr Sohn in meinen Augen ein Genie ist.‹ Wir waren baß erstaunt – mein Vater und ich. Wiederholt fragte er mich: ›Meint er wirklich dich?‹ Doch da es sich offenbar nur um mich handeln konnte, gab mir dieser Brief Auftrieb. Er bestätigte mir: Mach weiter. Selbst nachdem alle meine Freunde versichert hatten: ›Du bist kein Schriftsteller. Vergiß es, Henry.‹ Seinerzeit erntete ich ausschließlich negative Kritiken. Doch letztlich stärkte auch das meine Kraft.«

»Gab es Ereignisse in deinem Leben, auf die du keinerlei Einfluß ausüben konntest? Die sich auch nicht als zufälliges Zusammentreffen mehrerer verschiedener Komponenten deuten lassen?« frage ich.

»Du meinst, wie ich das Unerklärliche erkläre?«

»Genau«, sage ich.

»Ich versuche das gar nicht, Hilde. Ich fühle, was ich weiß, und niemand kann mir dieses Bewußtsein nehmen. Aber ich versuche nicht, das Unerklärliche zu erklären. Es existiert genauso wie das ES, von dem wir sprachen. Man hört auf, nur die oberflächlichsten Schichten des Hirns zu nutzen. Man wendet sich den tieferen zu, dort, wo man eventuell das ES entdecken könnte. Ich weiß es nicht. Doch keinesfalls finden wir es mit unserer vielgepriesenen Intelligenz und Logik. Wir graben und graben und stoßen auf nichts. Ich spüre in diesen kritischen Momenten, wie ich aus dem zivilisierten und kultivierten Leben hinauskatapultiert werde. Die Menschen, die ich heute in der ganzen Welt am liebsten mag, sind die Pygmäen in Afrika. Sie sind mit sich und ihrer Umwelt eins. Wenn wir ihnen sagen: ›Wir wollen euch einige Apparate zeigen, die euch das Leben erleichtern‹, antworten sie: ›Nein, besten Dank. Wir sind mit unserer Lebensart zufrieden.‹ Und ich wiederum sage: ›Mein Gott. Wer in der westlichen Welt kann das schon von sich behaupten?‹ Verstehst du? Es ist einfach und inhaltsschwer zugleich. Ich frage dich: Was hat uns unser Wissen gegeben? Was wissen wir wirklich? Wann können wir sagen, wir wissen mit absoluter Sicherheit? Meiner Meinung nach haben wir nie absolute Sicherheit. Mit unserer Art von Gehirn sind wir imstande, alles in Frage zu stellen, alles anzuzweifeln. Wir können alles und jedes verdächtigen. Vielleicht schätze ich deshalb die Naturvölker. Sie zerbrechen sich nicht ihre Schädel über irgendwelche raffinierten Denkmethoden. Ich glaube, das Hirn – und das ist nicht mein eigener Gedanke, es ist der eines jüdischen Schriftstellers – erledigt eine Arbeit, für die es nie erdacht war. Es sollte sich keinesfalls mit abstrakten Themen befassen, wie wir es jetzt gerade tun. Das ist vielleicht ein Spiel für Götter, bestimmt nicht eins für Menschen. Das Gehirn ist eher für praktische, für sofortige Reaktionen erdacht. Nicht dafür, daß wir uns zungenfertig um dürftig-trockene Dinge bemühen. Wir fragen nach den Wurzeln der Schöpfung. Wir fragen, was diese Wurzeln sind und woher sie kommen. Wir fragen nach allem. Wir fragen selbst nach Dingen, die ein religiöser Mensch gar nicht anzutasten wagt, weil er von Gottesfurcht erfüllt ist. Doch wir haben keine mehr.«

»Vielleicht weil wir die einzigen Geschöpfe sind, die wissen, daß sie geboren wurden und daß sie sterben müssen. Dieses Wissen stachelt uns an. Es macht uns mundtot und verängstigt – oder redewütig und geschwätzig.«

Henry starrt auf seine bildbeklebte Zimmerdecke, raunzt: »Auf einem Gemälde von Gauguin, das ich über meinem Badezimmerfenster hängen habe, steht: ›Wer bin ich? Woher komme ich? Wo gehe ich hin?‹ Diese drei Fragen – so scheint mir – sind die Fragen der Ewigkeit. Sie wurden und werden nie zufriedenstellend beantwortet werden. Wer bin ich? Woher komme ich? Wo gehe ich hin? Woher nehmen wir die Kühnheit, über Parapsychologie zu reden, über etwas, das unser Hirn nicht fassen kann?«

»Meine Kühnheit erwuchs aus der Angst, die mich befiel, als ich herausfand, daß Telepathie als Waffe benutzt werden könnte.«

»Das Geschäft mit dem Bösen und Guten ist so eine Sache«, sagt Henry Miller. »Eine Sache, der ich aus dem Weg zu gehen trachte. Ich kann nicht sagen: Das ist gut, das ist schlecht. Obgleich ich es manchmal tue – und mich dann dafür schäme. Das ist gut, das ist schlecht: Für mich geschieht alles unter *einem Baum.* Alles entspringt *einer* Wurzel. Gut und Böse sind ein und dieselbe Sache. Sicher bedeutet das, daß man Hitler und Jesus zusammensehen kann. Ich bin mir im klaren darüber, daß meine Auffassung weitreichende Folgen hat. Aber man kann auch Elektrizität nur aus Negativ und Positiv gewinnen.«

Er sieht mich mit seinen blitzblauen Augen an. »Wie lange kennen wir uns schon? Siebzehn Jahre. Wir haben darüber oft gesprochen, und du hast immer gesagt, daß du vor einem endgültigen Urteil zurückscheust. Vor jenem Urteil: Das ist gut, das ist schlecht. Du lehnst es ab, zu richten. Und jetzt will ich dir noch einen wunderschönen Satz von Goethe zitieren, der zu Eckermann sagte ...«

Da unterbreche ich ihn: »Du magst Goethe doch gar nicht.«

»Ja«, sagt er. »Es gab eine Zeit, da konnte ich mich nicht für ihn begeistern. Aber nachdem ich seine Gespräche mit Eckermann gelesen hab', bin ich ihm sehr zugetan. Goethe also sagte zu Eckermann: ›Ich wüßte kein Vergehen, das irgendwer begangen hat, das ich nicht fähig wäre selbst zu tun.‹ Für mich ist dieses Bekenntnis größer als alles, was Jesus je gesagt hat. Was ich bei uns am meisten verabscheue, das sind die zu guten Leute. Ich finde, ein Halunke ist interessanter. Billy Graham zum Beispiel – jener Prediger, der überall und immer seine Ansichten herausseiert –, für ihn und seinesgleichen empfinde ich ausschließlich Verachtung. Regelrechte Angeber. Was können wir, ich oder du, tun, um der Welt wirklich zu helfen? Dieser riesengroßen Welt mit Millionen Seelen?«

»Wir könnten Samen ausstreuen – haferflockengroße und kieselsteinkleine«, sage ich.

»Ich weiß nicht, ob das unsere Aufgabe ist«, sagt er. »Wir werden immer weitergeschoben.«

Plötzlich scheint er müde, lahm, gleichgültig.

Ich sage: »Als du einmal bei uns wohntest, hast du mir ein paar Zeichnungen hinterlassen. Ich hatte immer das Gefühl, ES hat für dich gemalt. Einmal sagtest du, daß du vor einem weißen Blatt Papier säßest und nicht die leiseste Ahnung hättest, was du malen würdest.«

Er grinst, als wüßte er etwas, was er nicht zu verraten gedenkt.

»Ja, ja«, murmelt er. »Das stimmt.« Und auf den Tisch deutend: »Ich habe erst heute wieder eine Zeichnung gemacht. Ich fange irgendwo in der Mitte des Papiers an, zeichne eine Linie, ein Kreuz, einen Kreis. Von da aus eile ich weiter. Dabei bin ich zu der Erkenntnis gekommen, daß alles mit allem vergleichbar ist. Das Einfache und das Komplizierte liegen dicht beieinander. Zum Beispiel: Du weißt, daß ich Psychoanalytiker nicht leiden mag. Für mich sind sie verdrehte Köpfe, die für ihre Patienten Probleme verkomplizieren. Du weißt genauso, daß ich selbst eine Zeitlang als Analytiker gearbeitet habe. Damals, in New York, als ich vollkommen pleite war. Ich kann mich gut erinnern, weshalb ich mit meinen Patienten Erfolg hatte: Mitten in der Analyse unterbrach ich sie und sagte: ›Das ist alles. Schlafen Sie jetzt ein wenig.‹ Ich habe das getan, weil ich selbst müde war und ein Nickerchen machen mußte.«

Er lacht leise, mit sich zufrieden.

»Überläßt du dich beim Schreiben ebenso deinen Impulsen?« frage ich.

»Das sind zwei völlig verschiedene Dinge«, sagt er. »Das Schreiben betreibe ich sorgfältig. Mit Geduld. Leicht. Ohne große Anstrengung. Das Malen hingegen ist eher ein Spiel. Ich habe Spaß daran. Selbst wenn es keinen Sinn ergibt und auch kein gutes Bild. Wenn ich nicht mehr in der Lage bin zu schreiben, wenn ich merke, daß ich das Ende erreicht habe, dann nehme ich den Pinsel und beginne zu malen.«

»Woran arbeitest du?«

»An einem kleinen Band. *Das Buch der Freunde.*«

Auf das Deckblatt eines Buches schrieb er mir einst: »Für den Fühlenden ist das Leben eine Tragödie, für den Denkenden eine Komödie.«

»Weißt du, daß man mir alle deine Bücher gestohlen hat?« frage ich. »Dein Autogramm ist sehr wertvoll.«

Er reibt seine Augen gleich einem schläfrigen Kind.

Ich sage: »Überanstrenge ich dich? Wollen wir aufhören?«

»Nein, nein«, ruft er hastig. »Wenn ich darf, erzähle ich weiter. Jetzt möchte ich dir eine Frage stellen. Kannst du leben, ohne zu wissen, wer der Schöpfer ist? Kannst du ohne dieses Wissen leben?« Und weiter: »Wenn ich nicht das Gefühl hätte, daß hinter allem eine ungeheure Macht stünde, so gewaltig, daß sie niemand begreifen kann, würde ich erstarren. Wenn ich all das, was in unserem Leben geschieht, als Zufall ansehen müßte – ich glaube, ich würde verrückt werden. Als ich das letzte Mal bei dir war«, sagt er, »habe ich dir von Hannoversch-Münden erzählt. Ich glaube, ich war bereits in den Fünfzigern oder Sechzigern, als ich dorthin fuhr. Ich war überaus glücklich in dieser Stadt. Einer Stadt, in der mein Großvater, der ein Schneider gewesen war, gelebt hatte. Auf jeden Fall: Als ich nach Hannoversch-Münden kam, stiegen mir Tränen in die Augen. Ich sagte mir: Warum hat dieser Idiot – mein Großvater – je diese wunderschöne Stadt verlassen, um in dieses verfluchte Land Amerika zu ziehen?« Und beinahe zeternd: »Ich wäre glücklich gewesen, mein Leben in dieser kleinen Stadt verbringen zu dürfen. Sie hatte alles, wonach ich mich sehnte: Schönheit, Bäume, Natur, kleine Gebäude, die ich so sehr liebe. Sie war für mich wie geschaffen. Sie erinnerte mich an Brügge oder an Verona. Drei Orte, mit denen mich nichts verbindet und die ich dennoch liebe. Vielleicht besteht eine Beziehung zu ihnen aus einem vergangenen, mir unbekannten Leben.«

»Es gibt eine Frau namens Joan Grand«, sage ich. »Sie scheint fähig zu sein, Menschen durch Hypnose in ein früheres Leben zurückzuversetzen. Würdest du das mögen? Ich möchte vorausschicken: Ich nicht.«

»Nein«, sagt er. »Wenn der Vorhang gefallen, wenn eine Szene vorbei ist, dann weiß ich: Etwas ist zu Ende gegangen, und ich lasse den Vorhang unten. Ich denke nie mehr zurück. Es ist vorbei. Genauso steht es mit einem einstmals gelebten Leben. Ich bin nicht neugierig auf das, was gewesen ist. Ich lebe dieses Leben, es füllt mich vollkommen aus. Krishan Murti sagt: ›Versucht nicht, mich kennenzulernen. Denn ihr werdet es nie schaffen.‹ Versucht nie, mich kennenzulernen‹«, wiederholt Henry Miller nachdenklich. »Ihr werdet mich nie kennen. Es ist nutzlos.« Und plötzlich: »Kennst du Jacqueline Longland? Sie schrieb ein Buch über mich. *Die Astrologie und Henry Miller*. Es wurde nie veröffentlicht. Es vermittelte einen guten Einblick in mein Leben. Was ich noch sagen möchte, ist: Ich vertraue sehr den astrologischen Fertigkeiten eines meiner Freunde. Wenn ich Probleme habe und mir nicht mehr zu helfen weiß, rufe ich ihn an. Sein Name ist Sydney Omar. Er erzählt mir nichts über Astrologie, Tabellen, Ephemeriden. Er sagt nur: ›Henry, nenne mir drei Zahlen.‹ Und schon beginnt er mir zu berichten, was in meinem Kopf vorgeht. Er ist Astrologe und Neurologe zugleich. Verstehst du? Er wäre ein idealer Partner für Gespräche über Parapsychologie.«

Beinahe schuldbewußt sieht er mich an: »Wir haben nicht ausschließlich über Parapsychologie gesprochen, nicht wahr?« Und seinen Bademantelkragen hochschlagend: »Über die Dinge, die in meinem Leben eine wichtige Rolle gespielt haben, spreche ich nicht viel. Sie treten in den Hintergrund. Sie lummern irgendwo in meinem Kopf.«

Beinahe aggressiv: »Ich hatte eigentlich erwartet, daß du mir folgende Fragen stellst: Triffst du manchmal Leute, bei denen du das Gefühl hast, du seist ihnen schon einmal begegnet? Ja, das passiert mir oft. Ich treffe jemanden und sage: Das ist ein Mann, dem ich in einem anderen Leben nahegestanden habe. Wir sind sofort wie Brüder. Ohne Überlegen umarme ich ihn. Das ist mir wieder und wieder passiert. Einer von ihnen war Rowohlt. Ich habe großen Respekt vor diesem Mann. Mein bester Verleger. Der netteste und großzügigste. Ich betrachte ihn als Blutsbruder.«

»Hat deine Spontaneität dich manchmal in die Irre geführt, Bosheiten und Betrug angelockt, wie es mir bisweilen geschehen ist?« frage ich.

»Nein«, sagt er. »Ich bin nie richtig hintergangen worden. Die Leute glauben zwar, sie könnten mich hintergehen. Doch sie können es nicht. Ich weiß nicht, wie ich das erklären soll. Ebensowenig, wie ich erklären kann, was Sünde oder Strafe ist. Vielleicht, so könnte man sagen, bin ich ›rein‹ auf die Welt gekommen. Engelhaft.«

Er schmunzelt, reibt die Augen. »Und deshalb glaube ich auch nicht, daß ich Feinde habe. Bosheit wird mir gar nicht bewußt. Selbst wenn man sie mir im nachhinein eingesteht, wie es bei meinem französischen Verleger der Fall war. Er hatte mir 40000 Dollar gestohlen. Aber er hat es wiedergutgemacht. Als er es mir gestand, sagte ich zu ihm: ›Du mußt dir deswegen nicht schlecht vorkommen. Ich hätte vielleicht dasselbe getan, wenn ich der Versuchung ausgesetzt gewesen wäre.‹ Ich habe ihn behandelt wie mich selbst. Wir alle sind Mitläufer in dieser Welt. Mein Gott«, sagt er erstaunt. »Ich habe jetzt die ganze Zeit geredet.«

»Deshalb bin ich ja hergekommen«, sage ich.

Er grunzt, lacht, sein Gesicht wird jung, verfällt wieder. Langsam steht er auf, umarmt mich, schiebt seinen Rollstuhl schlurrenden Schrittes durch die unbenutzte Küche, dreht sich noch einmal um, küßt mich, wendet sich langsam ab. Ich sehe der kleiner werdenden Gestalt nach. Das Gefühl, ihm nie mehr zu begegnen, schnürt mir die Kehle zu.

Niki Lauda

Niki Lauda

Die Formel-I-Wagen stehen kinderbadewannengroß in ihren Boxen, werden sachkundig von den Wartungsleuten betätschelt. Die Lenkräder scheinen für Liliputanerhändchen erdacht, die Schaltung, kaum löffelgroß, ist in Ellenbogenhöhe verankert. Niki Laudas Wagen, Nummer 11, ist rot: ein harmlos aussehendes Gefährt, das mir kaum bis zu den Knien reicht und neben dem ich ratlos stehe, um mich mit seinem durch Erfolge und Unfall weltberühmten Fahrer fotografieren zu lassen. Das Testrennen wird in wenigen Minuten starten. Die Formel-I-Gladiatoren schlenkern vorüber, von Spannung und Nervosität unbelastet. Sie kreisen ihre Wagen ein wie Jockeys ihre Pferde. Ringsumher ein ans Oktoberfest gemahnender Stau von Neugierigen. Dazwischen: Drängelnde Journalisten, die Niki Laudas karge Mitteilungen mitstenographieren. Er nickt höflich, abwesend, der ständigen Fragerei überdrüssig. Schlachtenbummler-Atmosphäre, in die das wilde Aufheulen einiger Motoren kreischt.

Eine Stunde später sitzen wir uns in einem unauffälligen Restaurant gegenüber – Niki Lauda und ich. Er trägt seinen roten Anzug plus roter Schirmmütze. Nach wenigen Minuten beginne ich die quälenden Verbrennungen in seinem Gesicht zu vergessen. Obwohl sein Mund eng zu sein scheint, ist sein Lächeln offen, seine Augen sind gütig, zuweilen arglos. Seiner Persönlichkeit, seiner Ausstrahlung kann man sich kaum entziehen; sie ist männlich, zuweilen jungenhaft. Die überdimensionale Schirmmütze trägt er, so möchte man meinen, um die weltweit publizierten Verbrennungen nicht zur Schau zu stellen. Solange wir noch an den Boxen standen und in die Linsen der Kameras grinsten, schien er irritiert, beinahe schüchtern.

»Wie ertragen Sie den Lärm?« frage ich ihn und habe gleichzeitig das Gefühl, Watte im Mund zu haben.

»Oropax«, sagt er und deutet auf seine Ohren. Er spricht schnell und präzise. Ungern läßt er sich durch eine Frage aufhalten. Dennoch bleibt er höflich, sogar herzlich. Irgendwo glitzert Humor hinter dieser Schirmmütze. Die Augen sind groß, weit, hell. Wo steckt die Triebfeder, die ihn in kindergroße Wagen preßt und in das tödliche Spiel treibt? Ich ahne es nicht. Kindheitsschock? Hat er es nötig, sich zu beweisen? Ich kann es nicht erfassen. Vor allem nicht, nachdem ich die im Stehen so harmlos wirkenden Wägelchen gesehen habe, in denen sich die Fahrer nur liegend anschnallen können und in denen ihr Leben vom Funktionieren eines Steuerrades abhängt, das die Ausmaße eines Eierkuchens besitzt. Benzingefüllte, bös jaulende Wannen, jederzeit bereit zu explodieren, in deren vorderster Spitze die ungeschützten Füße des Fahrers liegen.

»Sie fahren mit dem Kopf«, sage ich. »Nicht mit jenem Spielzeugauto. Doch der Instinkt scheint bei Ihnen ebenfalls nicht zu kurz zu kommen. *Sie* waren es, der vor dem Nürburgring warnte; vor einer ganz bestimmten Kurve, in der Sie später jenen schweren Unfall hatten.«

»Was den Nürburgring angeht«, sagt er, »so waren es rein

logische Schlußfolgerungen, die ich aus verschiedenen Situationen gezogen habe. Jeder Trottel weiß, wie gefährlich diese Kurve ist. Das hat mit Gefühl nichts zu tun. Es war eine Erkenntnis, nichts weiter.«

»Hatten Sie Träume? Vorahnungen?«

»Nein. Ich träume überhaupt wenig. Und Vorahnungen? Sicherlich gibt es Gefühle, die man vor einem Rennen hat. Man steht auf und denkt: Schlecht. Die Konsequenz ist: Vorsicht! Aber dann ist der Motor im Eimer – nach drei Runden.«

»Mit anderen Worten«, sage ich, »es geschieht etwas, worauf Sie als Fahrer keinen Einfluß haben.«

»Richtig«, sagt er hastig. »Da geht irgend etwas kaputt, woran ich nicht gedacht habe.« Nach kurzem Zögern: »Da gab es ein Gefühl, das ich vor dem südafrikanischen Rennen hatte. Meine Position im Training war nicht gut. Dennoch war ich sicher, gewinnen zu können. Eigentlich war es das Rennen, das ich aus fünf verschiedenen Gründen nie gewinnen konnte: Ich hatte kein Öl mehr, kein Wasser, bin über irgendeinen Gegenstand gefahren – das Auto war kaputt. Dennoch: Ich habe gewonnen. Normalerweise hätte jeder einzelne Grund genügt, mich nicht ins Ziel gelangen zu lassen. Aber wenn man gewinnen soll, kann geschehen, was will: man gewinnt. Und wenn es nicht sein soll, dann kann man sich noch so anstrengen, es wird einfach nichts. Aber gewinnen muß man immer.«

Er läßt die Hände auf den Tisch fallen, zuckt lässig mit einer Schulter.

»Das schmeckt nach Fatalismus«, sage ich. »Ich weiß nicht viel über Rennen, aber ich weiß zum Beispiel, daß unter

Rennfahrern – vor allen Dingen Ihrer Weltklasse – nie über Unfälle gesprochen wird. Ich glaube, Jackie Steward war der erste, der etwas über Sicherheit gemurmelt hat.

Es ist das erste Mal, daß ich einem Rennen zugeschaut habe, vom Fernsehen abgesehen. Noch immer leide ich unter Sprachschwierigkeiten. Vor Lärm und Spannung stottere ich geradezu. Bevor wir uns wiedertrafen, lag ich bewegungslos – eine Stunde lang. Vollkommen geschockt. Ich fliege gern und muß aus beruflichen Gründen häufig fliegen. Ich habe keinen Pilotenschein. Aber ich gehöre nicht zu jenen Menschen, die sagen: ›Ich fahre höchstens dreißig, und Flugzeuge lehne ich ab zu besteigen.‹ Doch der direkte Kontakt mit einem Rennen hat mich völlig aus der Fassung gebracht. Das ist ausschließlich der Tatsache zuzuschreiben, daß die Fernsehkameras kaum imstande sind, die wahnwitzige Geschwindigkeit jener zwergenhaften Biester aufzuzeichnen. Ich wäre absolut unfähig, ein Vehikel zu besteigen, das nur zentimeterweit vom Boden entfernt ist. Doch möchte ich darauf zurückkommen, daß unter den großen Rennfahrern die Möglichkeit einer Karambolage oder gar eines tödlichen Unfalls nie diskutiert wird. Geschieht das aus Aberglauben?«

»Das ist nur allzu verständlich«, sagt er. »Jeder, der ein Rennen fährt, weiß um die Gefahr. Wenn man mit 300 Kilometern in der Stunde einen Unfall hat oder irgend etwas kaputtgeht, fliegt man in tausend Fetzen. Das weiß jeder. Wozu darüber reden? Ich übe diesen Beruf, diesen Sport, aus, weil er mir Spaß macht. So blöd das auch klingt.«

Sein weiches Österreichisch setzt seinen Beruf in ein heiteres Licht, das in scharfem Widerspruch zu dessen grausamer Maßlosigkeit steht.

»Was ist der Antrieb, der psychologische Grund?« frage ich.

»Vielleicht die Liebe zum Auto«, sagt er. »Sehr früh schon. Das Auto war für mich immer etwas, was mich interessiert und fasziniert hat.«

»Diese überzüchteten Wagen setzen jedoch eine nicht zu bändigende Liebe zur Gefahr voraus«, sage ich.

»Das geht Hand in Hand«, sagt Lauda. »Ich glaube nicht, daß ich ohne die Liebe zur Gefahr leben könnte. Trotzdem glaube ich, daß die Liebe zum Auto größer ist.«

»Das haben Sie in Japan bewiesen«, sage ich. »Ich empfand eine grenzenlose Bewunderung, daß Sie den Mut hatten, ein entscheidendes Rennen abzubrechen.«

»Die Situation – das wird heute jeder bestätigen – war nicht akzeptabel. Und wenn etwas für mich unakzeptabel, unlogisch und dumm ist, tue ich es nicht. Fertig. Weltmeisterschaft hin oder her. Es gibt nichts Höheres als die persönliche Freiheit zu entscheiden, wann etwas zu Ende ist. Es ist mir wurscht, ob eine Weltmeisterschaft auf dem Spiel steht oder nicht.«

»Darf ich fragen, welches Sternzeichen Sie sind?«

»Fische«, sagt Lauda.

»Haben Sie je ein Angstgefühl gekannt?«

»Ja. Sehr oft sogar.«

»Während der Fahrt, vorher oder danach?«

»Nach dem Unfall«, sagt er bestimmt. »Als ich wieder zu fahren begann. Während der Fahrt auch. Immer. Angst gibt's ständig.«

Fast erwarte ich ein geringschätziges »Basta«, das jedoch

ausbleibt. Ich zögere, von seinem Unfall zu sprechen. Dann: »Läßt sich die Angst schwerer in den Griff kriegen seit Ihrem Unfall?«

»Nein«, sagt er. »Sie war eine Zeitlang sehr stark. Unkontrollierbar. Doch jetzt ist sie wieder auf ihr normales Maß zurückgegangen. Meiner Ansicht nach ist die Angst nicht ausschlaggebend.«

»Ich weiß, daß Sie von den Ärzten aufgegeben wurden«, sage ich. »Mir ist dieser Zustand nicht unbekannt. Und Sie haben ihn sehr bewußt erlebt – so glaube ich wenigstens. Möchten Sie darüber sprechen?«

»Ich habe es erlebt«, sagt er. »Die Sache ist für mich abgeschlossen. An die Tage kann ich mich kaum erinnern, aber an die Zeit. Es gab einen Augenblick, da wußte ich: Jetzt geht's bergab. So, wie man sich fallen läßt. Es war fast angenehm zu sagen: Let it go.«

»War jener Augenblick mit Schmerz verbunden?« frage ich.

»Das weiß ich nicht mehr. Vielleicht war es Schmerz, vielleicht die Anspannung, kooperativ zu sein. Ich weiß nicht mehr, was mich angestrengt hat. Ich weiß nur, dieses Sich-fallen-Lassen war im Grunde schön. Aber ich kann nicht präzis sagen, wo und wann ich mich angestrengt habe. Die Anstrengung und das Bedürfnis einzuschlafen gingen ineinander über.«

»Was hat Sie vom ›Einschlafen‹ abgehalten?«

»Ich bin erschrocken – plötzlich – es war wie ein Ruf: Du bist am Ende. Und dann: Was machst du jetzt? Du kannst dich nicht bewegen. Das einzige ist, daß du den Stimmen um dich folgst. Was reden sie? denke ich. Warum sagt er das?

Ich konnte nicht sprechen. Ich habe nur gehört. Einzelne Worte versuchte ich mir einzuprägen. Ich tat, was die Ärzte verlangten. Mir blieb gar nichts anderes übrig.«

»Mit andern Worten«, sage ich, »ein Funke in unserem Hirn – in keiner Weise erforscht – katapultiert uns aus einem Tief wieder in die Höhe.«

»Die Leute sagen, es sei der Wille zum Überleben. Doch wo nimmt man ihn her? Das ist die Frage.«

Ich sage: »Sie haben angedeutet, daß Ihnen fatalistische Augenblicke nicht fremd sind. Sie haben mit fünf Handicaps ein Rennen gewonnen. Ein andermal haben Sie das berühmte ›schlechte Gefühl‹ gehabt. Wie steht es mit Ihrer Frau? Hat sie Vorahnungen?«

»Na klar«, sagt Lauda. »Aber sie erwähnt sie nicht. Genauso, wie wenn ich ein schlechtes Gefühl vor einem Rennen habe. Dann sage ich mir nur immer wieder: Paß auf heute. Das wiederum, glaube ich, hängt mit dem Biorhythmus zusammen. Den gibt es wirklich. Dennoch würde ich zum Beispiel, wenn alle Vorzeichen schlecht stünden, nie sagen: Ich lege mich jetzt ins Bett. Ich würde dem Biorhythmus höchstens fünfzig Prozent meiner Aufmerksamkeit schenken.«

Ich frage: »Haben Sie sich je ein Horoskop stellen lassen?«

»Ja. Einmal. Vor Jahren. Ich kann mich kaum daran erinnern. Zum Schluß habe ich es verloren.«

»Oder verlieren wollen?«

»Nein«, sagt er rasch. »Es würde mich schon interessieren. Es war blöd, es war reine Schlamperei.«

»Waren Sie je bei einem Handleser?«

»Nein. Meine persönliche Meinung ist, daß einem der Weg vorgezeichnet ist, daß man in einer vorgegebenen Bahn läuft – aber ich glaube, es ist wichtig zu wissen, daß man innerhalb dieser Bahn mehr unternehmen kann, als man sich zutraut. Ich lehne es ab, daran zu glauben, daß die Richtung unabänderlich vorgeschrieben ist. Ich kann genausogut umkehren und sagen: Ich suche einen neuen Weg.«

»Innerhalb jener Bahn, von der Sie gesprochen haben. Aber diese Bahn hat eine Breite, die weit größer ist, als wir annehmen möchten.«

»Richtig«, sagt Lauda. »Die Bahn ist sicher vorgegeben. Vieles ist vorgeschrieben. Manche sagen: ›Ich glaube an Gott. Ich gehe jeden Sonntag in die Kirche.‹ Im Grunde bedeutet das letztlich, sich an etwas zu klammern, das außerhalb der eigenen Kräfte zu liegen scheint. Wenn einer genau weiß, was er machen und was er nicht machen kann, was er darf und nicht darf, dann hat er es auch nicht nötig, sich auf den lieben Gott zu berufen. Viele Menschen krallen sich an etwas, bis sie jenen Punkt erreichen, an dem sie kapitulieren und sagen: ›Ich kann nicht anders.‹«

»Wenn uns unser Weg auch vorgezeichnet ist, so können wir doch innerhalb dieser Grenzen unseren eigenen Willen entfalten«, sage ich. »Aber die meisten wollen das nicht anerkennen. Wahrscheinlich hat die freiwillige Beschränkung psychologische Gründe. Wie auch das Ausbrechen aus der uns vorgeschriebenen Bahn psychologisch begründet sein könnte. Am Rande interessiert mich: Ich weiß, daß Sie dreimal in Spanien das hatten, was man mit ›Pech‹ bezeichnen könnte. Belassen wir es bei dem Wort. Unverständlich, unbegreiflich. Dennoch: Warum ausgerechnet Spanien?«

»Den ersten Grand-Prix-Sieg meines Lebens habe ich in Spanien errungen«, sagt Lauda.

»Doch danach regierte das Gesetz der Serie: drei Rennen hintereinander liefen schief.«

»Richtig«, sagt er.

»Hat Sie ein schummriges Gefühl gewarnt?« frage ich.

»Nein, überhaupt nicht. Das hätte ebensogut dreimal woanders passieren können, in Deutschland, Österreich, Italien, was weiß ich. Ich bin der Meinung, daß man bei permanentem Mißgeschick oder bei permanentem Glück – wie man will – immer selber schuld ist. Vielleicht habe ich mich vor diesen Rennen in Spanien stets so deppert benommen, daß das Resultat gar nicht anders ausfallen konnte.«

»Inwiefern deppert?«

Er nippt an seinem Apfelsaft, sagt: »Na, wenn ich dreimal in Spanien zu nichts komme, muß ich selber schuld sein. Zumindest – sagen wir mal: zu achtzig oder neunzig Prozent.«

Über die verbleibenden zehn oder zwanzig Prozent schweigt er sich aus.

Ich frage: »Was ist Ihrer Ansicht nach Willensstärke?«

Wiederum zerrt er an seinem Mützenschirm, murmelt leicht grantig: »Schwer zu definieren. Willensstark zu sein heißt: Man *will* etwas machen. Man *will* etwas erreichen. Das bedeutet: Zuerst muß ich meine Schwächen eliminieren. Jedoch: *wie* eliminiere ich sie? Ich muß ehrlich zu mir sein. Das ist das erste. Die größte Schwäche ist, Dinge verkehrt darzustellen oder sich selbst so zu sehen, wie man sich gern sehen möchte, nur damit man mit sich im Frieden lebt. Ich glaube, es ist unumgänglich, daß man die Dinge so sieht, wie sie tatsächlich sind – daß man sich stets bemüht, neutral und objektiv zu bleiben.«

»Gibt es Objektivität? Ist nicht jede Objektivität von Subjektivität durchsickert?«

»Genau. Subjektive Objektivität, die aber – jetzt global gesehen, von mehreren Gesichtspunkten aus betrachtet – der Wahrheit doch sehr nahekommt. Manchmal muß man sagen: Der Fehler liegt bei mir. Schon, weil man aus Fehlern lernen kann. Bei meinem Sport zum Beispiel ist es so, daß ich tagtäglich mit einer Leistung konfrontiert werde. Wenn ich heute im Training Vierter bin, dann bin ich eben Vierter. Ergo: drei sind schneller gewesen als ich. Warum sind sie schneller gewesen? Und hier komme ich nicht darum herum, einzugestehen: Es ist meine Schuld. Es genügt nicht zu sagen: Ferrari ist lahm – die Reifen sind schlecht – das Wetter ist miserabel.«

»Wenn Sie alle unter den gleichen Bedingungen, also mit absolut vergleichbaren Maschinen, fahren würden, wäre das Ergebnis sicher fairer.«

»Nein«, sagt Lauda. »Wir würden alle gleich schnell fahren.«

»Spielt nicht das persönliche Können eine wesentliche Rolle?«

»Nein«, beharrt er. »Nehmen wir an, die fünf, sechs oder zehn besten Fahrer der Welt setzten sich am selben Tag ins selbe Auto. Das Resultat: Sie würden alle genau gleich schnell fahren. Denn jedes Auto hat eine ihm von der Physik und der Technik gesetzte Leistungsgrenze. Und diese Grenze können die Besten ohne Ausnahme erreichen. Aber wenn man den Fahrern zusätzliche Möglichkeiten einräumt, wenn man ihnen sagt: Du kannst mit deinem Wagen arbeiten, du kannst ihn verändern, dann ist der eine plötzlich besser. Das heißt: Die Leistung des Autos ist begrenzt, hat ein Limit. Doch das Limit hinauszuschieben, damit das Auto schneller fährt, darauf verstehen sich eben manche besser und andere weniger gut.«

»Man sagt Ihnen nach, daß Sie ein Meister im Ausloten, im Austesten, im Vorherwissen seien«, sage ich.

»Ich bemühe mich, wie bei allen Dingen in meinem Leben, logisch und realistisch vorzugehen. Ich versuche, Fehler zu erkennen und zu verarbeiten, und berufe mich keineswegs ewig darauf: Es sind die Reifen. Das ist nichts als eine faule Ausrede.«

Mit wilder Entschlossenheit versteift er sich darauf, daß es die eigenen Entscheidungen seien, von niemandem beeinflußt, von keinem manipuliert, obgleich die Unabhängigkeit in Frage gestellt bleibt.

Ich sage: »Wenn Ihnen heute etwas zustieße – entschuldigen Sie, daß ich das so hart formuliere –, würden Sie sich also selber die Schuld geben?«

»Wenn es meine wäre – ja. Mein Motto lautet: Schau auf die Straße und fahr. Dennoch bleibt das Risiko, daß am Auto etwas kaputtgeht. Und das habe ich nicht in der Hand. Ich muß mich darauf verlassen, daß mir Ferrari ein Auto hinstellt, dessen Räder nicht davonflattern. In unserem Fall werden die Wagen bis an die Grenze des Möglichen belastet. Und so kann es geschehen, daß technische Mängel zu Unfällen führen. Diesem Risiko sind wir alle ausgesetzt. Das ist die negative Seite des Motorsports. Ich bewege mich auf einem Gebiet, das ich nicht unter Kontrolle habe. Ich sitze in meinem Wagen und kann wenig tun. Genau das mag ich an diesem Sport nicht. Insbesondere nach meinem Unfall bin ich drauf gekommen, daß man auf unzählige Dinge achten sollte. Früher nahm man manches zu leicht. Man fuhr 100 Kilometer in der Stunde, betrachtete die Landschaft oder lief die Stiegen hinunter und paßte nicht auf. Das sind Dinge, bei denen man nur allzu leicht umkommen kann. Viele Menschen ignorieren die Gefahr. Das ist auch der Grund, weshalb ich mich unentwegt bemühe, selbst die Verantwortung zu übernehmen. Ungern verlasse ich mich auf andere. Ich fliege – zum Beispiel – jetzt nur noch selber. Ich habe einen Copiloten, weil es Vorschrift ist, zu zweit zu fliegen. Früher haben wir uns abgewechselt. Jetzt fliege ich nur noch allein. Wozu soll ich mich auf ihn – der ohne Zweifel ein guter Pilot ist – verlassen? Ich ziehe es vor, meine eigenen Fehler zu machen. Schließlich hat jeder seine Hochs und Tiefs.«

Zweifellos: Er haßt den Fatalismus. Dennoch kommt er um den wunden Punkt der Abhängigkeit nicht herum.

»Vielleicht besteht auch die Möglichkeit, daß ein anderer nicht so am Leben interessiert ist wie Sie«, sage ich.

Er grinst.

»Sie haben Musikerhände«, sage ich unvermittelt.

Geniert betrachtet er sie, sagt: »Ich möchte noch etwas hinzufügen. Eine Unbeeinflußbarkeit des Rennsports, die mich im Grunde traurig stimmt: Daß mir ein Reifen davonfliegen kann, und ich mit ihm, und tot bin. Auf der anderen Seite habe ich den Beruf so gerne, daß es mir Freude macht, Autos zu entwickeln, zu testen, zu fahren. Noch immer überwiegt das Positive das Negative. Also: Daß man einen

Unfall haben kann, daß man einem technischen Fehler ausgeliefert ist – dieser Mist ist immer noch kleiner als die Freude am Sport. Doch wenn das einmal umgekehrt sein sollte und ich mir sagen müßte: Was hast du eigentlich davon? Die Leute gehen dir auf die Nerven, und der Rennsport genauso, würde ich sofort aufhören. Über Nacht. Punkte hin, Punkte her. Es wäre mir wurscht. Einen idealen Beruf gibt es nicht. In meinem Fall liegt der Haken bei der Unfallgefahr durch technisches Versagen. Das ist auch der Grund, weshalb ich nach meinem Unfall immer noch fahren kann, und nach hundert Unfällen, wenn möglich, immer noch fahren werde.«

Ich sage: »Was ist in der Sekunde des Unfalls in Ihnen vorgegangen? Erinnern Sie sich?«

»Nein. Kompletter Blackout. Eine Stunde lang. Dabei: Nach dem Urteil aller Beteiligten war ich nie ohnmächtig. Ich bin aus der Box herausgefahren und habe noch gedacht: Scheiße, jetzt bin ich hinter den anderen. Ich fahre also aus der Box – acht Kilometer weit, bis zum Unfall – und kann mich an nichts erinnern.«

»Auf Ihrer Erinnerungskarte sind acht Kilometer gelöscht?« frage ich.

»Ja«, sagt er. »Ich fahre aus der Box und – Ende. Dann das Spital. Dann der Rennleiter, dem ich gesagt habe, wo mein Leihauto stünde, wo der Schlüssel wäre, wo er es hinstellen sollte. Auch habe ich ihn gebeten, meine Frau anzurufen, um ihr zu sagen, daß ich einen Unfall gehabt hätte. Und er sollte mir ein gescheites Spital suchen.«

»Sie haben noch sprechen können?« frage ich fassungslos.

»Ja«, sagt er. »Ich habe ganz normal mit ihm geredet. Das hat er mir später erzählt. Dennoch weiß ich nichts mehr davon. Der brasilianische Rundfunk hat angerufen und ein Interview gemacht. Für das Fernsehen. Der Doktor, dieser Trottel, hat gesagt: ›Ja, da ist er.‹ Das erste, was ich wieder weiß, ist der Hubschrauber. Ich höre eine Turbine. Und als alter Hubschrauber-Fan wache ich auf, erkenne den Arzt, höre: ›Das kriegen wir schon wieder hin.‹ Aber der Augenblick des Unfalls ist ausgelöscht. Ich habe ihn im Fernsehen nacherlebt.«

»Der Schmerz hat keine Erinnerung hinterlassen?« frage ich.

Er durchforscht sein Gedächtnis, sagt zögernd: »Sicher war da Schmerz . . .«

Er scheint ein wenig zusammenzusacken.

»Ich habe Schmerzen erlebt, die so bleibend sind, daß ich noch heute schreien könnte«, sage ich.

»Nein«, sagt er bestimmt. »Ich nicht.«

Ich frage: »Haben Sie Angst, auf einer normalen Straße zu fahren, mit den vielen Anfängern, die ausscheren, überholen und den Rückspiegel zum Rasieren benutzen?«

»Am meisten würde ich mich ärgern, wenn mir aus Blödheit etwas zustieße. Selbst wenn ich mir nur einen Finger verstauchte. Ich glaube, ich wäre fähig, den Schuldigen zu erschießen. Ich wäre böse. Eine Schauspielerin in Österreich hatte vor kurzem einen Unfall. Mir ist es rätselhaft, wie das passieren konnte. Wie kann man von der rechten auf die linke Seite geraten? Frontal auf den Entgegenkommenden zu? Und damit fast sich selbst und den anderen umbringen? Menschliche Unzulänglichkeiten. Jemand schaut hinunter, zündet sich eine Zigarette an, putzt sich die Nase, oder was weiß ich. Ich will niemandem unrecht tun. Aber das sind Dinge, die mich rasend machen. Wenn ich wüßte, jemand macht sich schuldig, nur weil er sich schminkt, müde oder betrunken ist, wäre ich imstande, sie oder ihn umzubringen.« Und mit gleichem Atem. »Wahrscheinlich würde ich es nicht tun. Aber es sind Dinge, die einfach frevelhaft sind. Nur weil ein Trottel daherkommt, muß ich dran glauben. Man hat es oft genug erlebt; ob es die high oder die low society ist – sie trinken sich zu Tode, torkeln in ihre Autos, fahren los. Sie wissen nicht, daß ihr Leben auf des Messers Schneide steht, und finden es obenauf amüsant. Wenn sie Pech haben, kann man am nächsten Tage lesen: Fünf Tote.«

»Ich möchte auf die Begrenzung zurückkommen«, sage ich starrsinnig. »Auf jene Grenzen, die sich dehnen lassen und innerhalb deren man mehr leisten kann, als man wahrhaben möchte. Sie werden übermorgen ein Rennen fahren. Können Sie in der Nacht zuvor schlafen?«

»Es kommt auf die Anspannung beim Training an«, sagt Lauda. »Aber meist schlafe ich wie ein Sack und wache um sechs Uhr früh auf.«

»Sie sind ein Frühmensch?« frage ich verblüfft.

»Schuld sind die Umstände. Normalerweise tendiere ich zum Langschlaf. Vor einem Rennen jedoch gehen einem tausend Gedanken durch den Kopf. Man überlegt: Erste Runde, zweite Runde, und weiß zugleich, daß alles ganz anders kommt. Doch ist es unmöglich, das Planen und Überlegen am frühen Morgen abzuschalten.«

Er lächelt mir Entschuldigung heischend zu.

Ich sage: »Ich war vor unserem Gespräch befangen, weil ich es als unzumutbar empfand, just zwei Tage vor einem wichtigen Rennen ein derartiges Gespräch zu führen.«

»Das finde ich nicht«, sagt Lauda. »Ein Gespräch mit Ihnen interessiert mich. Doch wo liegt das Problem?«

»Wie wichtig ist Ihnen der Sieg?« frage ich.

»Nicht besonders. Leider jedoch sind Sieg und Beruf nicht zu trennen. Ob ich hingegen Weltmeister werde oder nicht, ist mir gleichgültig.«

»Sonst wären Sie in Japan auch nicht ausgestiegen«, sage ich.

Er nickt. »Ich könnte eigentlich viel besser ohne den Weltmeister-Titel leben. Ich hätte Ruhe. Ich könnte zu Hause sein. Bei meinem Hund. Brauchte nicht mitten zwischen Hunderten von Leuten einherzurennen. Das wäre sehr viel angenehmer. Aber es ist unmöglich, sich nur das Gute zu nehmen. Zum Sport gehört, daß man sich bemüht. Die Gloriole des Siegens ist mir wurscht. Am liebsten würde ich mich vom Podium wegstehlen und nach Hause fliegen. Mit niemandem zu tun haben. Nur: Die Zuschauer würden es nicht begreifen.«

»Flucht?« frage ich.

»Vielleicht. Wenn ich noch eine Nacht hierbleiben müßte, würde ich krank werden. Was habe ich an diesem Platz verloren?« Und nach einer Pause: »Im Grunde will ich nicht schwatzen, will ich nicht erzählen.«

Seine Handflächen liegen nach oben gekehrt. Er sagt: »Sehen Sie die Linie hier? Ich bringe das nicht zusammen.«

»Es gibt etliche Linien, die niemals durch immer gleiche Bewegungen entstanden sein können. Vielleicht sind sie eine

Art Wegweiser. Unser Leben ist mit unzähligen Signalen bestückt, die, wenn wir sie deuten könnten, den scheinbar begrenzten Weg verbreitern würden. Sie könnten uns vor Leichtsinn und Dümmlichkeit bewahren. Gewiß könnten uns manche Vorzeichen auch warnen. Vor Krankheiten zum Beispiel.«

Verwundert betrachtet er seine Hand, sagt: »Ich bringe es nicht fertig, mich dafür zu begeistern.«

»Begeisterung ist nicht vonnöten«, sage ich. »Sie könnte Gefahr nach sich ziehen, sie sucht Idole.«

»Ich weiß zu wenig davon«, sagt er, noch immer in seine Handflächen vertieft.

»Wußten Sie übrigens, daß man die menschliche Aura fotografiert hat? Leider werden jene Forschungsergebnisse geheimgehalten.«

»Ich bin von *mir* abhängig«, sagt er bestimmt. »Je mehr ich mit mir zu tun habe, desto leichter ist es für mich. Je mehr Klimbim um mich herum ist, desto schwerer und unerträglicher wird es.«

»Wie gut kommen Sie mit sich aus?« frage ich.

Lauda lacht: »Ich bemühe mich. Wenn mir irgend etwas nicht gelingt, dann werde ich mieselsüchtig. Kleine Dinge, Nichtigkeiten machen mich grantig. Ich muß sie verarbeiten.«

»Ich reite immer noch darauf herum, daß irgend etwas Greifbares Sie dazu antreibt, jene haarsträubenden Fahrten, wie ich sie heute beobachten konnte, zu unternehmen. Ehrlich gesagt, ich habe gemeint, ich würde verrückt, als ich Wagen 11 um die Kurven fliegen sah.«

»Für den Laien scheint allein der Lärm unfaßbar«, sagt

Lauda.

»Nicht nur«, sage ich. »Lärm bin ich gewöhnt, er gehört zu meinem Beruf. Ich arbeite mit Verstärkern und Kopfhörern, deren Phonzahl einen vom Boden zu heben scheint. Es ist die Geschwindigkeit. In einer Kurve schleuderte ein Wagen. Er drehte sich. Und mit ihm mein Magen. Ich gestehe, ich habe einst einen recht albernen Rennfahrerschein in Kalifornien gemacht. Das sage ich leise und verstohlen. Damals fand ich mich maßlos dufte, wie ich so in der kalifornischen Wüste herumraste, wo weit und breit außer einem Yucca-Baum nichts zu finden ist. Und sollten Sie gegen ihn karren, ernten Sie höchstens ein paar Stacheln. Doch nach dem, was ich heute erlebt habe, sehne ich mich nach einem Straßenbahnfahrschein.«

»Was Sie heute erlebt haben, war vielleicht ein Zehntel dessen, was das Leben von uns Rennfahrern ausmacht«, sagt Lauda sachlich. »Morgen steigt das Ganze wiederum. Und dann am Sonntag. Das Ärgste ist der Start. Fünfundzwanzig Autos fahren zugleich los. Der Schnellste steht auf dem ersten Platz. Der Zweitschnellste auf dem zweiten. Wenn ich Pech habe, finde ich mich auf dem vierten. Jeder bemüht sich, in die erste Reihe zu gelangen. Aber in jenem Augenblick, da das grüne Licht aufleuchtet – in dieser hundertstel Sekunde –, wenn ich da einen Fehler mache, sind die Konzentration und Arbeit zweier Tage dahin. Zehn fahren an mir vorüber, und sie zu überholen, ist unmöglich. Zum Beispiel Monte Carlo: Da kann man nicht überholen. Wir alle schalten gleich schnell. Doch wenn die Räder durchdrehen, verliere ich Zeit. Und wenn sie zu langsam drehen, versackt der Motor. Es gilt, den Mittelweg zu finden: Temperatur,

Reifen, Drehzahl – alles muß stimmen. Keinesfalls darf man auf der Kupplung stehenbleiben. Sie beginnt heiß zu werden, und dann geht überhaupt nichts mehr. Das sind die tausend Probleme, die den Start belasten.«

Ich sage: »Dennoch weigern Sie sich anzunehmen, daß all diese Dinge mit etwas anderem zu tun haben könnten als mit Ihrer psychologischen Verfassung oder mit dem Zustand Ihres Wagens. Sie sind keinesfalls gewillt zuzugeben, daß noch ein anderer Aspekt Einfluß auf das Rennen haben könnte. Allein der Gedanke daran mißfällt Ihnen, stößt rundweg auf Ablehnung.«

»Ganz richtig«, sagt Lauda. »Trotzdem: Man muß sich arrangieren. Da gibt es zum Beispiel John Watson. Ein neuer Mann, riesig gut. Doch bei den letzten drei Rennen kam er nie ins Ziel. Zweimal fuhr er einem andern hintendrauf. Beim nächsten Rennen – in Schweden – wollte er zu zweit in eine Kurve fahren. Der Hintermann bremste. Im Rennen darauf führte er von der ersten bis zur letzten Runde. Doch da – in einer Kurve – ging ihm der Sprit aus. Bei einem andern Rennen – in England – führte er wiederum. Doch nun versagte sein Benzinsystem. Wieder war er draußen. Dann gibt es da den Chris Amal – einen Neuseeländer –, der bereits mit neunzehn Jahren Formel I fuhr.«

»Wie alt sind Sie?«

»Achtundzwanzig«, sagt er gleichgültig und kehrt zu seinem Thema zurück. »Amal – ein Spitzenmann – hat nie in seinem Leben einen Grand Prix gewonnen. Er war immer vorn, immer der Beste. Aber er kam nie ins Ziel. Das sind Dinge, die gibt es gar nicht. Irgend etwas muß er falsch gemacht haben. Wenigstens zu einem gewissen Teil. Dennoch: Sein Leben lang war nichts. Ich kann mich erinnern: Er war in Führung. Niemand hat ihn mehr gesehen. Dann fuhr er an die Box. Reifenschaden. Dem passieren immer solche Dinge.«

Er beharrt: »Aber irgendwo *muß* er doch dafür können. Dem ist es auch passiert, daß er ein Haus baut und ein Schwimmbad bestellt und sich um ein paar Zentimeter vertut. Das gleiche gilt für seine Autos: Sie haben unvorstellbare Schäden. 1974 ging es mir ähnlich: Immer war ich vorn. Das ganze Jahr über. Und immer blieb ich stecken. In Afrika war ich Zweiter. Knapp hinter dem Ersten – Verteiler kaputt. In Monte Carlo lag ich in Führung, fünf Runden lang – dann: brrr. Die Elektrik. Pech. Man hat den Wagen verschrottet, keiner wußte warum. Beim nächsten Rennen lag ich wieder in Führung – links hinten Reifenschaden. Danach Rennen in Österreich. Ich war Zweiter. Das dritte Rennen war in Monza. Fünf Minuten lang lag ich in Führung. Da brach die Kurbelwelle. Ich fuhr nach Kanada. War wiederum in Führung. Kein Problem. Da rutscht einer von der Bahn, derart blöd, daß er den Sand aufwirbelt. Ich liege in Führung. Komme daher. Keine Warnungsfahnen. Lande auf dem Sand. Bin wieder draußen. So ging das ein Jahr lang. Und eines Tages sagte ich mir: Du hast ein schlechtes Jahr gehabt – lerne daraus. Du mußt stärker werden. Wenn das nächste Jahr ein gutes Jahr wird, dann weißt du, es war nicht umsonst. Und im Jahr darauf wurde ich tatsächlich Weltmeister. Es mußte wohl so sein«, sagt er nach einer Pause, »weil ich einfach noch nicht reif oder gut genug war.« Er hebt den Zeigefinger, deutet zur Decke. »Von da oben her.«

»Ihre Einstellung überrascht mich«, sage ich. »Im Grunde sind Sie Fatalist. Sie *mußten* ein schlechtes '74 erleben, um ein besseres '75 haben zu können.«

»Ja«, sagt er fest. »Aber ich werde nicht aufhören, mich zu bemühen. 1975 war ich Weltmeister, und 1976 – vor dem Unfall – war ich nicht mehr einzuholen. Ich lag zwanzig Punkte vorn. Also mußte etwas geschehen, was mich wieder auf den Boden der Realitäten zurückbrachte. Es klingt blöd ... Ich muß mir überlegen, wie es zu dem Unfall kam. Wieso hat es gerade mich umgehauen?«

Wir sehen uns an. Er sagt: »Auf dem Film sieht man nichts. Oder wenig. Ich biege nach rechts ab, anstatt geradeaus weiterzufahren. Es ist mir unmöglich zu sagen warum.«

Ich sage: »Sie bezweifeln jeden Erfolg, der nicht erkämpft ist.«

»Ja«, sagt Lauda. »Ein Sieg muß erarbeitet und erkämpft sein.«

»Vielleicht werden jene härter angepackt, die ihren Kopf giraffenähnlich über die Menge zu strecken wagen.«

»Kann sein«, sagt er. »Nur bin ich überzeugt, daß ich kein Einzelfall bin. Es gibt sicherlich viele, die ein Schicksal erleiden, das sie nicht begreifen. Da stirbt die Mutter, der Vater, die Frau, das Kind. Alle stehen herum und sagen: ›Weshalb? Ihre Zeit war nicht gekommen.‹ Und sie kapieren nicht, worum es geht. Im Grunde ist es das gleiche wie bei mir. Nur wenn mich etwas trifft, erregt es größeres Aufsehen.«

Einige Journalisten drängeln um unseren Tisch. Erinnern ihn an seine Versprechungen. Er nickt. Schiebt seine Mütze ins Genick. Sie schlurren von dannen.

Ich sage: »Ich habe Jahre gehabt, in denen ich den banalen Satz: ›Jetzt kann ich nicht mehr‹, sagen wollte. Eine Zeitlang hatte ich das Gefühl, im Mittelpunkt vieler Trommelfeuer zu stehen. Entweder habe ich in meinem letzten Leben etwas Furchtbares angerichtet, oder ich bin ein Supertrottel, der aus seinen Fehlern nichts lernt. Ich habe Sie vorhin gefragt: ›Was hat Sie zurückgeholt? Was hat Sie vom Einschlafen abgehalten?‹ Bei mir war es das ›Aus‹, das ich hörte. Kein Puls, kein Herzschlag, gar nichts. Das war der Punkt, an dem mich rasende Wut packte. Ich möchte hinzufügen, daß mein Vater starb, als er 28 Jahre alt war. Ich habe ihn nie kennengelernt. Während er starb, hätte er um ein Haar den Pfarrer erwürgt. Er hatte meinem Vater empfohlen, sich mit Gott zu versöhnen. Doch Vater brüllte nur: ›Wie kann ich das? Ich habe ein sechs Monate altes Kind und eine Frau, die ich vor drei Jahren geheiratet habe und die ich liebe.‹ Als ich vor wenigen Jahren in eine bedenkliche Situation geriet und wiederum das berühmte ›Aus‹ vernahm, hat mich mein Kind gerettet. Gefühl und Gedanke vermischten sich, wurden zum Ausrufezeichen, zum Pfeil, der mich auf meine Verantwortung hinwies: ›Du darfst nicht sterben. Sie ist zu jung.‹ Und mein Unterbewußtsein trat mich wie ein scheuendes Pferd.«

Lauda sagt, als wäre ihm der Zustand vertraut: »Da erschrickt man echt, nicht wahr?«

Ich nippe an meinem Tee. Er an seinem Apfelsaft. Wir lächeln uns schüchtern zu, er unter seiner roten Schirmmütze hervor, ich über meine Brille hinweg.

»Danke«, sage ich, »daß wir heute miteinander sprechen

konnten – 48 Stunden vor Ihrem Rennen.« Und: »Was ich Ihnen dazu wünsche, sage ich nicht. Ich bin abergläubisch.«

Er grient. Wir schütteln Hände. Er steht auf, geht mit seinem rhythmischen, an Jazzmusiker erinnernden Gang zu dem Tisch der wild gestikulierenden, laut aufeinander einschreienden Ferrari-Truppe, die seinen Auftritt seit langem zu erwarten scheint.

Ich rühre kummervoll in meinem Tee. Niki Lauda hat mich übers Rennfahren aufgeklärt, über die Parapsychologie jedoch absolut im Dunkeln gelassen. Gleich einem gewieften Politiker hat er sich aus der Schlinge gezogen.

Bundeskanzler Dr. Bruno Kreisky

Bundeskanzler Dr. Bruno Kreisky

In den Räumen der SPÖ herrscht überraschend traditionelle Feierlichkeit. Die Decken sind hoch, die Türklinken für Kleinwüchsige kaum erreichbar. Im Warteraum steht eine schmalbrüstige dunkelgrüne Sitzgarnitur, die den ohnehin saalähnlichen Raum noch gewaltiger erscheinen läßt. Ein junger Mann – des Bundeskanzlers Sekretär – bietet Mineralwasser an. Er entschuldigt sich wiederholt, daß der Herr Bundeskanzler noch nicht im Hause sei. Jemand hatte mir berichtet, daß just jener junge sympathische Mann an einem heißen Wiener Sommertag ohne Jackett erschienen wäre. »Noch sind wir nicht in Amerika«, hatte sein Chef vorwurfsvoll georgelt.

Nach einer Zeit, die die Vertilgung von zwei Flaschen Mineralwasser zuläßt, werden wir ins Allerheiligste gebeten. »Wir« sind ein Fotograf und ich. Des Kanzlers Bedingung: Zuerst Fotos, dann Gespräch. Vorwarnung: Er sei Agnostiker und keineswegs meinem Thema zugetan.

Ich durchquere einen tennisplatzgroßen Raum, der das Sekretariat zu sein scheint. Einige Damen sitzen oder stehen, halb verdeckt von Papierbergen. Nach dem Öffnen einer wiederum schier unerreichbaren Klinke bin ich in seinem Arbeitsraum. Der Bundeskanzler Bruno Kreisky – keinesfalls groß, doch von jener Persönlichkeit, die ihn unübersehbar macht – schreitet auf mich zu. In einem Normalverbraucher-Zimmerchen wäre er schlechthin ortsfremd; Charisma und Ausstrahlung ließen einen um den Bestand der Wände fürchten. Artig setzen wir uns an einen niedrigen Tisch, lassen uns fotografieren, werden anschließend gebeten, gemeinsam hinter seinem mit Akten zugemauerten Schreibtisch Platz zu nehmen.

»Ich habe einen Hexenschuß«, sagt er mit seiner leisen, tiefen, dennoch unüberhörbaren Stimme. »Ahnen Sie, wie weh das tut?«

»Ja«, sage ich. Murmele noch, daß ich durch dieses Foto nicht den Eindruck erwecken möchte, »mitzuregieren«.

»Ich mag keine Fotos«, raunzt er im schönsten Wienerisch und mit freundlicher Unwilligkeit. Dennoch ist es das unmißverständliche Zeichen für den Fotografen, die hohe Türklinke zu betätigen. Wir trotten in die Ecke zurück, in der wir zuvor gesessen haben. Sein tiefer Ledersessel steht gegen das Licht, so daß ich ihn anfangs kaum zu erkennen vermag. Ich hingegen nehme unter einem Bild des Malers Hundertwasser Platz, auf einem Sofa, das gleich einem ungeölten Fahrrad quietscht. Er sitzt entspannt zurückgelehnt. Dennoch scheint seinen kleinen, hellen Augen nichts zu entgehen. Seine kräftigen Hände bewegen sich hin und her, um dann für eine Weile geruhsam auf der Armlehne Platz zu nehmen. In unregelmäßigen Abständen streicht er über sein Kraushaar.

Dr. Bruno Kreisky, einst Journalist und jetzt Bundeskanzler von Österreich, sieht meinen Fragen gelassen entgegen, obgleich ich ahne, daß ihn ein Gespräch über Politik weit mehr interessieren würde.

»Sie sind Agnostiker?« beginne ich.

Keine Antwort – was mich fürchten läßt, er hätte nicht zugehört. Dann blinzelt er mir zu – sein Blick durchwandert den Raum –, brubbelt gemächlich: »Ich bin Agnostiker, jedoch kein Atheist.« Und um jede Unklarheit zu vermeiden: »Ein Atheist ist nicht nur ungläubig, sondern bekämpft auch jene, die gläubig sind. Ein Agnostiker hingegen ist zwar ungläubig, läßt Andersdenkende jedoch gewähren. Er mischt sich nicht ein.«

Ich frage: »Herr Bundeskanzler, Sie besitzen Charisma, Ausstrahlung. Das spielt für einen Politiker im Zeitalter des Fernsehens eine bedeutende Rolle. Kennedy hat dank seines Charismas einen außerordentlichen Weg gemacht. Wie weit, Herr Bundeskanzler, hat Ihrer Ansicht nach ebenjene Ausstrahlung das Ergebnis Ihrer Wahlen beeinflußt?«

Er sieht auf, als befragte ich ihn über die Zubereitung erlesener japanischer Gerichte. Er zieht die schwere Unterlippe durch die Zähne, antwortet: »In den letzten Jahren hat man die Wirkung von Leuten, die im öffentlichen Leben stehen, ihre Erfolge, immer häufiger mit dem Ausdruck ›Charisma‹ zu begründen versucht. Ich persönlich meine damit eine Ausstrahlung, die sich der Umgebung mitteilt. Hitler hat die Massen durch pure Schreierei in Hypnose versetzt. Ich hingegen bin stets bestrebt, meine Gedankengänge verständlich zu machen und durch ausführliche Darlegungen dem Wähler näherzukommen, ihn mit einzubeziehen in das, was mir in meinen Überlegungen wichtig und richtig erscheint. Sicherlich spielt das Fernsehen dabei eine große Rolle; denn es bringt den, der an einer Sendung mitwirkt, und den, der sie empfängt, einander näher. Das Fernsehen vermenschlicht die Beziehungen zwischen beiden. Jedoch ist es gleichzeitig auch unerbittlich und manchmal sogar grausam. Das, was hier vor sich geht, ist ein seit eh und je bekanntes Phänomen. Goethe hat es formuliert: ›Das höchste Glück der Menschenkinder ist nur die Persönlichkeit.‹ Die Wirkung der Persönlichkeit wird heute durch die elektronische Technik millionenfach vergrößert.«

Ich sage: »Jimmy Carter hat sich im Wahlkampf nicht zu betonen gescheut, daß er religiös sei und dreißigmal am Tag bete. Was meinen Sie, Herr Bundeskanzler: Hat ihm dieses Eingeständnis geholfen, Präsident zu werden, oder hat es ihm eher geschadet?«

»Schwer zu entscheiden«, sagt Dr. Bruno Kreisky. »Gewisse protestantische Glaubensgemeinschaften oder Sekten zum Beispiel sind stark extrovertiert. Bei denen hat ihm das sicher nicht geschadet. Es gibt andere Glaubensgemeinschaften, die mehr introvertiert sind. Dort wird man sein Bekenntnis wohl eher zurückhaltend aufgenommen haben. Was Carter aber gewiß am meisten geholfen hat, war der Wunsch der Wähler, einen neuen Mann in Washington zu haben, einen, der spontaner und unbelasteter sein würde von allem, was vorausgegangen war.«

Ich sage: »Die überwältigenden Erfindungen und Errungenschaften der letzten hundert Jahre – von der Dampflok bis zum Mondflug – werden von manchen dem Einfluß des Wassermanns zugeschrieben, in dessen Jahrhundert wir leben. Was halten Sie von dieser Theorie – Sie, der Sie selbst im Zeichen des Wassermanns geboren sind?«

»Mir verschließt sich die Einsicht in diese Zusammenhänge. Wer jedoch daran glaubt, dem will und kann ich seinen Glauben nicht ausreden. Mit Vernunftgründen ist dem nicht beizukommen. Auf welche Weise jemand die Mitmenschen sieht und sich deren Persönlichkeit erklärt, ist allein seine Sache. Sicher ist die starke Hinwendung zu derartigen Dingen eine Folge des Gefühls von Unsicherheit, das viele Menschen in steigendem Maße ergreift. Angesichts des Unvorstellbaren und Gefährlichen, das um uns geschieht, ist das auch nicht verwunderlich.«

»Herr Bundeskanzler«, sage ich, »in der UdSSR und in den USA sind die Forschungen auf dem Gebiet der Parapsychologie so weit vorangeschritten, daß Astronauten, die keineswegs medial begabt sein müssen, sich dank einer mir unbekannten Ausbildung während eines Raumflugs mit der Bodenstation telepathisch verständigen können.«

Es wird mir nicht vergönnt sein zu ergründen, ob sein überraschter Blick gespielt ist oder nicht. Hastig füge ich hinzu: »Was geschieht auf diesem Gebiet – insbesondere in Wien, einer Stadt, in der Freud zunächst einmal angegriffen und dann anerkannt und in der die Psychiatrie einst belächelt wurde? Jene von mir erwähnten telepathischen Verständigungsmöglichkeiten sind phantastisch und bedrohlich zugleich, denn sie könnten auch als Waffe eingesetzt werden. Was also geschieht in Ihrem Land auf diesem Gebiet?«

»Gar nichts«, orgelt er, ohne mit der Wimper zu zucken.

Seine starken Lippen verziehen sich zu einem verschmitzten Lächeln. Dieses Lächeln gibt mir Mut: »Darf ich Sie mit einer privaten Frage belästigen?«

Er nickt kaum merklich, sieht jedoch gleichzeitig auf seine Armbanduhr. Ich weiß, daß im Vorzimmer einige Politiker auf ein Gespräch warten. Dennoch: Er läßt sich Zeit. Bei aller scheinbaren Gemütlichkeit bewahrt er Distanz und väterliche Würde. Mir fällt sein oftmals krakeelender Sohn ein, der durch politische Eskapaden seinen Bundeskanzler-Vater häufig in peinliche Lagen gebracht hat. Es bedurfte übermenschlicher Großmut, um Gelassenheit zu bewahren.

Zweiter Anlauf: »Welches Geschehnis, welche Begebenheit in Ihrem Leben können Sie nicht mehr als ›Zufall‹ bezeichnen?«

Er blinzelt in die Blätter eines hochbeinigen Pflanzenarrangements, brabbelt etwas Unverständliches, seufzt, sagt: »Tja, da müßte ich lange nachdenken. Das könnt' ich auf Anhieb gar nicht sagen.«

Ich durchwühle mein Hirn nach elektrisierenden Beispielen, sage: »Ein Freund von mir hat in Spanien um einen Platz im Flugzeug gekämpft. Er gestand, daß er ausfallend und letztlich sogar handgreiflich wurde. Nichts half. Die Maschine flog ohne ihn, obgleich er fest gebucht hatte. Sie stürzte ab. Es gab keine Überlebenden.«

»Tja«, sagt er und neigt sich stöhnend nach vorn. »Da kommt mir eine allerdings nicht recht vergleichbare Begebenheit in den Sinn. Ich war in Indien und sollte nach Prag fliegen. Der indische Pilot wollte mir jedoch eine Freude bereiten und in Wien zwischenlanden. Während der Landung zerbrach er die Einweisungsstäbe und beschädigte die Maschine aufs schwerste. Die Reaktion des Piloten war außerordentlich: Er riß das demolierte Flugzeug vom Boden hoch und flog weiter nach Frankfurt. Eine Kommission, die später den Unfall untersuchte, kam zu dem Ergebnis, daß nicht nur die Reaktion des Piloten, sondern auch die Tatsache, daß das Flugzeug weder explodierte noch auseinanderbrach und obendrein den Flug nach Frankfurt überstand, ungewöhnlich gewesen sei. Ja, und da war noch etwas«, sagt er. »Während ich im Untergrund lebte – hier in Wien –, ohne Telefon und ohne Verbindung, traf ich immer wieder eine Frau, an der ich vorüberging, ohne je mit ihr zu sprechen. Später traf ich sie im Gefängnis. Es war eine ständig wiederkehrende Begegnung . . .«

Er läßt den Satz auströpfeln.

Dr. Bruno Kreisky, Doktor der Rechte, ehemals Gefangener der Gestapo, Emigrant in Schweden, als junger Mann Marxist, nunmehr überzeugter und überzeugender Sozialdemokrat, liebt das österreichische Land samt seinen sieben Millionen Einwohnern. Geheimdienste sind ihm zuwider, ebenso verabscheut er Haß. Er lebt mit seiner Familie in der Armbrustergasse, und seine Telefonnummer ist in jedem Wiener Telefonbuch verzeichnet. Er ist für jeden erreichbar, zugänglich, wenn auch bemüht, Distanz zu halten. Ein großer Bundeskanzler für ein mittelgroßes Land, das vor nicht allzu langer Zeit einen gewaltigen Teil Europas beherrschte.

»Ich bin erstaunt«, sage ich, »daß Sie, Herr Bundeskanzler, im Zeitalter des Wassermanns geringes Interesse für ein Gebiet aufbringen, das anfängt, die Welt aufhorchen zu lassen.«

Er zuckt die Achseln, als müßte er sich mit einem gravierenden Charakterfehler abfinden. Ich presche vor: »Haben Sie Angst vor dem Tod?«

»Angst?« sagte er, mit jenem Unterton, als wäre ihm das Wort noch nie zuvor untergekommen. Und dann: »Angst habe ich nur um jene, die ich zurücklasse. Was mich anbelangt: Ich bin ein großer Optimist, und selbst der Gedanke an den Tod wird durch meinen Optimismus blockiert, wenn nicht gar weggewischt.«

Früher einmal sagte er, er sei weder Optimist noch Pessimist; doch ich wage es nicht, ihn auf diese Widersprüchlichkeit oder auf die eventuelle Veränderung seiner Lebensanschauung hinzuweisen.

Während er sich nachdenklich die Hände reibt, sagt er: »Ein Freund von mir ist vor kurzem aus dem Leben geschieden. Ich hätte ihm helfen können. Ich fühle mich schuldig. Nur hatte ich nicht geahnt, daß er diesen Schritt plante.«

Sein großflächiges Gesicht zieht sich zusammen, zerknittert, glättet sich wieder. Gleichzeitig klingelt das Telefon. Er nimmt den Hörer ab, nölt einsilbig, legt wieder auf.

Wir rauchen nicht, wir trinken nicht. Es gibt keine Ablenkungsutensilien, keine Pausenfüller – mein quietschendes Sofa ausgenommen, bleibt es stumm.

Ich erinnere mich düster mancher Reporter, die sich bei mir für eine halbe Stunde angesagt hatten und dann einen Tag lang verblieben. Gleichzeitig blitzt die Erinnerung an einen Abend in der Deutschen Botschaft in Wien auf. Ich saß neben dem Bundeskanzler. Unser Gespräch war unbemüht, leichtfüßig, heiter, und ich glaubte eine innere Verwandtschaft zu spüren.

Ich probiere es von neuem, wage mich forsch auf sein ureigenes Gebiet vor, frage: »Gibt es in der heutigen Politik noch einen Platz für Moral und Ethik?«

Sogleich scheint er entspannt, spricht frei, launig, und ohne zu stocken: »Tja, die Moral kommt im Augenblick vielleicht in einer etwas demonstrativen Weise zu Wort.

Natürlich kann man sagen: Das ist verlogen, nicht ehrlich gemeint. Ich bin anderer Ansicht. Ich glaube, Präsident Carter zum Beispiel weiß, daß man sich die weltpolitische Gegend nicht aussuchen kann, in der man für die Einhaltung der Menschenrechte eintritt. Eine derartige moralische Forderung muß überall wie für alle gelten, sei es im Osten Europas wie im Süden Amerikas. Damit ist das Hauptgebot erfüllt – das der Objektivität. Das ist das wichtigste. Daß man darüber hinaus mit der Wahrung der Menschenrechte wie auch mit der Wohltätigkeit zu Hause beginnen muß, ist vielleicht das zweite Gebot einer moralischen Politik. Ich weiß nicht, ob ich damit Ihre Frage beantwortet habe. Aber die Antwort könnte auch für sich selbst stehen.«

»Das tut sie.«

Dr. Bruno Kreisky versteht sein Geschäft; keinesfalls möchte ich sein politischer Gegner sein. Dennoch würde ich Ernsthaftigkeit seiner viel gerühmten Toleranz vorziehen. Er löst sich so wenig vom vertrauten Boden der Realität wie ein überladener Ballon. Sein Satz: »Ich bin Agnostiker«, steht gleich einer Barriere zwischen uns. Ich fühle mich wie ein U-Boot, das ohne Periskop Land anzusteuern versucht. Ich verfange mich in der meterlangen Schnur seiner einlullenden Rede – werde hypnotisiert von seinem wienerischen Baß. Er ist Heuriger, Schrammeln, böhmische Beharrlichkeit zugleich. Seine Toleranz schwebt wie ein Heiligenschein über seinem Haupt. Dennoch: Er hat sich in einer stählernen Burg verschanzt, aus der ihn niemand zu locken vermag. Unangreifbar, wenn auch verbindlich.

Ich buhle, indem ich Grüße von Freunden übermittle. Ein zweites Klingelzeichen stoppt mich, ihn zu fragen, ob er je einen Horoskopanten, Astrologen oder Hellseher aufgesucht habe. Zudem türmen sich Zweifel, ob er es zugeben würde. Er ist ein großer Politiker, seit Jahren gewohnt, unangenehme Fragen mit Monologen und Zitaten zuzuschütten. Er hat von einem Beinahe-Flugzeugunfall erzählt, von einem Selbstmord, den er nicht verhindern konnte, von einer Frau, der er regelmäßig begegnete – und ich bin mir im klaren darüber, daß kein Sterblicher einem unwilligen Politiker gewachsen ist – schon gar nicht, wenn er Dr. Bruno Kreisky heißt.

Leni Riefenstahl

Leni Riefenstahl

Vor einigen Jahren zeigte sie bei Freunden in der Schweiz unvergeßliche Bilder, die sie während ihrer Afrika-Reisen aufgenommen hatte. Skeptisch und mit Mißtrauen begegnete ich damals jener Frau, die unter Trümmerbergen von Anklagen, Gerüchten, Wahrheiten und Verleumdungen lebt. Ihre Zerfahrenheit und Unruhe verwischten die windfrische Forsche, die ihr unverwüstliches Image zu sein scheint. Die Dias, die sie auf einsamer Safari geschossen, wirkten wie die Bestätigung eines vielleicht unbewußten Schuld- und Sühneprozesses, dem sie sich unterworfen hatte. Sie enthüllten einen Menschen, der seine Vergangenheit zu vergessen sucht und zugleich seine Existenz und seine Begabung auf selbstverleugnende Weise zu bestätigen wünscht.

Jahre danach treffen wir uns in München. Für einen festen Wohnsitz scheint sie nicht geschaffen. »Morgen muß ich weg, übermorgen ein Termin, dann eine Verabredung in Zürich.« Im Auf- und Abschreiten stößt sie ihre gemurmelten Sätze hinaus. Die kleinen bernsteinfarbenen Augen sind ohne Ruhe, wandern von Ecke zu Fenster, zu Tisch, zu Tonband, verweilen auf mir. Zwischen uns türmt sich riesenhaft die Frage nach dem Warum ihrer politisch ausgerichteten Filme der Nazi-Zeit auf.

Mein: »Frau Riefenstahl, es ist weithin unbekannt, daß

Sie bereits als Regisseurin gearbeitet haben, bevor Hitler an die Macht kam«, bewirkt Entspannung. »Sie waren das, was sich heute ›Womens Lib.‹ nennt, und Sie stellten Ihre Emanzipation zur Schau, als dieser Begriff noch ungeboren war. Obgleich mein Gesprächsthema eigentlich die Parapsychologie ist, möchte ich doch zunächst fragen: Woher kam der Anstoß, der Sie in jenen Männerberuf katapultierte – aus dem Intellekt oder aus der Intuition?«

Ihr Gesicht ist glatt und faltenlos. Kaum zeigt es Spuren ihres beträchtlichen Alters, ihrer prekären Vergangenheit. Der Körper ist noch immer sportlich und biegsam; die Sprache flüssig und klar – wenn auch überstürzt.

»Es war nur das Gefühl«, sagt sie. »In keiner Weise sehnte ich mich danach, mich zu emanzipieren. Es war mir auch nicht bewußt, daß ich eine Art Pionier auf diesem Gebiet sein würde. Sondern es hat sich so ergeben – von selbst. Der Hauptgrund, weshalb ich Regie führte, war, daß ich für den Film, den ich drehen wollte, nicht genug Geld hatte, um einen Regisseur zu engagieren. Ich muß hinzufügen: Ich war nicht die erste Frau, die Regie führte. Es gab noch zwei andere, die sehr gute Filme gemacht haben und die sehr bekannt geworden sind. Später gerieten sie in Vergessenheit. Da war die Sagan mit *Mädchen in Uniform*, und etwas später Charlotte Reiniker, die Zeichenfilme produzierte. Ursprünglich war ich Tänzerin. Es war der Beruf, den ich am meisten liebte und den ich mein Leben lang ausüben wollte. Ein Unfall setzte meiner Karriere als Tänzerin ein Ende – durch Zufall kam ich zum Film.«

»Was ist Zufall?« frage ich.

Sie stutzt, sagt rasch: »Ich persönlich glaube nicht an den

Zufall. Er ist weder mit Logik noch mit Wünschen oder Wollen zu umschreiben. Doch zurück zu dem, was ich leider mit ›Zufall‹ bezeichnen muß. Als Tänzerin hatte ich über Nacht beträchtlichen Erfolg. Ich wurde viel zu rasch bekannt, hatte eigentlich ein paar Jahre weiterstudieren wollen. Doch nach einem Tanzabend, den die Schule aufführte, begann sich die Presse für mich zu interessieren; ich bekam Verträge. Ich reiste mit meiner Mutter von Vorstellung zu Vorstellung. Dann hatte ich den Unfall, und mußte mich einer schweren Knieoperation unterziehen. Zurück zum ›Zufall‹: Es war auf der U-Bahnstation Nollendorfplatz in Berlin – ich bin waschechte Berlinerin, in Wedding geboren. Dort sah ich ein Plakat. Es ist merkwürdig, aber die meisten einschneidenden Veränderungen in meinem Leben wurden von optischen Eindrücken ausgelöst. Sei es von einer Zeitungsnotiz, einem Bild, einem Foto, einem Buchumschlag.«

Eine Sekunde lang verharrt sie regungslos. Dann sprudelt sie weiter: »Mein Vater wollte, daß ich Malerin werde. Ich durfte weder tanzen noch schauspielern. Zeichnen und Malen war das einzige, was mein Vater erlaubte, und das Optische hat mich von jeher sehr angesprochen. Selbst später beim Tanz.

In dieser Zeit also prallte ich auf das Plakat. Der bekannte Zeichner Malinowski hatte es entworfen: Ein Felskamin mit einer Gestalt, die darüber hinwegsteigt. Darunter: ›Berg des Schicksals‹. Ich hatte nie zuvor Berge gesehen. Ich kannte die Ostsee. Die Nordsee. Außerdem hatte ich eine wichtige Verabredung und keinerlei Muße für langwierige Betrachtungen. Dennoch trafen mich Titel und Plakat gleich einem

Schlag. Da kam die Bahn, verdeckte das Bild. Der Eindruck war so stark gewesen, daß ich die Wichtigkeit der Verabredung vergaß. Ich ließ den Zug weiterfahren, um es nochmals anschauen zu können. Endlich wurde mir bewußt, daß es sich um die Werbung für einen Film handelte, der in einem nahe gelegenen Kino lief. Ich verließ den Bahnhof, platzte mitten hinein in die Vorstellung, blieb bis zur nächsten, blieb, bis das Theater geschlossen wurde. Ich saß wie gebannt: Berge, Aufnahmen, Gestaltung. Ich wußte nicht, was mich berührte: Technik oder Berge. Was immer es auch war, ich bin eine Woche lang jeden Tag in diesen Film gegangen. Dann stand für mich fest, daß ich dem Problem auf den Grund gehen mußte: War es die für mich neue Kunst, oder waren es die für mich ebenso neuen Berge, die jene Faszination ausübten? Kurz darauf fuhr ich mit meinem Bruder in die Dolomiten. Dorthin, wo jener Film gedreht worden war. Und ich gelangte zu der Überzeugung, daß es beides war – Landschaft und Film. Ich konnte mir nicht vorstellen, daß ich da je hinaufklettern und alles selber machen würde. Ich hatte nur einen Wunsch: Die Menschen kennenzulernen, die diesen Film geschaffen hatten, und ich wollte, ganz egal, wer sie seien, mich ihnen anschließen. Nicht als Schauspielerin. Nur um einfach dabeisein zu können. Tatsächlich traf ich einen der Mitarbeiter, erhielt die Adresse des Regisseurs und begegnete vier Wochen darauf Dr. Frank – einem Pionier der Bergfilme. Er kannte mich nicht – hatte auch nie von mir als Tänzerin gehört. Bei unserer ersten Begegnung benahm er sich schüchtern, rührte in seiner Tasse herum, während ich voller Begeisterung auf ihn einredete. Zum Schluß verriet ich dem Schweigsamen, daß ich gern bei seinem nächsten Film dabei wäre. Er fragte: ›Was machen Sie überhaupt?‹ Ich verhaspelte mich: ›Ich bin Tänzerin. Kann aber nicht mehr tanzen. Hatte eine Knieoperation. Die Ärzte wollen keine zweite wagen. Ich weiß nicht, wie lange ich pausieren muß.‹ Er unterbrach: ›Können Sie mir Material geben? Bilder oder so?‹ – ›Ja‹, sagte ich hoffnungsvoll. Aber nun geschah das Unglaubliche: Alle hatten sich geweigert, mich nochmals zu operieren – selbst die bekanntesten Ärzte. Ich wußte, daß ich niemals in einem solchen Film würde mitwirken können. Ich konnte weder einen Hügel erklimmen, geschweige einen Berg. Ich humpelte.

Noch am selben Abend telefonierte ich mit Professor Treband – einem Schüler von Sauerbruch. Ich flehte ihn an, mich zu operieren. Er beharrte auf seinem: ›Unmöglich.‹«

Ihr Oberkörper wippt vor und zurück – sie gleicht einem ungeduldigen Kind. Wie im Film scheint die Vergangenheit an ihr vorüberzuzigeunern.

»Ich war noch nicht einmal mündig«, sagt sie, »wohnte jedoch alleine in Berlin. Abends machte ich mich auf den Weg. Ich bat um Röntgenaufnahmen. Er stellte fest, daß sich ein Knorpel gebildet hatte, dessen operative Entfernung jedoch ein Risiko bedeutete. Ohne daß meine Eltern etwas ahnten, wurde der Eingriff vorgenommen. Einige Tage darauf besuchte mich Dr. Frank. ›Ich habe Ihnen etwas mitgebracht‹, sagte er. Es war ein Paket. ›Der heilige Berg‹, stand darauf, ›in drei Tagen und drei Nächten geschrieben für Leni Riefenstahl.‹«

Sie prustet, sagt, an ihren blondgefärbten Haaren ziehend: »Das war die Schicksalswende.«

»Es gibt Wege, die man beschreitet«, sage ich, »ohne daß

man die Landkarte kennt, und von denen man nicht weiß, ob sie in einen Tunnel oder in die Freiheit führen.«

Sie nickt, sagt: »Ja, ich habe das Gefühl, daß alles vorherbestimmt war.«

Dann läßt sie sich in den Sessel zurückfallen, starrt in die Nachmittagssonne.

»Sie sind einen fast dostojewskischen Weg gegangen«, sage ich. »In den unerforschten Teil Afrikas. Sie haben mit Menschen gelebt, deren Sprache Sie nicht verstanden, unter Bedingungen gehaust, die für den verwöhnten Europäer unfaßlich sind. Ich habe Ihre Fotos gesehen und werde sie ebensowenig vergessen wie Sie einst jenes Plakat am Nollendorfplatz.

Parapsychologie ist, wie Sie wissen, eine außerordentlich umstrittene und zum Großteil lächerlich gemachte Halbwissenschaft. Doch alle Wissenschaften sind einst aus Halbwissenschaften hervorgegangen. Was haben Sie durch jene Ihnen absolut fremden Menschen gelernt? Der Mut, in Ihrem Alter ein solches Abenteuer auf sich zu nehmen, ist beängstigend.«

»Diese Dinge entwickeln sich Stufe um Stufe«, ruft sie bestimmt. »Weder bemerkt man das Besondere noch die Gefahr. Ähnlich erging es mir mit dem Klettern. Als ich das erstemal in den Dolomiten war und Bergsteiger beobachtete, die auf mich wie wimmelnde Insekten wirkten, hielt ich sie allesamt für wahnsinnig. Doch wenige Monate darauf gehörte ich zu ihnen. Ich begriff, daß die Felsen nicht halb so hinterhältig waren, wie sie von weitem aussahen. Da existierten Griffe und Haltemöglichkeiten, die ich zuvor nicht wahrgenommen hatte. Allmählich verlor ich die Furcht.

Und wenn man den ersten Schritt getan hat, tut man auch den zweiten. Mit den Gletschern erging es mir nicht anders: Als ich das erstemal eine Eisrinne überqueren sollte, weinte ich fast vor Angst. Selbst das Seil, an dem ich hing, versprach keinerlei Sicherheit. Doch dann begann ich darauf zu achten, wie die anderen die von mir gefürchteten Gletscher bezwangen. Tastend und langsam versuchte ich, es ihnen gleichzutun, und überwand meine Angst.

So war das auch mit Afrika. Als ich zuerst hinkam, hatte ich das Gefühl: Dies führt zu weit. Ich wollte einen Spielfilm drehen und bin dabei verunglückt. Dadurch erhielt ich zum erstenmal Gelegenheit, Eingeborene in ihrer eigenen Umgebung zu beobachten. Sie waren Massai-Krieger. Und wieder faszinierte mich das Optische – Bewegung, Gang, Haltung. Ich hatte kein Geld, aber ich war frei. Ich lernte Leute kennen, die dort lebten und mir halfen. Und wiederum stieß ich auf ein Bild: ›Die Nuba von Kordofan‹. Später fand ich heraus, daß Kordofan eine der zwölf Provinzen des Sudan ist. Es dauerte weitere sechs Jahre, bis ich die Möglichkeit hatte, nach Karthum zu kommen. Der Hauptgrund war Geldmangel.«

Plötzlich steht sie auf, geht durch den Raum, dreht sich blitzschnell zu mir um, fragt, als müßte ich eine Antwort parat haben: »Warum hat mich abermals ein einziges Bild derart fasziniert, daß ich all das, was es um mich herum gab, vergaß? Alles: Probleme, Prozesse, Angriffe, Existenzkampf? Wie konnte ich das vergessen, dank einem einzigen Bild? Rückblickend ergibt es einen Sinn. Denn das Bild, das mich auf abenteuerliche Weise dorthin geführt hat, hatte in mir keinesfalls den Wunsch wachgerufen, Filme zu drehen oder zu fotografieren. Ich hatte nicht die Absicht, das Abenteuer auszuwerten.«

»Was war die Absicht?« frage ich.

Sie setzt sich, schlägt die Beine übereinander, rupft an ihrem bunten Kleid, sagt: »Die Absicht war im Grunde nur, jenen Menschen begegnen zu können. Wenn ich zum Beispiel Wissenschaftlerin gewesen wäre – Ethnologin –, dann hätte mich das Leben ausschließlich in dieser Form interessiert. Abseits jeglicher Zivilisation.«

»Keine Flucht vor Prozessen?« frage ich.

»Nein«, sagt sie. »Keine Flucht. Obgleich ich zugeben muß, daß der Gegensatz von dem Leben hier zu dem dort mich immer wieder verführte. Ich bekam Zugang zu diesen Menschen.«

»Wie?«

»Ich habe mich Wissenschaftlern angeschlossen. Die Gruppe zog weiter. Ich hingegen blieb bei den Nubas. Ihre Ausstrahlung hat mich überwältigt. Nicht einmal so sehr das Optische, das Sie in meinen Bildern wiederfinden, sondern ihr schlichtes Sein. Ihre Herzlichkeit und Liebe. Ich habe dort Zärtlichkeit gesehen, wie ich sie sonst nirgends entdekken konnte. Es gab keinen Unterschied zwischen Kindern, alten und jungen Leuten. Zuerst war der Kontakt zu ihnen schwach. Sie sind scheu. Doch durch die Kinder, die neugierig waren, kamen auch die Mütter. Sie waren in keiner Weise aggressiv. Allenfalls ängstlich, mich auch nur zu berühren. Die weiße Haut war ungewohnt. Zuerst weinten die Kleinen, bis sie sich an mich gewöhnt hatten. Als sie spürten, wieviel Sympathie ich ihnen entgegenbrachte, wieviel herzliche Gefühle, kamen sie auf mich zu. Mit einer Leica, die ich eher zufällig mit mir umhertrug – schließlich war ich keine Berufsfotografin –, machte ich meine ersten Versuche.«

Sie wischt über ihr ungeschminktes Gesicht, sagt: »Am liebsten wäre ich für immer dort geblieben. Wenn meine Mutter nicht in München gewesen wäre – mit der ich mich sehr verbunden fühlte –, wäre ich kaum zurückgekehrt. Zwischen den Nubas und mir entstand eine beispiellose Freundschaft. Ich war für sie ›die Leni‹, und sie wollten für mich ein Haus bauen, so daß ich auch während der Regenzeit bei ihnen bleiben könnte. Wenn man krank wird, ist man verloren. Es gibt weder Fahrzeuge noch Verbindungen zur Außenwelt. Alles versinkt in Schlamm.«

»Ich hätte gerne gewußt«, sage ich, »in welcher Weise sich jene Freundschaft äußerte.«

»Es gibt dort Ringkampffeste«, sagt sie, »die die Nubas außerordentlich schätzen. Sooft ein Ringkampffest angesetzt war, sind sie bis zu fünfzig Kilometer weit marschiert. Ich mußte mit ihnen gehen. Während des weiten Weges begriffen sie, daß ich für derartige Dauermärsche nicht trainiert war. Deshalb sagten sie immer wieder: ›Leni, datse, datse‹ – Leni, langsam, langsam. Sie achteten darauf, daß ich mich nicht überanstrengte, und sobald ein Schatten kam, bestanden sie darauf, daß ich mich setzte. Sie sind arm. Außer Erdnüssen besitzen sie wenig. Doch stets teilten sie ihre Rationen mit mir. Sie warteten, bis ich aufgegessen hatte. Wenn ich mich verletzt hatte, an Dornen etwa, dann haben mir die Nubas die Wunden ausgewaschen und mich gepflegt. Allmählich lernte ich sie alle kennen: ihre Verwandten, ihre Kinder.

Jetzt überspringe ich ein paar Jahre. Ich hatte ein kleines Foto bei mir. Das meiner Mutter. Sie fragten mich, wer das sei. ›Ageniba‹, sagte ich. Und immer wieder sahen sie das Bild an und sagten: ›Jori, jori‹, was bedeutet: Die Mutter sieht hübsch aus. Sie spürten, daß ich meine Mutter mochte – und das wiederum hat ihnen gefallen. Familie ist für sie entscheidend. Nichts geht ihnen über das Verhältnis der Familienmitglieder zueinander. Vater und Mutter werden sehr geachtet. Großvater und Großmutter ebenfalls.«

»Etwas, das in unserer Zivilisation aus der Mode gekommen scheint«, sage ich.

»Ja. Leider.« Mit erhobenem Zeigefinger sagt sie: »Die Familienbeziehungen sind dort ganz stark ausgeprägt. Ebenso Freundschaften. Gleich zu Anfang hatte ich meine Uhr verloren. Nach wenigen Tagen hatte sie irgendwer im Gras gefunden, und man hat sie mir wiedergebracht. Als ich ein andermal mit einem Lastwagen in eine sechzig Kilometer entfernt gelegene Garnison fuhr, ließ ich meine Kisten zurück. Als ich zurückkehrte, waren sie verschwunden. Noch lebte ich unter einem Baum, hatte weder Zelt noch Auto. Nichts. Ich dachte, die Kisten wären gestohlen. Doch da kamen die Nubas von den Bergen, meine Kisten auf den Köpfen. Sie hatten sie in ihren Hütten verborgen, so daß sie nicht von Nomaden gestohlen werden konnten. Und nun das vielleicht Entscheidendste: Ich bekam nur äußerst selten Post. Dazu mußte ich nach Kadubi fahren, einer kleinen Stadt, die weit entfernt lag – einmal im Monat. Eines Tages erhielt ich die Nachricht, daß meine Mutter schwer krank sei. Zu jener Zeit war ich nicht mehr allein, denn ich hatte gerade begonnen, einen Film zu drehen. Mit mir waren ein

Kameramann und ein Assistent. Ich ließ sie zurück und versuchte, so schnell wie möglich nach Hause zu kommen. Es dauerte fünf oder sechs Tage. Als ich in München eintraf, war meine Mutter tot. Einen Tag zuvor hatte man sie beerdigt. Als ich nach Afrika zurückkam, begegneten mir Nubas, die ich gar nicht kannte, und fragten, was mit meiner Mutter sei. Ich berichtete von ihrem Tod – und sie weinten. Ich nahm meinen alten Platz unter dem Baum ein, an dem auch meine beiden weißen Mitarbeiter aus München lagerten. Die berührte meine Trauer gar nicht, sie sprachen mir nicht einmal ihr Beileid aus. Da strömten die Nubas zusammen, umringten mich und haben mit mir geweint.«

»Spüren die Nubas über große Entfernungen hinweg, wenn dem anderen ein Leid geschieht?« frage ich. »Ist jene telepathische Begabung, die wir offensichtlich alle besaßen, bei ihnen noch unverkümmert?«

»Ja«, sagt sie. »Ich habe dort sogar zweimal spiritistische Sitzungen erlebt. Die Nubas suchen dann Kontakt zu ihren Toten. Sie bedienen sich eines Mediums. Das wichtigste Ereignis in ihrem Leben ist der Tod. Sie pflegen eine Art Totenkult, mit wunderbaren Zeremonien. Leider muß ich sagen: pflegten; denn vieles hat sich innerhalb weniger Jahre geändert. Die Zivilisation zerstört. Damals haben sie diese Totenfeste nicht nur veranstaltet, wenn jemand soeben gestorben war, sondern auch zehn Jahre danach. Selbst nach zwanzig Jahren haben sie bei bestimmten Menschen, die eine hohe Stellung innegehabt hatten, ein Fest veranstaltet. Sie bestreuten sich mit Asche – weißer Asche, die eine religiöse Bedeutung hat. Später habe ich, dank der Tatsache, daß ich ihre Sprache zunehmend besser verstand, herausgefunden, daß die Asche ein Symbol des ewigen Lebens darstellte. Die Sieger der genannten Ringkampffeste bekamen stets einen Zweig von einem bestimmten Baum, der beim Verbrennen ebenjene weiße Asche hinterließ. Ich habe den Chief befragt, warum man den Gewinnern nicht ein Huhn oder eine Ziege überreiche. Er war entsetzt, daß ich annehmen konnte, die Sieger erwarteten einen materiellen Lohn. Sie erklärten mir umständlich, daß der Zweig das schönste Geschenk bedeute, da er das ewige Leben symbolisiere. Der Zweig des Siegers wurde verbrannt. Die eine Hälfte der Asche haben sie beim nächsten Kampf benutzt und sich damit eingerieben; denn sie glaubten, daß die Asche sie beschützte und ihnen Kraft gäbe. Die andere Hälfte haben sie in einem Rinderhorn aufbewahrt. Wenn einer oftmals siegte, hatte er schließlich zwei, drei Hörner voll Asche. Sie wurde ihm bei seinem Tod mit ins Grab gestreut, im Glauben, sie würde die Seele wiederkehren und den Kontakt nicht abreißen lassen.

Doch zurück zu den spiritistischen Sitzungen. Wenn also jemand gestorben war und seine Angehörigen einige Zeit nach seinem Tod vor einem Problem standen, versuchten sie den Rat des Toten einzuholen. Sie veranstalteten eine spiritistische Sitzung. Dies war nur mit Hilfe eines Mannes möglich, der mediale Fähigkeiten besaß. Seine Fähigkeiten galten dadurch als erwiesen, daß er – ähnlich den Medizinmännern – erstaunlich präzise Voraussagen über die Regenzeit treffen konnte, mithin über einen ausgeprägten Kontakt zu den Naturkräften verfügte. Dieser Mann stellte die Verbindung zu dem Toten her. Er ging in eine Hütte. Die anderen blieben draußen. Manchmal gab es Zeichen – manchmal nicht.«

»Welche Art von Zeichen?« frage ich.

»Sie bedienten sich der Stimme von Hähnen. Wenn der Hahn auf bestimmte Fragen oder Zeichen krähte, galt das als Signal, mit dem Toten sprechen zu dürfen. Wiederholt haben sie mir berichtet, daß sie die Stimme des Toten dann tatsächlich hörten und auf Fragen Antworten erhielten. Zum Beispiel, ob jemand bestraft werden sollte oder nicht. Keinesfalls mochten sie etwas Schlechtes tun. Denn sie fürchteten, von den Toten bestraft werden zu können. Ihre Moral hing untrennbar mit jenen Sitzungen zusammen. Es war ihre Form von Religion«, sagt sie.

»Wieviel Nuba gab es, als Sie dort waren?« frage ich.

»Man muß sich die Größe des Sudan vorstellen«, sagt sie und beugt sich erregt nach vorn. »Er ist ungefähr zehnmal so groß wie Ost- und West-Deutschland zusammen. Allein jene Provinz – Kordofan – ist wesentlich größer als Deutschland. Die Nuba leben fast über das ganze Gebiet verstreut. Man sagt, es gebe über eine halbe Million. Als ich jedoch 1962 das erste Mal dorthin kam, wurde mir erklärt, daß dieser Stamm gar nicht mehr existiere. Er sei weder von den Sudanesen noch von den Arabern zu unterscheiden. Die Nuba trügen Kleidung und gingen zur Schule und hätten ihr ursprüngliches Leben aufgegeben. Früher hingegen hätten sie weder lesen noch schreiben können. Sie befaßten sich ausschließlich mit Landwirtschaft. Vor allem kannten sie eines nicht: Geld. Erst später – mit dem Vorrücken der Zivilisation – hat das Geld, ausschließlich das Geld, die Menschen zerstört. Solange es kein Geld gab, war auch der Wunsch, etwas zu besitzen, unbekannt. Man tauschte: Getreide gegen Ziege oder Kuh. In den Häusern standen alle Türen offen. Diebstahl, Mord und Totschlag waren unbekannt. Doch dann drang die Zivilisation vom Norden Afrikas und von Ägypten nach Süden vor. Die Nuba waren eine der Urbevölkerungen Afrikas und haben sich während der Sklavenjagden immer weiter nach Süden zurückgezogen, bis zu den Nuba-Bergen, im Süden der Provinz. Dort haben sie sich in den Hügeln Burgen gebaut. Da es keine Straßen gab, waren sie imstande, sich jahrhundertelang gegen fremde Einflüsse zu verteidigen. Sie haben Ackerbau betrieben – Korn oder Hirse angepflanzt, die sie Dura nennen und die den Hauptteil ihrer Nahrung bestreitet. Wie glücklich sie waren, hat man daran gemerkt, daß jeder Nuba sich ein Musikinstrument angefertigt hatte. Eine Art Harfe, auf der sie, wo immer sie gingen und standen, musizierten. Kaum aufgewacht, galt ihr erster Griff der Harfe. Jeder besaß seine eigene Melodie, von ihm selbst erdacht, an der sie sich erkennen konnten.«

»Ein Komponistenstamm«, sage ich.

Kurz lacht sie auf. »Ja. Außerdem besaßen sie noch eine Gabe, die inzwischen verlorengegangen ist: Sie haben fast immer gelacht. Der kleinste Anlaß war ihnen willkommen, um zu lachen – selbst Kinder, alte Leute oder Frauen, die schwere Lasten tragen mußten, Lasten, die uns zum Stöhnen bringen würden. Das alles: Lachen, Fröhlichkeit, Gutherzigkeit, scheint mir ein Beweis dafür, wie zufrieden sie waren.«

»Erwuchs dieses Glücklichsein – Ihrer Meinung nach – aus der Religion, oder war es eine Folge der Tatsache, daß sie so tief in ihrer Familie verwurzelt waren?« frage ich.

»Ich glaube«, sagt sie, »daß der Frohsinn von ihrem einfachen Leben herrührte. Keine Zivilisation, keine Gier nach Besitz. Doch alsbald wurde eine Straße gebaut und das Land erschlossen. Bis dahin waren sie auf sich selbst angewiesen. Wenn die Ernte schlecht war, mußten sie hungern. Manche starben sogar. Ich habe sie einmal gefragt: ›Was macht ihr, wenn ihr nichts zu essen habt?‹ Mit einem Lächeln erwiderten sie schicksalsergeben: ›Nuba pengo‹ – dann sterben die Nuba. Ich habe das Sterben von vielen Nuba miterlebt. Sie sterben, ohne sich aufzulehnen.« Sie schweift vom Thema ab: »Professor Schweitzer, der einst so angegriffen wurde, weil er sein Krankenhaus angeblich unhygienisch führte, hat meiner Ansicht nach das einzig Richtige getan. Die Eingeborenen hätten sich geweigert, ein Haus zu betreten, das mit hygienischen Schikanen aller Art ausgestattet gewesen wäre.

Niemals lassen die Nuba einen Kranken allein. Einmal wollten wir einem Schwerkranken behilflich sein, der nur noch zu retten gewesen wäre, wenn wir ihn in ein Spital eingeliefert hätten. Doch sie hätten in den Transport nur eingewilligt, wenn seine Angehörigen hätten bei ihm bleiben können. Genau das hat Professor Schweitzer gestattet. Er hat die Familie mit in sein Krankenhaus aufgenommen, um dem Vater, der Mutter, dem Freund den Tod zu erleichtern. Wenn jemand gestorben ist, trauern sie tief und aufrichtig. Aber sie trauern nicht so, daß man das Gefühl hat, sie hätten den Toten für immer verloren. Als ich jetzt abermals da war und mich nach einigen älteren Leuten erkundigte, sagten sie: ›Pengo.‹ Er ist gestorben. Aber sie sprachen es aus, als ob er noch mitten unter ihnen weilte. Daß Menschen so empfinden können . . .« sagt sie und reibt ihre Nasenflügel. »Die Zweckgerichtetheit unserer Welt hat mich immer wieder zurückgetrieben. Und die Fotos, die ich gemacht habe, sind eher nebenbei entstanden.«

»Wieweit haben Sie sich während dieser monatelangen Begegnungen in einer Gesellschaft, die uns fremd ist, verändert?« frage ich.

»Mit Demut habe ich erfahren, daß jene Menschen und ihre Lebensart uns weit überlegen sind«, sagt sie. »Und es hat mich mit großer Trauer erfüllt, wie ich von Mal zu Mal miterleben mußte, wie die Nuba durch die Zivilisation zugrunde gerichtet wurden. Wie sie nach Karthum gingen und mit einer Welt in Berührung kamen, die sie entwurzelte. Sie sahen Morde, obszöne Liebesszenen im Kino, kehrten verstört und entsetzt zu ihrem Stamm zurück. Ein Jahr Arbeit und die daraus resultierende Entwurzelung brachte ihnen gerade so viel Geld ein, um eine Kuh zu kaufen. Doch die Harmonie war zerstört. Früher zum Beispiel hatten die jungen Männer fünf oder sechs Monate während der Trockenzeit nicht bei ihrer Familie gelebt, sondern in einem Kral, bis zu zehn Kilometer von ihrem Dorf entfernt. Die jungen Knaben hüteten die Rinder, und die älteren – das heißt die 20- bis 25jährigen – bereiteten sich auf den Ringkampf vor. Sie tranken die Milch von den Kühen und hatten besseres Essen. Gleichzeitig erzogen sie die Jungen. Sie durften nicht mit ihren Frauen schlafen, selbst wenn sie verheiratet waren. Besuchen durften sie sie, mußten sich jedoch Enthaltsamkeit auferlegen. Jetzt ist das alles vorbei. Sämtliche seit Jahrhunderten existierenden Lebensregeln verloren ihre bestimmende Kraft. Die Nuba siechen dahin. Sie verschließen ihre

Türen. Sie sind mißtrauisch. Bei meinem letzten Besuch fand ich viele Menschen krank. Die Jungen sind fast alle in der Stadt. Zurückgeblieben sind die Alten und die Kinder. Früher liefen sie nackt einher, was, dem Klima entsprechend – Hitze und Staub –, das einzig Hygienische war. Jetzt müssen sie Kleider anziehen, haben jedoch kein Geld, die abgetragenen zu ersetzen. Nach wenigen Wochen haben sie nur noch Fetzen am Leib. Sie besitzen auch kein Geld, um sich Seife zu kaufen. Sie sind verschmutzt und verfügen über keinerlei Abwehrkräfte gegen Krankheiten. Jedes Baby ist in Lumpen gewickelt. Es ist grauenhaft. Das Elendsproletariat auf der Welt wurde vergrößert, als diese herrlichen Menschen in den Sog der Zivilisation gerieten.«

»Mit der Zivilisation, nehme ich an, verschwanden auch die medialen Kräfte«, sage ich, »Kräfte, die uns längst verlorengegangen sind oder die wir negieren, verlachen, verharmlosen. Jene Nuba, die Sie liebten, bekannten sich zu ihrem Tod und zu ihren Toten. Was bedeutet: Sie waren überzeugt, daß die Toten mehr wüßten als die Lebenden. Was mich jedoch überrascht, ist, daß sie jemanden in ihre Geheimnisse eingeweiht haben, der nicht zu ihrem Stamm gehörte. Sicher, bei jenen Sitzungen tritt eine Art Selbsthypnose auf. Andererseits gilt es als erwiesen, daß die Ureinwohner Zentral-Australiens imstande sind, Kontakte über Tausende von Meilen herzustellen. Wenn einer von ihnen krank ist oder in Not, ruft er auf telepathischem Wege Hilfe herbei.«

»Das steht außer Zweifel. Ich möchte generell etwas dazu sagen. Ich habe einige sehr starke Erlebnisse gehabt, die mir bestätigten, daß wir Kontakte haben können, die ohne Beschränkung von Ort und Zeit möglich sind. Dennoch bin ich überzeugt, daß es schwierig ist, jene Phänomene wissenschaftlich festzuhalten, weil sich in ihnen Echtes und Unechtes, bisweilen auch mutwilliger Schwindel in ununterscheidbarer Weise vermischen. Ich selber habe es aufgegeben, mich mit diesen Dingen zu beschäftigen. Ich möchte nicht mehr wissen, was mit mir geschieht. Obgleich ich – das möchte ich betonen – daran glaube, daß Voraussagen möglich sind. Ich hatte Verbindungen zu Wallner – einem Astrologen in Rom – und auch zu verschiedenen anderen, die mir Ereignisse voraussagten, die tatsächlich eingetroffen sind. Aber wenn Sie mich heute fragen: ›Möchten Sie das wissen?‹ dann sage ich: ›Nein.‹ Es könnte sein, daß jemand, der diese Fähigkeiten besitzt, sich irrt, und ich wiederum könnte diesem Irrtum ausgeliefert sein.«

»Möglicherweise registriert das Unterbewußtsein den Ratschlag und möchte ihn wahrmachen«, sage ich.

Sie hebt ihre Hand, als wollte sie dirigieren. »Dazu möchte ich bemerken, daß mein Mangel an Angst nicht von ungefähr kommt. Ich habe mich bereits, als ich noch sehr jung war, mit diesen Fragen beschäftigt, wenn auch auf infantil-naive Weise. Und immer wieder stand das Bild vor mir: Wie ich das Steuer meines Lebens selbst in die Hand nehme. Im Krieg hatte ich ein seltsames Erlebnis. Ich war verheiratet. Durch eine Kriegstrauung. Mein Mann war an der Ostfront. Es war 1942. Eine schreckliche Zeit. Ich wartete unablässig auf einen Brief. Und da geschah folgendes: Ich sitze in meinem Zimmer, denke für einen Augenblick gar nicht an meinen Mann. Ich schreibe irgend etwas. Es ist sehr still. Plötzlich hinter mir ein Geräusch. Ich sehe mich um: Eine Pflanze ist abgebrochen. Eine Blume. Eine schwere Blüte. Das leise Geräusch hat mich zusammenschrecken lassen. Dem Schreck folgen Visionen, die blitzschnell ablaufen. Ich sehe meinen Mann am Boden liegen, und über ihm Soldaten, die ihn umbringen wollen. Wie gesagt: Das Ganze lief blitzschnell ab, gleich einem Spuk. Nach drei Wochen erhielt ich einen Brief von meinem Mann. Er beschrieb mir die Situation, die ich gesehen hatte, nannte Tag und Stunde, und daß er gleichsam wie durch ein Wunder davongekommen sei. Es war haargenau der Augenblick gewesen, zu dem die schwere Blüte abgeknickt war. Solche Dinge habe ich einige Male erlebt.«

Sie knöpft einen Knopf auf und zu, zögert, wirft den Kopf zurück, sagt: »Da war noch ein Erlebnis – als ich meinen Mann zum erstenmal sah. Es war in einem Eisenbahnzug, Anfang des Krieges. Ich fuhr zu den Aufnahmen für den Tiefland-Film *Die Berge* in die Nähe von Innsbruck. Da steht vor der Fensterscheibe ein Gesicht. Es war das Gesicht meines späteren Mannes. Ich hatte ihn nie zuvor gesehen. Doch wiederum hatte ich eine Vision: Ich sah zwei Kometen, die zusammenstießen und in die Tiefe stürzten. Und so war meine Ehe. Erst vier Monate später lernte ich ihn, der mein Mann werden sollte, kennen. Er war auf Urlaub. Im selben Augenblick, als er mich sah, hat er gedacht: Diese Frau mußt du heiraten. Als wir uns zum zweitenmal begegneten, hatte ich das gleiche schreckliche Gefühl. Abermals sah ich die Kometen. Eine ähnliche Vision überkam mich, als ich zum erstenmal in meinem Leben Hitler reden hörte. Es war vor der Machtübernahme. Ich war in eine politische Versammlung geraten. 1932. Ich war uninformiert, desinteressiert. Als Hitler die ersten Worte sprach: ›Volksgenossen‹ oder irgend so etwas, sprang mich diese Vision geradezu an: Ich sah die Erdoberfläche gleich einer Halbkugel. Sie öffnete sich, und eine riesige Fontäne schoß gewaltig in den Himmel, fiel zurück und versetzte die gesamte Fläche in ein Beben.«

Ich sage: »Der englische Historiker Toynbee, der Hitler mit großen Vorbehalten begegnete, schrieb nach dem ersten Treffen: Er sei ›mesmerisiert‹ gewesen. Hatten Sie vergleichbare Empfindungen?«

»Ja. Sehr stark«, sagt sie. »Die Reaktion auf seine Ausstrahlung konnte ich auch bei anderen Menschen registrieren. Selbst bei jenen, die ihm mit tiefster Ablehnung und Abneigung entgegenkamen. Nachdem sie ihn gesprochen hatten, gingen sie oftmals zitternd und merkwürdig von ihm beeindruckt davon.«

»Für mich ist diese oft erwähnt Ausstrahlung unbegreiflich«, sage ich.

»Sie war bei Hitler außergewöhnlich stark.« Zum erstenmal gerät sie ins Stocken. Sie beginnt Sätze, läßt sie austrudeln. Fahrig bewegen sich die Hände, sie wiederholt einige Male: »Wie ist das möglich? Wie war das möglich? Wie konnte ein Mensch so wirken? Wenn ich noch dazu kommen sollte, wenn ich noch die Kraft haben und gesund bleibe und mich alt genug dafür fühle, werde ich später einmal darüber schreiben. Ich habe es bis jetzt nicht getan, denn man würde mir doch bloß wieder unzählige Dinge unterstellen, was immer ich auch vorzubringen hätte. Meine Aufzeichnungen haben erst dann einen Wert, wenn ich meine Empfindungen und Eindrücke ohne jedwede Rücksicht, ob mir das schadet oder nicht, niederlege. Wie kann man die Wirkung Hitlers erklären?«

Nochmals schleudert sie ihre Sätze flüchtig und zusammenhanglos heraus. Auch Banales: »Tag und Nacht. Geburt und Tod. Als ich Hitler zum erstenmal sah . . .« Sie wischt über Stirn und Haare, sagt: »Ich war ganz und gar unpolitisch und fühlte mich, bevor ich ihn kennenlernte, von seinen Bildern abgestoßen. In keiner Weise entsprach er meinem ästhetischen Gefühl. Das änderte sich sofort, als ich ihm gegenüberstand. Da habe ich, sagen wir einmal: seine immense Ausstrahlung in einem Maße empfunden, daß mich Angst ergriff. Seinerzeit war ich außerordentlich egozentrisch; ich lebte für das Filmemachen, war besessen davon. Nichts sollte mich ablenken. Doch als ich ihm begegnete, da spürte ich: Er besaß eine derartige Macht über andere Menschen, daß er jegliches Leben beeinflussen konnte – selbst mich und meine Arbeit. Deshalb bin ich ihm aus dem Weg gegangen. Und auch, weil ich mir sagte: Wo so viel Sonne ist – mit Sonne meine ich jene Ausstrahlung –, muß auch sehr viel Schatten sein. Ich war stets darauf gefaßt: Wo ist der Schatten? Es dauerte sehr lange, bis ich es erkannte. Aber es war mir von vornherein klar, daß es jenen Schatten geben mußte. Eine andere Möglichkeit war ausgestoßen. Er war meiner Meinung nach eine große Persönlichkeit, mit außerordentlich vielen negativen Seiten. Doch die Kraft, die er ausstrahlte, war derart gewaltsam, daß die Menschen ihm allesamt verfielen.«

»Was mir hirnrissig erscheint, ist, daß uns kein Vokabular zur Verfügung steht, um eine Person zu beschreiben, die die Weltgeschichte verdunkelt hat.«

»Ich kann nicht leugnen, daß ich ihm mehr und mehr verfallen bin«, sagt sie nachdenklich. »Daß ich nicht in die Partei eintrat, mich nicht zur Verfügung stellte und auch nicht die Filme machte, die man mir anbot, lag ausschließlich an meiner ausgeprägten Egozentrik. Mit Ausnahme *eines* Filmes, den ich gedreht habe – den Parteitagfilm 1934 –, habe ich alle anderen Angebote ausgeschlagen. Allein mein Egoismus hat mich davor bewahrt, in den Bann seiner brennenden Persönlichkeit zu geraten.«

Nach einer Pause ereifert sie sich von neuem. »Ich bin kosmopolitisch«, sagt sie laut. »Ich stehe dieser Lehre so fern wie nur irgendwer. Als ich den *Triumph des Willens* gemacht habe, gab es keine Judengesetze. Ich habe mich zu dieser Arbeit nicht gedrängt. Im Gegenteil. Ich war überzeugt, daß ich einen derart voluminösen Dokumentarfilm nicht drehen könnte. Daß er trotzdem ein Riesenerfolg wurde, hat mich überrascht. Und daß ich ein Talent für Dokumentarfilme besaß, habe ich erst während der Arbeit entdeckt. Die Franzosen verliehen mir 1937 für den *Triumph des Willens* eine Goldmedaille. Er sollte keinesfalls ein Propagandafilm sein.« Und ins Berlinerische verfallend: »Es is nich mal ein Kommentar drin. Er gibt alles wieder, wie es damals war, ohne daß ich etwas ausgelassen hätte. Der Erfolg rief Feinde auf den Plan, die glaubten, ich stünde unter Hitlers besonderem Schutz. In Wirklichkeit war das nicht der Fall. Ich bin niemals in die Partei eingetreten. Ich konnte mich nie mit den Rassengesetzten einverstanden erklären. Das habe ich Hitler auch gesagt. Und das zu einer Zeit, als noch niemand ahnte, welche Folgen diese Gesetze mit sich bringen würden. Hitler hat damals gesagt: ›Na ja, wenn Sie einmal älter sind, werden Sie mich vielleicht verstehen. Jetzt sind Sie noch zu jung.‹«

»Wie alt waren Sie damals?«

»Ich war gar nicht mehr so jung. Aber ich wirkte jünger. Ich war – 1932 – bereits dreißig Jahre alt. Doch ich wirkte wie fünfundzwanzig. Aber die Dinge, die dann geschehen sind, finde ich so entsetzlich, daß ich mein Schicksal mittrage. Ich bin und bleibe eine Deutsche. Ich trage mein Schicksal mit viel Verbitterung, mit Leid und Trauer. Denn das Verbrechen läßt sich nicht ungeschehen machen.«

Sie wischt über den Tisch, prüft ihre Frisur, sagt: »Ich habe mehr Filme vor Hitler gemacht als während seiner Zeit. Ich wäre nach dem Krieg kaum am Leben geblieben, wenn ich nicht meine Mutter gehabt hätte. Ich habe auch gar nicht die Absicht gehabt, zurückzukehren und nochmals bekannt zu werden. Daran sind die Filme schuld, für die man mich zuerst verdammt hatte. *Olympia* und *Triumph* sind in Amerika an Schulen und Universitäten gezeigt worden. Doktorarbeiten wurden über mich geschrieben. Somit wurde ich erneut bekannt, durch eine junge Generation, die meine alten Filme gesehen hat. Dann das Fernsehen. Allmählich wurden die Vorurteile abgebaut. Nur in Deutschland war und ist es schwer. In Amerika zum Beispiel wurden Filmwochen veranstaltet, mit meinen sämtlichen Arbeiten. Dann folgten die Bilder und Bücher. Jetzt habe ich mit dem Tauchen begonnen. Eine neue Sache, die mich fasziniert, obgleich ich in ein paar Wochen sechsundsiebzig werde. Ich muß Ihnen sagen, daß mich das Tauchen in einen Zustand versetzt, den man nur mit ›high‹ bezeichnen kann. Ich kannte das bis jetzt ausschließlich von meinen Spritzen her.

Ich war früher, wie Sie wahrscheinlich nicht wissen, häufig krank. Beinahe wie Sie. X-mal hat man mich aufgegeben. Ich litt jahrzehntelang unter einem unheilbaren Leiden, das ich mir durch meine Bergfilme zugezogen hatte. Bei der Synchronisation meines Olympiafilms konnte ich nur im Rollstuhl fahren. Bei *Tiefland* wurde ich auf einer Bahre getragen. Keine Klinik hat mich mehr aufgenommen, da die Krankheit als unheilbar galt. Nach dem Krieg hat mich ein jüdischer Arzt geheilt. Ich habe ihn kennengelernt, als ich ganz arm und elend war. Er sagte, mir könnte eventuell ein Medikament helfen, das er jedoch in derartigen Mengen verabreichen müßte, daß Gefahr bestünde, ich könnte blind oder taub werden. Ich hatte nichts mehr zu verlieren. Ich habe es riskiert. Er hat mir das Medikament geschenkt. Ich bin diese Krankheit losgeworden, jene schreckliche Geißel. Außerdem hatte ich noch eine Lungenentzündung, sämtliche Knochen gebrochen, hatte einen Autounfall, nach dem ich vier Tage lang auf einer Sterbestation lag, in Afrika. Ich war mit dem Auto in ein Flußbett gestürzt. In dem Augenblick habe ich nur an meine Mutter gedacht: Um Gottes willen, hoffentlich erfährt sie nicht, daß ich hier verunglücke. Es war in Nordkenia. Der Wagen geriet ins Schleudern, während wir eine Brücke überquerten. Wir stürzten hinunter, ich flog durch die Scheibe. Anschließend verlor ich das Bewußtsein. Der Fahrer und ich waren schwer verletzt. Hinter uns saß ein schwarzer Junge. Er war eingeklemmt. Wir schienen verloren. Wegen der Regenzeit war die Straße von Somalia nach Nairobi gesperrt. Der Waldhüter hatte, weil wir auf Motivsuche waren, eine Sondergenehmigung erhalten. Es war also aus. Und nun stellen Sie sich vor: Einmal im Monat, ein einziges Mal, unternimmt ein englischer Distriktoffizier eine Kontrollfahrt von Somalia nach Nairobi. Und der ist eine Stunde nach dem Unfall vorbeigekommen. Er hat uns rausgezogen. Mit einer dicken Stopfnadel haben sie mir eine Ader vernäht, die aus dem Schädel hing. Ohne Betäubung. Nach zwei Tagen kam ein kleines Flugzeug. Der Pilot hatte Angst, mich mitzunehmen. Ich muß ausgesehen haben wie eine Ratte. Dennoch: Sie wikkelten mich in ein Laken und brachten mich nach Nairobi. Ich wurde abgeladen, niemand kannte meinen Namen. Selbst einige gute Ärzte hielten den Fall, nachdem sie mich geröntgt hatten, für hoffnungslos. Sie schoben mich in die Sterbekammer. Am vierten Tag hörte ich im Dunkeln einen Schrei. Eine winzige Bewegung von mir hatte einer Schwester einen argen Schock versetzt. Kurz und gut: Als ich aufwachte, lag ich in einem Bett und verspürte das Gefühl ungeheurer Seligkeit. Afrika, dachte ich – ein großes Erlebnis steht mir bevor. Und dank dieses Gefühls habe ich wahrscheinlich die unbeschreiblichen Verletzungen überwunden.«

Entschlossen dreht sie sich ihrem Bildband zu, deutet auf ein eindrucksvolles Farbfoto, sagt: »Die Nuba haben jeden Tag ein anderes Gesicht. Insbesondere in den Monaten nach der Ernte. Diese Nuba hier«, sagt sie umblätternd, »sind von Kau. Das ist ein Stamm, der hauptsächlich für die Schönheit lebt. Täglich tragen sie eine andere Maske, so daß selbst ich sie – die ich sie doch so gut kannte – nicht auseinanderhalten konnte. Kinder, Männer und Frauen sind unbekleidet, mit Ausnahme derer, die den Höhepunkt ihrer körperlichen Entwicklung überschritten haben. Sie tragen eine Art Kleid. Auch die Mädchen gehen nicht mehr nackt, sobald sie schwanger sind. Ebenso verhüllen sich jene, die erkrankt, und handle es sich auch nur um einen Schnupfen. Unbekleidet zeigen sie sich also einzig, wenn sie gesund und schön sind. Ich habe alle Fotos mit einem Teleobjektiv aufgenommen, weil sie sich nicht gerne fotografieren lassen. Dennoch bin ich froh, daß ich diese Bilder eingefangen habe. Später hätte niemand mehr die Möglichkeit zu sehen, wie sie lebten. Auch dieser Stamm pflegte mit seinen Toten zu sprechen. Er richtete sich nach den Anordnungen, die den einzelnen übermittelt wurden. Sobald sie irgendeinen Ratschlag nicht befolgten, wurde jemand krank, oder irgend etwas Unvorhergesehenes geschah. Dies und ihr ausgeprägter Familiensinn hat sie zusammengehalten. Eine Familie besaß zwei oder drei Rinder. Aber selbst wenn sie nur eines hatte, opferte sie es, sobald ein Freund starb. Als ein junger Ringkämpfer ums Leben kam, wurden von Freunden der Familie sechsunddreißig Rinder getötet. Jeder opferte eins. Nie würden sie aus andern Gründen ihre Rinder schlachten.«

Sie überschlägt einige Blätter, deutet auf ein anderes Foto, sagt: »Hier ist die Totenfeier. Sie versuchen die Asche zu berühren, weil sie überzeugt sind, dadurch Kontakt mit den Toten zu bekommen. Und oben auf den Felsen, wo der Wind weht, stehen die Freunde, um den Toten vor bösen Geistern zu bewahren. In dem Tongefäß, in dem die Asche ruht, sind Löcher angebracht, damit die Seele frei werden kann.«

Sie klappt das Buch zu, nimmt die Brille ab, sieht mich an, streicht über ihr Kleid, sagt: »Doch nun interessiert mich das Tauchen. Es ist eine neue, faszinierende Welt, die sich mir aufgetan hat.«

Eine 76jährige, deren Abenteuerlust und Sehnsucht nach dem Außergewöhnlichen ungebrochen zu sein scheinen, verläßt mich mit schwungvollem Gang und dem heiteren Lächeln eines – so möchte man annehmen – ungeprüften Menschen.